JIMMY SONI & ROB GOODMAN
[美] 吉米·索尼 [美] 罗伯·古德曼 著
杨晔 译

香农传

A MIND AT PLAY

How Claude Shannon Invented the Information Age

从0到1开创信息时代

中信出版集团 | 北京

图书在版编目（CIP）数据

香农传 /（美）吉米·索尼，（美）罗伯·古德曼著；
杨晔译 . -- 北京：中信出版社，2019.2（2025.7重印）
书名原文：A MIND AT PLAY
ISBN 978-7-5086-9480-1

Ⅰ . ①香… Ⅱ . ①吉… ②罗… ③杨… Ⅲ . ①香农 – 传记 Ⅳ . ① K837.126.11

中国版本图书馆 CIP 数据核字（2018）第 212368 号

香农传

著　　者：［美］吉米·索尼［美］罗伯·古德曼
译　　者：杨　晔
出版发行：中信出版集团股份有限公司
（北京市朝阳区东三环北路27号嘉铭中心　邮编　100020）
承 印 者：北京盛通印刷股份有限公司

开　　本：880mm × 1230mm　1/32　　插　　页：16
印　　张：11.5　　字　　数：209 千字
版　　次：2019 年 2 月第 1 版　　印　　次：2025 年 7 月第 7 次印刷
京权图字：01–2018–6476
书　　号：ISBN 978–7–5086–9480–1
定　　价：72.00 元

1

Vol. 5. No 4 Gaylord, Mich

SHANNON---WOLF NUPTIALS

Wedding Took Place at Lansing on Wednesday—Date Had Been Kept A Profound Secret

MRS. CLAUDE E. SHANNON

CLAUDE E. SHANNON

克劳德·香农的父亲老克劳德·艾尔伍德·香农，1862年出生于美国新泽西州，他曾做过家具推销员、丧葬承办人和遗嘱检验法官。克劳德的母亲玛贝尔·沃尔夫是一位德国移民的女儿，她曾做过教师和校长。1909年，他们的婚礼公告成为盖洛德的头条新闻。这验证了这座城有多么小，也验证了香农夫妇在这一社群里的活跃角色

2

到了克劳德·香农在密歇根大学拍下注册照片的时候，他已经成为一名娴熟的发明家。他的发明包括简易升降机、后院小推车和通过带刺铁丝网传递加密消息的电报系统

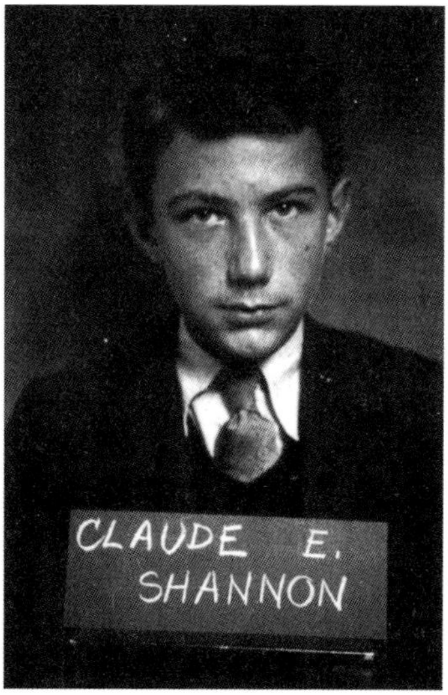

3

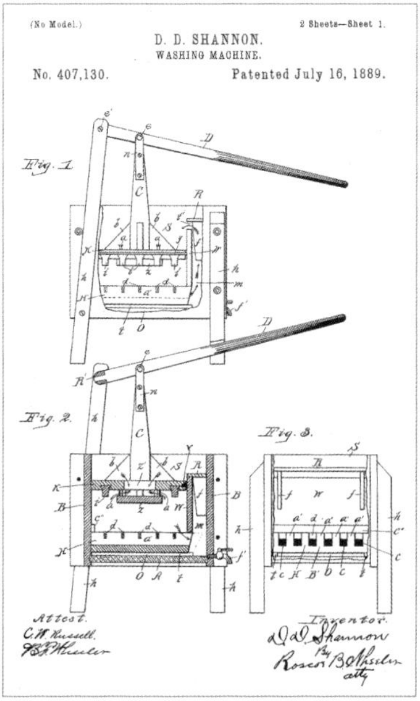

香农似乎遗传了他的爷爷戴维·香农的才华，他骄傲地持有美国第407130号专利，对洗衣机进行了一系列改进。这个男孩继承了爷爷在机械方面的天赋，对于他来说，家里出了这样一名拥有专利的发明家是一件值得炫耀的事情

在香农入学之前，密歇根大学工程学院经历了巨大的发展。在学院的一次公开展览上，学生们“震惊了访客，他们使用 20 000 转 / 分钟的纸张切割木材，通过液态气体冷冻鲜花，还展示了只用两根细线支撑的瓶子，水流从中缓缓流出——这是罕有人能够解决的难题”。密歇根大学的工程建筑可以满足重工业的要求，正如这间工厂…… 4

5

……以及这个船舶池，学生们在这里测试模型船的流体动力

6

1934 年春，克劳德·香农于 17 岁的时候，在《美国数学月刊》第 191 页上发表了第一篇学术作品。香农解出了一道数学难题。他阅读这类期刊的行为本身，揭示了他对学术事务非同寻常的关注，而他的解题方法被选中也表明他不是一个普通的人才

7

麻省理工学院的校园是香农初次作为工程师成名的地方，它的设计是建筑师们相互妥协的产物，建筑上方的圆顶秉承了“效率的原则，避免师生做无用功，它相当于最好的工业作品”。它半是庙宇，半是工厂

8

在麻省理工学院，香农加入了一个小组。这个小组旨在使得微分分析仪成为通用机械计算机，助力解决计算电力传输、电话网络等工程难题或宇宙射线和亚原子微粒等高等物理难题。这个项目追随了威廉·汤姆森的步伐，他是一名留着独特胡子的物理学家，被尊称为凯尔文爵士。他在 1876 年建造了早期的机械计算机

9

在麻省理工学院，香农在业余时间选修了飞行课。这门课的执教教授强烈建议麻省理工学院的校长禁止他继续上课，他认为香农是一个不可多得的人才，不应为可能发生的飞机事故而冒险。校长则拒绝了他的建议：“我怀疑以他智力超群为由，禁止这位年轻人参加飞行课或者武断地剥夺他的机会是明智的。”

10

微分分析仪是如房间般大小的“大脑”，为了解决问题会日夜不停地运转。“这个由轴、齿轮、线路、滚轮组成的家伙十分可怕，但它确实有效。”

11

在绝大多数情况下，范内瓦·布什都是20世纪中期美国最有权力的科学家。他在麻省理工学院主持微分分析仪，为总统提供咨询服务，在“二战”期间领导美国的科学家。《科利尔》杂志将他称为“会决定战争胜利或失败的男人”；《时代周刊》将他称作“物理将军”。而且，这些成就中尤其有这么一条：他成为克劳德·香农的第一位导师，也是对他影响最大的导师

12

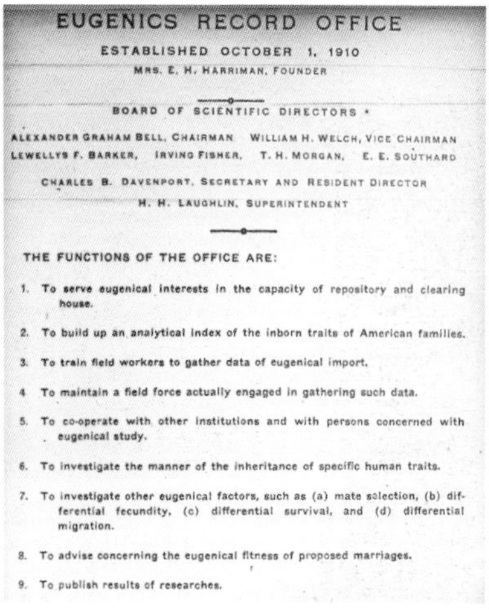

EUGENICS RECORD OFFICE

ESTABLISHED OCTOBER 1, 1910

MRS. E. H. HARRIMAN, FOUNDER

BOARD OF SCIENTIFIC DIRECTORS *

ALEXANDER GRAHAM BELL, CHAIRMAN WILLIAM H. WELCH, VICE CHAIRMAN

LEWELLYS F. BARKER, IRVING FISHER, T. H. MORGAN, E. E. SOUTHARD

CHARLES B. DAVENPORT, SECRETARY AND RESIDENT DIRECTOR

H. H. LAUGHLIN, SUPERINTENDENT

THE FUNCTIONS OF THE OFFICE ARE:

1. To serve eugenical interests in the capacity of repository and clearing house.
2. To build up an analytical index of the inborn traits of American families.
3. To train field workers to gather data of eugenical import.
4. To maintain a field force actually engaged in gathering such data.
5. To co-operate with other institutions and with persons concerned with eugenical study.
6. To investigate the manner of the inheritance of specific human traits.
7. To investigate other eugenical factors, such as (a) mate selection, (b) differential fecundity, (c) differential survival, and (d) differential migration.
8. To advise concerning the eugenical fitness of proposed marriages.
9. To publish results of researches.

1939年夏，香农来到了冷泉港，抵达了美国最顶尖的基因实验室，这也是美国最大的科学羞耻之一——优生学记录室。它收藏了大量基因数据，基于此，香农完成了他的理论基因学论文

13

香农拿到奖学金前往负有盛名的普林斯顿高等研究院，但这次经历并不令人愉快。这里见证了他第一段婚姻的失败，以及他对愈演愈烈的第二次世界大战的恐惧；在这里他还与阿尔伯特·爱因斯坦有过几次接触

14

这里是1936年的贝尔实验室综合楼，照片上的视角是从曼哈顿西村的华盛顿街看过去的景象。香农的一名同事回忆道：“大家在贝尔实验室做得非常好，他们做的事在其他人看来根本不可能。”当贝尔实验室的办公场所还在下曼哈顿区（靠近当今的高线公园）的时候，香农签下了这里的全职工作

15

克劳德·香农和他的同事戴维·哈格尔巴格一同在贝尔实验室工作。另一名同事回忆起那段时光：“在这里，我可以任意获取全世界电气工程领域的信息。我所需要的就是拿起电话或者去询问某人，然后便能得到答案。”

16

桑顿·弗赖伊成立了实验室的数学组，并将香农派到这里。他有一次说，“数学家们都是怪人，这是事实，所以遇到任何足够奇怪而你又不知道如何沟通的人，你就说，‘这家伙是个数学家，把他交给弗赖伊吧’。”

17

香农和约翰·皮尔斯（如图）同巴尼·奥利弗一起组成了实验室的天才三人组。一位同辈开玩笑道：“他们三个人的智商高到令人难以忍受的程度。”

18

在曼哈顿，香农是一名单身汉（在第一段婚姻终结之后），他有一间位于格林尼治村的小公寓和一份要求颇高的工作。他保留了一些时间以满足自己古怪的爱好，包括用力弹琴，以及欣赏纽约爵士乐

19

对抗纳粹德国一定程度上是一场“科学战争”，香农在这方面的贡献包括研究密码学、防空火力控制和“绿色大黄蜂”系统（如图），后者是迄今为止最具野心的语言加扰系

20

对香农的信息论研究影响最大的是拉尔夫·哈特利。他1927年关于“信息传递”的论文是当时最接近掌握信息本质的方法，解释了科学家是怎样从物理的角度而非心理的角度思索这一问题的

21

在《通信的数学理论》之前，长达一个世纪的常识与反复进行的工程试验，都认为通信必然会伴有噪声——这是物理世界要求我们付出的代价。然而香农证明了信道噪声是可以被克服的，由A点发出的信息“总是可以”，而不仅仅是“经常能够”在B点被完全接收。他向工程师提供了使信息数字化并将其可靠发送（或者，准确地说，可能伴有少量随机误差）的概念工具，直到香农证实噪声可控之前，该结论一直被当作不可能实现的乌托邦

22

1948年之后，香农被媒体赞誉为科学名人。他接受电视采访，被国家出版物报道，并被授予一些荣誉学位

23

1948年，克劳德·香农认识了贝蒂·摩尔，她是贝尔实验室的一名工作人员，他鼓起勇气邀请她共进晚餐。之后他们又有了第二顿、第三顿，直到他们每天都在一起吃晚餐

24

克劳德·香农和贝蒂·摩尔的关系发展得非常迅速：他们相识于1948年秋，而到了1949年年初，克劳德便求婚了。根据贝蒂的回忆，求婚是以“不太正式”的方式进行的。她不仅有幽默感，而且同他一样热爱数学，这奠定了他们伙伴关系的基础，直到克劳德生命的终结

25

贝蒂为克劳德购买了他的第一辆独轮车，这开启了他与这种机器一辈子的不解之缘。他为自己亲手打造了各种量身定制的独轮车，并在贝尔实验室狭窄的甬道里骑车。这使得访客们对他的灵活性印象深刻

26

即使成了科学名人，香农也仍然是一名发明家。他最著名的发明“忒修斯”是一只能够自动穿越迷宫并“记住”金属乳酪位置的人工老鼠。（倘若乳酪被拿走了，“忒修斯”就只会漫无目的地走来走去。一名科学家说：“这一切都太人性化了。”）

27

28

贝尔实验室墨累山园区——“设想与设计未来的地方，这里的未来指的是我们所谓的现在。”

29

“我是机器，
你也是机器，
我们都会思考，
不是吗？”

香农建造了世界上最早的弈棋机。它在1949年完工，香农的机器只能控制六枚棋子，聚焦于棋局中的走位。它使用了超过150个继电器计算走棋，它的处理能力使得机器能够在10~15秒做出决定

30

31

香农为人工智能设定了四个目标：到 2001 年，创造出打败世界冠军的象棋程序；写出被《纽约客》认可的诗文的诗歌程序；写出能够证明难以捉摸的黎曼假设的数学程序；以及“最重要的”，设计出收益超过 50% 的选股软件。他半开玩笑地说，“这些目标可能意味着逐步淘汰愚蠢的、熵增加的、好战的人类，转而支持更加合乎逻辑的、节约能源的、友善的物种，即计算机。”

32

诺伯特·维纳（图片中间，右侧为香农，左侧为麻省理工学院校长朱利叶斯·斯特拉顿）曾是一名神童，“控制论”的提出者，也是唯一可能挑战香农“信息论之父”地位的人

33

香农在马萨诸塞州温彻斯特买下了一幢房子，是一处位于麻省理工学院以北 8 千米的近郊住宅区。这幢房子建于 1858 年，是为天才发明家托马斯·杰斐逊的曾孙女艾伦·德怀特修建的。它占地约 48.6 平方千米，受蒙蒂塞洛启发而设计

34

在一次前往俄罗斯的旅程中，香农想要与苏联国际象棋冠军、计算机工程师米哈伊尔·鲍特维尼克下一场友谊赛。鲍特维尼克并没有给予足够的重视，直至香农在对弈中吃掉了他的马和兵。在走了 42 步之后，香农推倒了他的王，认输了。但能与鲍特维尼克对弈几十步，仍然为香农赢得了值得终生吹嘘的资本，因为前者一直被认为是最具天赋的棋手之一

35

1957 年，香农回到麻省理工学院做教授。然而，他的研究生名额并未招满，“你必须有足够的自信，才能请求像香农这样的人做你的导师”

36

1967 年 2 月 6 日，林登 · B. 约翰逊总统向克劳德 · 香农颁发了美国国家科学奖奖章，以表彰他“对通信和信息处理的数学理论的杰出贡献”

37

早期，香农在麻省理工学院的讲座场场爆满，但这些都比不过他做的关于股票市场的报告，这场在学校里最大的报告厅内举办的讲座挤满了听众

38

在美国马萨诸塞州，香农教授留起了胡子，继续杂耍事业。他也完全沉浸在自己发明创造的兴趣爱好里，在自己家颇具规模的工作坊里设计出许多自己最著名的发明

39

世界上第一台可穿戴计算机是由香农和爱德华·索普开发的，可用来计算轮盘赌一类的东西。他们佩戴着它，在拉斯维加斯的赌场里成功了几次，却最终放弃了这个项目，因为他们惧怕卷入与黑手党的麻烦之中

40

香农使用建造者套件模仿 W.C. 菲尔兹打造了这个机器人，它可以抛接三个球。球从钢鼓上弹起，机器人以摇摆的动作挥舞桨臂。“每次手臂摆下来它都能接住球，而当手臂摆上去它又会抛出球。”

41

香农自己既是一名技艺高超的杂耍者，也是第一位将杂耍数学写成论文的作者。他写道，他的读者应当“尽量不要忘记杂耍的诗歌、喜剧和音乐……我听起来是不是很自以为是？”

香农在生命中的最后几年，仍旧保持着骑独轮车的爱好

42

43

香农终其一生都在追求满足自己的好奇心，认真地做游戏：他是罕见的科学天才，像满足于探索数字电路一样，满足于制作杂耍机器人和喷射小号

44

45

香农为任何吸引他注意力的奇特事物而感到高兴。他会发现自己迷失在一个复杂的工程学难题之中。很快，他又被象棋问题吸引了注意力。他将枯燥的技术性科学转变为大量富有魅力的谜题，而解决谜题的方法是成年人的游戏之道

芸芸众生中，天才当属最幸运者，因为他们必须要做的事情恰好是自己最想做的事情。即使在有生之年，他们的超凡才能未得到世人的认可，他们也总能获得相应的回报。他们确信自己的工作颇具价值，并且能够经得起时间的考验。如果天才确实能够升入天国，那么天国里天才的人数想必最少，因为他们早已拥有属于自己的回报，无须再由天国来施以奖赏了。

——W.H. 奥登

推荐语

吉米·索尼和罗伯·古德曼使用的副标题非常具有说服力，它提醒我们香农从未宣称过自己开创了信息时代。

——《华尔街日报》

我们亏欠克劳德·香农很多，而索尼和古德曼的这本传记为我们弥补这份亏欠迈出了第一步。

——《旧金山书评》

这是一本引人入胜、饶有趣味、十分必要、讲述美国天才、真实的人物传记。这本书成功揭示了克劳德·香农的性格、事业、他非同寻常的一生，以及他所生活的那个时代。

——乔恩·格特纳，畅销书《创意工厂》作者

一部充满随心所欲的好奇心与乐趣的、饱含情感的传记。克劳德·香农，认识你真荣幸！

——西沃恩·罗伯茨，《游戏天才：约翰·何顿·康威的好奇心》作者

香农对于信息和通信而言，正如牛顿之于物理学。在科学的游乐场里，他追随自己的兴趣，发现了开创数字时代的数学定理。与我曾

共过事的香农在这本书里栩栩如生。

——爱德华·O. 索普，畅销书《战胜市场与庄家的人》作者

他塑造了我们生活的信息时代，他是一名思想家，融合了理查德·费曼的玩兴与阿尔伯特·爱因斯坦的天赋，他的传记终于面世了。如要说怎样才能既玩得好又思考得透彻，那么没有人比克劳德·香农更擅长的了。

——瑞安·霍利迪，畅销书《每日斯多葛》和《障碍即方法》作者

这是一本讲述克劳德·香农精彩人生的作品，他是20世纪信息技术领域最了不起的科学家之一。

——伦纳德·克兰罗克，加利福尼亚大学洛杉矶分校计算机科学特聘教授，2007年美国国家科学奖章得主

这是一部我们期待数十年之久的，讲述20世纪超凡天才人物的传记。

——塞尔吉奥·贝尔杜，普林斯顿大学电气工程尤金·希金斯学院教授

我们都熟悉那些发明互联网、创造谷歌、创立脸书网的闪闪发光的新星，但是这本迷人的著作褪下了数字通信革命的外衣，向我们展示了这一切是如何开始的！

——罗宾·阿瑞安赫德，《逻辑的诱惑》作者

在这本克劳德·香农的精彩传记中，索尼和古德曼阐述了数字通信的根源，揭露了工程师们如何深入思考事物背后的东西，而非事物本身。

——W. 伯纳德·卡尔森，弗吉尼亚州立大学工程与社会学系主任、教授

这本见解深刻、打动人心的传记，描绘了一位独特而有趣的天才，他的研究几乎影响了当代社会的各方面。

——马克·莱文森，粒子狂热总裁

《香农传》饱含活力、富有韵律美，而且作者眼光独到。这是一本罕见的传记类佳作。

——爱德华·多尔尼克，《钟摆宇宙》的作者

这本书对幕后英雄的重视令人欣喜，而且鼓舞人心，正如两位作者所暗示的，之所以说他们是幕后英雄，是因为他们的成就如此基础和重要，以至我们很难想象，假如没有这些发现，这个世界会是怎样的。

——《科克斯书评》

索尼和古德曼打开了一扇引人入胜的窗户，告诉我们努力探索会实现什么。

——《出版人周刊》

《香农传》引导读者领略了一段非比寻常的人生，主人翁的一生如

此不凡，值得作者充分研究、仔细雕琢，撰写出行文流畅、可读性强的人物传记。阅读此书，忘我地沉浸在文字之中，只需花费颇具价值的数小时，读者就能追随香农的人生和游戏之心。

——约瑟夫·马祖尔，《侥幸：数学与神话的巧合》作者

棒极了！《香农传》文笔流畅，全面考证，颇具影响力。

——马丁·J. 舍温，普利策奖获奖作品《奥本海默传：原子弹之父的美国悲剧》合著者

这本书用热情、动人的笔触，追溯了香农如何从密歇根的小男孩成为一名谦逊的科学名人。

——《书单》

索尼和古德曼娴熟地解释了性格、人性、勇气以及好奇心等因素对（香农的）历史性贡献。帮助历史学家、哲学家、密码学家、奇才、内向的人、喜欢拆卸东西和搞发明的人，来理解这究竟是怎么回事。

——《图书馆杂志》

这是我读过的刻画香农最全面的传记。

——沙恩·帕里什，《法纳姆街》编辑、创始人

从今往后，如果有人向我寻求推荐书目，那么又多了一本我不得不提的书。你如果对我们所处的数字时代里的任何东西感兴趣，现在就去买一本书吧。

——《帕默尔探员》

目　录

引言

一个天才的游戏人生

在关于他的身份的传言开始泛滥之前，这位清瘦的白发男子，已经在于英国布莱顿举行的国际信息论研讨会上，进进出出闲逛了好几个小时。起初，只有零星几个人来索要签名，后来他们排起了长队，挤满了走廊。在晚宴的时候，研讨会主席拿着麦克风宣布：此刻场内有一名“我们这个时代最伟大的科学家”，他将与大家分享几句话。瞬间，这名清瘦的白发男子的声音被淹没在雷鸣般的掌声里。

当掌声渐渐平息，众人只听到了一句话：“这很荒谬！”他没有再说什么，而是从口袋里拿出了 3 个球，开始表演抛接杂耍。

之后，有人问主席如何看待刚才发生的一幕。他说：“这就好像牛顿出现在一场物理学会议上。”

1985 年，这位杂耍匠人的工作早已结束，但从另一个角度来

说，工作又才刚刚开始。当时距离克劳德·艾尔伍德·香农在研究成果中勾勒出信息的概念已经过去了近 40 年，他的那篇学术报告堪比“信息时代的《大宪章》”，而得益于他的理念所构建的世界才刚刚开始形成。如今我们正生活在那个世界里：我们所发送的每一封电子邮件，所播放的每一张 DVD 光盘、每一份音频文件，所加载的每一个网页，都要归功于克劳德·香农。

他并不在意自己做出的贡献，对热门的科学潮流无动于衷，与各类事物、各种观点绝缘，甚至对他自己（尤其是他自己）也并不关心。他是一个可以关起门来长期闭口不言的人，认为自己最有价值的想法都是在斯巴达式的单身公寓和空无一人的办公楼里产生的。香农的一位同事将他的信息论称作“炸弹”，它覆盖的范围令人惊叹——他几乎是从零开始构建了一门全新的科学。令人震惊而好奇的是，他可以一连好几年，只字不向他人提及自己正在进行的研究。

当然，信息早在香农之前便已存在，正如惯性之于牛顿。但在香农之前，几乎没有人认为信息可以是一种理念，是可测的量，是可适配硬科学的主体。在香农之前，信息是一封电报、一张照片、一段话，乃至一首歌。而在香农之后，信息被完全抽象为比特（bit）。发送者不再重要，意图不再重要，媒介不再重要，甚至它的意义也不再重要：一通电话、一段被抓取的莫尔斯电报、一页侦探小说，都可以用通用代码表示。正如几何学家将沙子的圆和太阳的圆归为同质，物理学家将钟摆的摆动与行星的轨迹归为同质一样，克劳德·香农通过把握信息的本质，使我们当今的世界成为可能。

香农能够如此熟练地使有形的世界抽象化，还能够颇具天赋地操纵它，这是他一生的难解之谜。他天生就喜欢摆弄小发明：将带刺的铁丝网围栏用作电报线，搭建谷仓里的临时升降机，制作自家后院里的手推车。这些故事都在述说着他在密歇根某小城里度过的童年时光。后来，他成为更高级别的发明家，吸引了范内瓦·布什的关注（布什很快成为美国最有实力的科学家，以及对香农影响最大的导师）。布什将香农带入麻省理工学院，让他承担起养护微分分析仪，如房间般大小的模拟计算机，“大量磁盘上的轴、齿轮、线路以及滚轮”的工作，这些刚好是那个年代最先进的具备思考能力的机器。

香农对使用电子开关控制巨型机械的研究，使他洞察到了数字时代的基础：开关能够做到的远不止通过电路控制电流，它们可以被用来评估我们能够想到的任何逻辑陈述，甚至还能“做出决定”。一系列二元选择（开/关、真/假、1/0）原则上可以模拟大脑的行为。正如沃尔特·艾萨克森所指出的，这一飞跃“成为支撑一切数字计算机的基础概念”。这是香农在抽象领域做出的第一个了不起的贡献。那一年，他只有21岁。

一篇“可能是20世纪最重要、最著名的硕士论文”使他能够与范内瓦·布什、艾伦·麦席森·图灵、约翰·冯·诺依曼这样的思想家接触并合作——和香农一样，他们都是我们这个时代的奠基人。这使他时常加入（通常是不情愿地被卷入）与美国国防研究委员会的合作，秘密地研究密码学和火力控制系统，并在“二战”期间为丘吉尔和罗斯福的越洋电话提供加密保障。这也让他加入了贝尔实验室，一个（自认为）与其说是美国电话电报公司的分支部门，不如说是“天才之家”的工业研发机构。“大家在贝尔实验室做得非常好。”香农的一位同事说道：“他们做的事在其他人看来根本是不可能的。”香农自己尝试的“不可能”是“分析一般情报（信息）传输系统的基本特征，这些情报（信息）传输系统包括电话、无线电、电视、电报等”。从数学角度来看，这些系统似乎在本质上毫无共同之处，直到香农证明了其根本上的同一性。这是他在抽象领域做出的第二个了不起的贡献。

在他的论文《通信的数学理论》发表之前，科学家们已经可以追踪电子在电线中的运动，但要证明他们的观点可以被客观地测量和操控，则要依靠香农的论证。他总结道，所有的信息，无论信源、发送者、接收者还是它的意义，都可以通过比特序列有效地表示，比特是信息的基础单位。

在《通信的数学理论》之前，长达一个世纪的常识与反复进行的工程试验都认为通信必然会伴有噪声——这是物理世界要求我们付出的代价。然而香农证明了信道噪声是可以被克服的，由 A 点发出的信息总是可以（不仅仅是经常能够）在 B 点被完全接收。香农向工程师提供了使信息数字化并将其可靠发送（或者，准确地说，可能伴有少量随机误差）的概念工具，直到他证实噪声可控之前，该结论一直被当作不可能实现的理想主义。一名工程师惊叹不已：“他怎么会有这样的洞察力，甚至怎么会想到这种可能性，我完全不知道。”

在我们的电话、电脑、卫星电视，以及被代码 0 和 1 操控的、地球之外的空间探测器的电路里，这种洞察力的影响无处不在。1990 年，“旅行者 1 号”探测器将它的相机镜头由太阳系边缘转向了地球，“咔嚓”一声捕捉到了我们赖以生存的地球家园的照片，照片被压缩至不足1像素——卡尔·萨根称之为“悬浮在阳光下的尘埃”。它最终穿越了40亿英里[①]的距离，被传回了地球。克劳德·香农没有写出保护这一图像免于错误与失真的代码，但在40多年前，他早已证明了这种代码的存在。事实的确如此。这是他遗产的一部分，他的贡献还包括互联网所依赖的数字信息的无尽流动，以及让我们将自身定义为“现代人”的无所不包的信息。

刚过而立之年的香农成为美国科学界最耀眼的一颗“明星”，各大媒体蜂拥而至，各种奖项纷至沓来。然而，在他短暂的名望巅峰（此时他的信息论已经成为解释从地质学到政治，再到音乐等一切事物的流行语），香农发表了一篇只有4段内容的文章，善意地敦促世界切勿盲目追捧他所引领的“潮流”。除了天赋使然，他对其他一切都不感兴趣，也几乎不知道野心、自我、贪婪或实现成就的其他丑恶驱动力为何物。他最具价值的思想成果等待了数年才被发表，而他的兴趣已经转移到了自己热衷的领域。他在32岁完成了一系列开拓性的工作之后，本可以继续当科学名人、创新代言人，去做另一个伯特兰·罗素、阿尔伯特·爱因斯坦、理查德·费曼或史蒂夫·乔布斯式的人物，可他却转行，去搞发明了。

他的发明包括被命名为“忒修斯”的、可以自动穿越迷宫的电子老鼠，能够在他家散步的“建造模型”龟，IBM（国际商业机器公司）“深蓝”的远祖——首台能下国际象棋的电脑，首台可穿戴电脑，代号为THROBAC（全称是“简约的罗马数字反向计算机”）的使用罗马数字进行运算的计算机，以及私人定制的独轮车队。多

① 1英里≈1.609千米。——编者注

年来，他一直致力于科学地研究“杂耍”。

当然，还有终极机器：由一个盒子和一个开关构成，只需轻击一下开关，齿轮呼呼转起，盒子里就会弹出一只机械手；将开关复位，机械手就会缩回去。香农通过这样的方式淡出了人们的视线。毕生致力于通信的思想家们，几乎没有谁像他这样沉默寡言。我们从文件资料中去探索这个人，他仿佛杳无踪迹：他是一个憔悴的、呆头呆脑的人，是一个几乎完全由炒作者塑造出来的人物。

但他对满足自己的好奇心和认真地做游戏的追求贯穿一生：他是罕见的科学天才，既满足于制作杂耍机器人和喷火小号，又是研究数字电路的先驱。他率性地工作，严肃地游戏，从不认为这两者之间有任何区别。他的天才都展现在他为自己设置的谜题上，展现在他充满游戏精神的思维里：他想知道一盒电动开关如何模仿人的大脑，想知道为什么没有人会说“XFOML RXKHRJFFJUJ”（符号独立且等概出现），这些思想都留下了他最深层次洞察力的烙印。如果说当前的时代特征里承载着一些时代奠基人的性格印记，或许有些夸张，那么不妨思考一下，对于我们而言，众多至关重要的事物正是本着游戏精神而被构建起来的，这岂非一件乐事？

1

第 1 章　小镇男孩的科学基因

有 110 颗钻石（“每一颗都不小”）、18 颗红宝石、310 颗祖母绿、21 颗蓝宝石、1 颗欧泊、200 枚纯金戒指、30 条实心金链子、83 个金十字架、5 只金香炉、197 块金手表和 1 个偌大的金酒钵，它们的位置就藏在密码里。这些都是海盗囤积的宝贝，被埋在南卡罗来纳州距离地面 5 英尺[①]深的地下，被粗壮的鹅掌楸的阴影所覆盖。但这个故事的结局并不是宝藏，而是破译密码。

沉船上的一卷羊皮纸被海水冲上了岸，威廉 · 勒格朗从上面找到了藏宝的密码。几个月来，他一直试图借助炉火破译这份藏宝图。后来，他终于成功地找到了宝藏，心满意足地把数好的金银财宝搁在墙角，详细地向一同挖宝的年轻伙伴讲述自己是如何破译密码的。

这份密码比它看起来要容易理解得多：

53‡‡†305))6*;4826)4‡.)4‡);806*;48†8’60))85;]8*:‡*8†83

(88)5*†;46(;88*96*?;8)*‡(;485);5*†2:*‡(;4956*2(5*-4)8’8*;

① 1 英尺 =0.304 8 米。——编者注

4069285);)6†8)4‡‡;1(‡9;48081;8:8‡1;48†85;4)485†528806*81

(‡9;48;(88;4(‡?34;48)4‡;161;:188;‡?;

先统计这些符号出现的次数，再将它们与英语中最常出现的字母做比较。不妨假设最常出现的符号刚好是最常使用的字母，这就意味着“8”代表了“E”。英语中最常见的单词是“the”，所以再找找看有没有一再出现相同排序的3个符号，且最后一个符号恰好是“8”。序列“ ；48”重复出现了7次，因此我们可以得出：“ ；”代表“T”，“4”代表“H”。根据这样的规则，可以得出新的序列“ ；（88”只能表示“tree”（树），因而“（ ”代表了“R”。每解出一个符号都可以推导出新的符号，很快，指引宝藏埋藏地点的线索就从乱码中被破译出来了。

埃德加·爱伦·坡一生写了65个故事，《金甲虫》是唯一一篇蕴含密码分析的小说，它也正是克劳德·香农最钟爱的。

在美国密歇根州盖洛德地区的尽头，道路越来越脏，渐渐延伸至一片马铃薯田。主街区只是身后的几幢高楼。它面对的是田野、饲养场、密歇根苹果园、树林（种有槭树、榉树和桦树），以及将木材加工成木板和木块的工厂。铁丝网沿着道路蔓延，隔开了不同的牧场。克劳德·香农沿着栅栏散步，走过了一段长达半英里的栅栏。

克劳德的这段栅栏是电子的。他在栅栏的每一端都挂上了干电池来为栅栏充电，并使用备用电线连接栅栏间的空隙，以保证电流运行不断。克劳德对触手可及的东西都进行了绝缘处理，使用了皮制带子、玻璃阻隔物、玉米穗轴和轮胎内胎构件。栅栏的两端均装有小键盘，一端连着他在北中心大街的房子，另一端连着距他家半英里远的朋友家的房子，这种装置使栅栏变成了私人铁丝网电报设备。虽然这些装置是绝缘的，但冰雪堆积在设备上仍会导致它数月不能正常运转。当栅栏解冻之后，克劳德会修补电线，电流便再次从这边的房子通向那边的房子，他说的话就可以飞速传播了，最棒的是话语可以通过电码进行传递。

20 世纪 20 年代（那时候克劳德还是一个孩子），大约 300 万农民都通过这样的网络进行通话，这些地方往往都是美国电话电报公司觉得无利可图、不必布线的地方。这种网络就是美国的民间通信输电网。有些网络的信号要比克劳德通过电栅栏传递声音的信号强得多，还有一些餐厅、杂货店兼具电话总机的功能。但是全盖洛德地区最有意思的栅栏当属克劳德·香农用来传递信息的电栅栏。

这样的一名男孩来自哪里？

《奥齐戈时报》关于克劳德·香农父母婚礼的报道非常令人费解，报道写道：“香农先生与沃尔夫女士的婚礼将于星期三在兰辛举行，具体日期保密。”根据报纸的描述，老克劳德·香农在没有告知小城里任何人的情况下结了婚。

真实的故事其实更加司空见惯。1909 年 8 月 24 日，那天是星期二，是老香农在那座小城的第三个夏末，他在家具店门口贴了一则公告："想要买东西，请联系 J. 李 · 莫福德。"那天晚上，他连夜乘坐火车抵达了兰辛，来到了他的准新娘玛贝尔 · 沃尔夫的娘家。"香农的班车晚点了近 1 个小时，但他毫不担心，这意味着他对没有人知道他要离开小城的事十分满意。"报道称。第二天早上 6 点，他和玛贝尔举行了一场清静的婚礼。新娘穿着一件"白色缎面镶嵌蕾丝花边的婚纱长裙"，佩戴着"装饰有小珍珠的皇冠头饰遮面纱"。

假如对香农突然的兰辛之行，报纸夸大了其给人带来的震惊程度，那么报道的其他篇幅都是诚挚的祝福与美好的祈愿。"新郎香农先生自定居本社区以来，无论是在做生意方面还是在社会交往方面，都与人建立了许多亲切的友谊。"报道指出，"沃尔夫小姐在本地高中执教多年，深受当地民众的喜爱。香农先生、香农太太，请接受《奥齐戈时报》和本社区众多朋友的祝福吧！"

一篇普通的婚礼公告占据了《奥齐戈时报》的头版，这说明了密歇根的盖洛德是一个多么小的地方，也说明了老香农和玛贝尔是盖洛德一道亮丽的风景线。他们十分友善，在卫理公会教堂也很活跃。在盖洛德中心，有两栋非常有名的建筑——邮局和家具展厅，共济会就在后者的楼上。这些地点是老香农曾经工作过的地方。这本意味着他们的婚礼日期应该众人皆知。由此可见，新郎想要隐藏消息似乎只是为了将婚礼派对把握在可控的范围内。

1862 年，老克劳德 · 艾尔伍德 · 香农出生于新泽西州牛津城，他曾是一名旅行推销员，于世纪之交来到盖洛德小城碰碰运气。他把运气押在家具和丧葬生意上，并在有生之年看到了回报。他的一则颇具代表性的广告上写着："家家户户都值得拥有！清洁又健康！新款式更引人注目！快来看看我们的新线家具！家具商

C. E. 香农。”在小克劳德的童年时代，盖洛德是一个只有 3 000 人的小城，而老克劳德简直是小城之父，他既是学校、共济贫会、县集市的董事，也是殡仪员、共济会领袖、东方之星（Eastern Star）知名赞助者，还是一名“忠实的”共和党人。

他最有影响力的一份工作是在奥齐戈县做了 11 年的遗嘱检验法官，这也为他赢得了“法官香农”的称号。他负责处理房地产和小额财产争端，担任公证人，是当地的政客和杰出人士。他为小城做出的贡献虽然不多，而且这些贡献是他在业余时间里实现的，却深得人心、广受赞誉。1931 年，为了庆祝香农先生定居小城 25 年，报纸上有一段两栏的文字描述道：香农先生是“最热心公益事业的居民之一……这段岁月见证了他成功的商业生涯，这主要归功于他杰出的执行力和对目标的不懈追求”。后来，小克劳德对父亲的描述并不多：聪明、疏离，“他有时会帮我弄一弄建筑模型，但并没有给我太多科学上的指导”。小克劳德高中毕业的时候，老来得子的老克劳德已经 69 岁了。

玛贝尔·沃尔夫是老克劳德的第二任妻子，虽然她 29 岁就嫁给了他，但对于那个年代的妇女来说，她已经算晚婚了。即使这样，她仍比她的丈夫小了 18 岁。她于 1880 年 9 月 14 日生于兰辛，是第一代美国人。她的父亲来自德国，加入了联邦军队的神枪手连，在南北战争中活了下来。他死的时候并不知道玛贝尔的存在，她是他的最后一个孩子。她的寡居母亲独自在一个陌生的国家竭力拉扯大了 6 个孩子。在密歇根州的农村，很少有女性能够从大学毕业，而玛贝尔·沃尔夫就是其中之一。她带着教授给她的“闪闪发光的推荐信”来到了盖洛德，从事了那个年代有文化且独立的女性最常从事的工作——教书。

后来，玛贝尔成为盖洛德高中的校长，一干就是7年。大家一致认为，她是一名积极活跃、精力充沛的学校教师与管理者。她担任了学校第一支女子篮球队的教练，并为制作校服与学生出游募集到了资金。但对她所获得的成功，1932年有份报告却这样写道：

> 考虑到经济因素，学校董事会经过会议讨论决定，在即将到来的学年不再雇用已婚女性担任教师。当她们的丈夫具备养家能力时，雇用已婚妇女将会导致不公平竞争。根据这条规定，学校将不再雇用玛贝尔·香农夫人、莱昂斯夫人和梅尔文·库克夫人。

直到那个时候，至少在私人生活里她还有很多事情要做。她是当地的一名歌手和音乐家。她加入了图书馆董事会和皮西安姐妹会（Pythian Sisters），并曾担任盖洛德学习俱乐部主席。她没有参加红十字会和家庭教师协会，但是她的女低音总会飘荡在城镇宴会和丧葬仪式上空，她还在香农起居室里办起了音乐俱乐部。1905年，她在当地剧院上演的歌剧《两位女皇》（*Two Queens*）中领衔，扮演了伊丽莎白女王。

盖洛德坐落于密歇根州北部中央高原的中心地带，为之命名的是为密歇根州中央铁路工作的一名员工，这条铁路将许多像盖洛德

一样偏僻的小城连接到日益发展为交通枢纽的芝加哥。盖洛德的发展与其地形息息相关，而且它的气候非常适宜种植数百万英亩[①]的树木。

树木吸引了木材工业，第一批来访者和居民为了储量丰富的五针松与阔叶树，宁愿与冰雪带做斗争，但低温苦寒与具有湖泊效应的深厚积雪使环境十分艰苦。1856年的地方志总结道，很可能是出于服务自身的目的，恶劣的气候对大众进行了道德教育："事实上，'北密歇根'先驱者为了拥有自己的房屋和必要的生活设施，要付出更多努力，这使他们形成了一种富有斗争精神的性格，并保存下来，成为他们特质的一部分……一群卓越的男女——自力更生、坚强、直率、富有进取精神和道德感。"

到老克劳德和玛贝尔做父母的时候（他们的女儿凯瑟琳出生于1910年，家里的小宝贝小克劳德出生于1916年），这群先驱者已经来过又走了。此时，小城的发展已经有了新局面，工业也已经建设成熟。盖洛德地区因为农林业和少数轻工业而闻名。伴随铁路业的发展，盖洛德业已成为重要交通线路的交会点，成为乡间之城。银行和商人涌现在小城的大街上，城镇人口因此增长。但与其说它是城市，不如说它更像村庄，它的根基是制造业，包括十柱滚木、雪橇和运输木材的巨型车轮。

盖洛德是一座联系紧密的小城，在这里，任何事情都具有报道的价值。看看县城报纸的标题和报道片段吧："威斯康星州女孩用拖布杆杀了一头狼""女郎马路中央吸烟引关注，部分路人并不支

① 1英亩≈4 046.86平方米。——编者注

持”“伐木工人死于中风”“维恩·马茨失去了一根手指”“洋蓟讨论会召开”。报纸上的内容还包括：某年9月，有一篇赞颂金秋的单段长篇诗歌，描写了白天像蓝色镜面、晚上“银光点点”的湖泊，一轮亮得足以照亮书页的圆月。

在小克劳德3岁的时候，当地开了一家名叫“糖碗”的餐厅（当然，它也上了新闻头条）。报纸写道：“小城大街上首次有了电子广告牌。在那些夜晚，小城大街上实在是漆黑一片，以至黄昏后乡村乐团曾在电子广告牌下进行演出。”

天才的传记，开篇往往都描述了他们的家长严苛的教育。想想贝多芬的父亲，将儿子殴打成了音乐神童。约翰·斯图尔特·穆勒的父亲，在儿子3岁的时候就开始教他希腊文。诺伯特·维纳的父亲曾向世界宣布，只要有足够的时间和条件，他可以将任何人训练成天才，哪怕那个人像一把扫帚似的。一个同时代的人后来评论道：“诺伯特总是像把扫帚似的。”

与这些天才的童年相比，香农的童年十分平凡。例如，并没有迹象表明，香农小的时候需要承受严格家教的压力，即使他显露出某些早熟的特点，它们也不足以吸引当地媒体的目光或者被亲人记录下来。他的姐姐是一个令家人骄傲的学生，她是学校里的佼佼者，擅长弹钢琴，常常和弟弟玩猜数学谜题的游戏。据说，她是“盖洛德地区最受欢迎的女孩之一”。“她是一个模范学生，我却不是。”香农承认。他后来提到，事实上，和姐姐一起玩数学游戏很可能启发了他对数学最初的兴趣；姐姐的数字天赋激励了他也为之求索。

香农刚上学的时候，也获得了一些荣誉。1923 年，他 7 岁时写的《可怜的男孩》，赢得了“感恩节故事大赛”三等奖：

> 从前有一个可怜的小男孩，他认为所有的小伙伴都把他忘记了，所以他不打算吃感恩节晚餐了。
>
> 虽然大家确实都把他忘记了，但是还有一个人记着他，他想在感恩节一早给小男孩一个惊喜。
>
> 在感恩节的大清早，当小男孩醒来的时候，他发现门口有一篮子好东西。篮子里有许多精美的礼物，他开心了一整天，而且永远不会忘记这位好心人。

他会演奏中音号，并参加了学校音乐剧的演出。59 年后，他仍旧记得班上同学的名字。他在给四年级老师的信里写道：

> 50 年过去了，想起一些名字就好像穿越了晦暗的玻璃。这些名字有肯尼·西森、吉米·纳尔逊、理查德·科克、莱尔·蒂特（她自杀了）、萨姆·戈、雷·斯托达德、玛丽·格拉斯哥、约翰·克里斯克、威拉德·托马斯（一个很胖的男孩）、海伦·罗杰斯（一个很胖的女孩）、凯瑟琳·艾伦（一个聪明的女孩）、海伦·麦金农（一个漂亮的女孩）、玛丽·菲茨帕特里克，当然还有罗德尼·哈钦斯。

香农手里拿着一张拍摄于1924—1925年自己上四年级时的黑白照片的复印件，复本使照片看起来模糊不清，我们必须用放大镜才能认出孩子们的脸——他8岁时的脸鼓了起来，伴随放大镜的移动又重归正常。他那时候瘦削而害羞，双目炯炯有神。他还记得，毫无例外的是，“那个年纪正要进入青春期的男孩们都喜欢他们美丽的女老师”。

事后反思自己所接受的教育，香农说他对数学的兴趣，除了源自与姐姐玩的数学游戏，还有另一个简单的原因，数学对于他来说很容易。“我认为人们趋向于选择自己能够得心应手的工作。”香农后来对一名采访者说道。他比照片里的其他孩子早一年毕业：克劳德用3年读完了高中。他不是班上学习最好的学生，当地报纸在1932年的一篇报道中写道，他所在的高中有3名学生拿到了全A的好成绩，而香农并不在其中。

他喜爱科学，讨厌事实。或者说，他讨厌那种没有规则、不能抽象出方法的事实。化学尤其考验了他的耐心。“它对于我来说很乏味，”他在给科学老师的信里写道，“太多独立的现象，而合我心意的通则太少了。”

他早期的天赋既体现在对机械的敏感上，也体现在智力层面。他的视线经常一连几小时地停留在飞机模型的方向舵或玩具船的螺旋桨轴上。1930年4月17日，不满14岁的克劳德加入了童子军集会，并“赢得了中级摇摆通信比赛第一名”。比赛的目标是利用身体传

递莫尔斯电码，县里没有哪名童子军能够像香农一样迅速、清晰地把它们表达出来。比赛通过摇摆旗帜来表示莫尔斯电码，鲜艳的信号旗（红色最醒目）被装在长长的核桃木杆上。一般水平的通信员需要停下来思考，而像香农一样最优秀的通信员则好像身体里安装了机器似的。向右表示“点”，向左表示“划”，“点”和“划”在虚拟电流所表示的单词中意味着停顿——他简直是一台人体发报机。

如此天赋属于家族特有，只不过可能跳过了一代人。小克劳德似乎遗传了他的爷爷老戴维·香农，那个骄傲地持有美国第407130号专利的人。该专利对洗衣机进行了系列改进，通过安装往复式柱塞泵和阀门来排放“污垢、沉淀物和污水”，以完善洗衣机功能。老戴维·香农于1910年逝世，这时候距离他的孙子出生还有6年。小克劳德继承了爷爷在机械方面的天赋，对于他来说，家里出过这样一名拥有专利的发明家是一件值得炫耀的事情。

他的孙子继承了这种摆弄机械的基因。“当我还是一个小孩子的时候，我就做了很多东西，终日与机械材料为伍，”他回忆道，“有建筑模型、电子装置，我还做了无线电设备一类的东西。我记得我有一个无线电控制的小船。”他的邻居雪莉·哈钦斯·吉登对《奥齐戈先驱时报》介绍道，香农和她的兄弟罗德尼·哈钦斯是一对好搭档。“他和我的兄弟总是很忙，总是在忙一些没有坏处但很有创意的项目，”她告诉另一名记者，“香农是总指挥，罗德尼是鼓动者。”有一个例子是这两个男孩在哈钦斯家的谷仓里搭建了一台临时升降机。雪莉作为“小白鼠”，第一个搭乘了升降机，这也说明了男孩们的“杰作”质量不错（或者说明她运气不错）。70年后，依然健在的雪莉向记者讲述了这个故事。升降机只是众多精巧设计里的一个，哈钦斯的后院里还有手推车和私人铁丝网电报设备。雪莉说："他们总是忙于发明东西。"

他是在信仰基督教、崇拜爱迪生的环境里长大的，他自己更仰慕后者。托马斯·爱迪生和克劳德·香农之间的亲戚关系也很让人意外。他们有共同的祖先：约翰·奥格登，一名清教徒石匠，从英格兰兰开夏郡穿越大西洋来修建磨坊和水坝。他和他的兄弟建造了曼哈顿的第一个永久性教堂，距离他的后代克劳德·香农的办公室只有 2 英里远。3 个世纪以后，香农正是在这里奠定了信息时代的基础。

这个教堂于 1644 年春季竣工，是一座哥特式的双子教堂，位于小岛的南端，离荷兰堡垒的外墙不远。木屋顶上的木瓦经过时间的洗礼和雨水的冲刷已变成蓝色，就像昂贵的石板岩。奥格登从采石场开始设计，判断它的变化趋向。据说他很瘦，长着鹰钩鼻，像石头一样顽固。他也是新大陆上的第一批建筑师之一。

我们中的大多数人，包括香农在内，在选择偶像时并不像我们想的那样，有很高的要求。在全宇宙所有可能成为英雄的人里，我们选定了那些时常能够让我们联想到自身的人。可能香农和他的远房表亲爱迪生的例子正是如此，他刚离开美国密歇根州不过数年，就发现了彼此的亲属关系。得知自己的偶像是自己家族的成员是一件非常幸运的事情，而香农的运气也确实比其他大多数人都要好。

第 2 章　安娜堡的大学生活

香农在高中阶段，数学、科学和拉丁语都拿到了 A，其他科目则是 B，16 岁的他以这样的成绩毕业了。他把成绩单寄到了密歇根大学，随信附寄了 3 页纸的表格，填错的地方就随意地用笔划掉。

8. 你在高中阶段赚过钱吗？

赚过。

如何赚钱的？

卖资料和传递电报。[①]

那一年，他申请了密歇根大学。同年，他的姐姐从这所大学毕业。像姐姐一样，克劳德也被录取了。在他眼里，大学所在的安娜堡是他见过的最富有人文精神的地方。

安娜堡位于盖洛德东南 195 英里处，是一座满布陡峭山丘与

① 原文体现了香农的拼写错误（将 peddling 写成了 peddeling，并将 delivering 写成了 deleivering），正确拼写翻译后应当为“卖资料和传递电报”。——译者注

山谷的城市，缓慢流淌的休伦河冲击着山体，形成了大量泥泞的浅滩和低矮的坡地。受休伦河制约，安娜堡发展成为一座工业城镇——沿岸遍布的锯木厂和面粉厂，推动了当地经济的发展。大量移民涌入这里，他们主要来自德国，也有希腊人、意大利人、俄国人和波兰人。不同种族的差异日渐明显，而教会又加深了社会地位与宗族的联系。20 世纪初，安娜堡约一半的人是一代移民或者二代移民。

安娜堡到处都是精力充沛的乐观主义者。1901 年，在将会发生大萧条和两次世界大战的世纪之初，《安娜堡阿耳戈斯民主党人报》曾激动地宣布，“即将到来的世纪毋庸置疑将是人类最富有、最美好的时代”。即使是在 1929 年 10 月股市崩盘后，《安娜堡每日新闻》也将报道的重点集中在股票价格的短暂回升，而非这场灾难性的暴跌上。甚至在 1929 年 12 月，在价值超过 300 亿美元的资产蒸发后，银行收回贷款、制造业瘫痪，而安娜堡的市长爱德华·斯特布勒先生仍旧充满信心，向当地人保证经济将会复苏，这座城市终将挺过风暴。

在 1932 年的总统选举中，安娜堡公然挑战了整个密歇根州。富兰克林·罗斯福以压倒性的优势赢得了密歇根州和其他 41 个州的选票，但安娜堡仍坚定不移地支持胡佛。《安娜堡每日新闻》的社论宣称经济终会复苏，并呼吁选民不要将经济困难归咎于胡佛总统。胡佛的共和党伙伴沿袭了安娜堡的支持，这是少数几个胡佛总统的声誉仍能有积极回馈的地方之一。

密歇根大学也有着这座城市沉着的自信。“我一点儿也不气馁”，大学校长 A.G. 鲁思文说道，“我必须承认，削减资源使我能够在组织中做出一些变革，我认为，从长远来看，这大有裨益。”然而，克劳德·香农入学的时候已是 1932 年秋，这所大学坚定的积极态度已经跌到谷底。金融危机迫使安娜堡最大的雇主、经济引擎密歇根大学不再扩招、停止长期规划的基建项目，并且将教职工收入削减了 10%。

然而，香农仍是幸运的。要是他早一二十年，在 20 世纪初进入密歇根大学，他就不会从大学的建设工程教育转型中获益了。

工程学院的院长莫蒂默·库利是一位非同寻常的富有进取精神的大学管理者，在他的领导下，工程学院的“入学人数从不足 30 人增加到超过 2 000 人，教师团队由只讲授几门课程的 3 位任课教师扩大到超过 160 名教授和工作人员，他们开设了好几百门课，办公室也由临时使用的、1 720 平方英尺[①]的空间扩大到超过 50 万平方英尺的配备精良的教学楼”。工程学院的学生人数甚至超过了医学院和法学院的学生人数。当它的规模似乎要扩大到超出密歇根大学最大的学院——文学院时，库利院长被解雇了：“带着标志性的笑容，他向哈维·古尔丁教授大声说：‘看吧，古尔丁，我们还是会超越他们的。’”库利彬彬有礼、阅历颇丰，在政治上眼光独到，他刚到密歇根大学的时候，还在海军军营里担任蒸汽工程和钢铁与造船专业的教授。4 年后，海军才批准了他的辞职申请。密歇根大学立

---

① 1 平方英尺 ≈0.093 平方米。——编者注

即向他授予教职。

1895 年，密歇根大学要求工程学院时任院长查尔斯·格林规划建造一座全新的教学楼，以容纳学校不断增加的学生数量。格林要求用 50 000 美元来建造一所精巧的 U 形建筑，这个要求得到了校方的批准。然而大楼还没来得及动工，格林就去世了，库利接替他担任了院长。他被要求评估前任院长的计划和预算。库利回答道："先生们，如果你们看看我们的竞争对手——其他工程学院，你们就会毫不犹豫地批准 25 万美元的拨款。"库利毫不夸张的肯定态度打动了董事会，他的请求也迅速得到了批准。

1916 年，工程学院公开展出了扩建后的成果，当时学校就好像世界博览会一样。上万人前来参观了建筑设施和最新的科技手段。电气工程师通过自主设计的无线系统传递消息，机械工程师们"震惊了访客，他们使用 20 000 转 / 分钟的纸张切割木材，通过液态气体冷冻鲜花，还展示了只用两根细线支撑起的瓶子，水流从中缓缓流出——这是很少有人能够解决的难题"。两枚完整的鱼雷、两门大炮和"装备了信号屏蔽系统的完整电气铁路"使得那次展览更加出彩。一位作家观察道："对于普通学生和临时访客来说，校园的工程角几乎像医学院一样，充满了深刻的奥秘。"

库利扩建工程学院的计划也改变了密歇根大学的核心教育项目。在香农出生 8 年前，这所学院开始教授无线电报和电话技术方面的课程，以满足不断增长的商业需求，即培养掌握无线传输技术的工程师。工程学院的迅猛发展吸引了学校其他学院院长的关注，学科之间的界限开始变得模糊。一代人之后，到香农开始攻读数学和工程学双学位时，这两门课程在很大程度上已融为一体。

这引起了香农的兴趣，他也承认，选择双学位并不是他宏大职业规划中的一部分，而单纯只是因为自己不成熟而难以决断罢了。“我并不确定自己最喜欢哪个专业。”他回忆道。与获得一个学位相比，攻读双学位并不是那么繁重的任务，“这其实很容易，因为许多课程的内容都相互交叉。我认为只需要额外修两门课和暑期学习，就可以拿到两个专业的学位”。这些课程的学习使他初步接触了通信工程，它们对实践和理论结合的研究“尤其与他的兴趣一致”，因为“我认为，这些课程是工程科学中最偏向数学的”。

虽然双学位十分普遍，香农的这种犹豫不决（他从来没有完全做出过选择）对他后来的工作至关重要。有些喜爱建筑的人可能只乐于拿工程学位，而另一些偏爱理论的人可能满足于只学习数学。香农倾向于数学和机械两者，难以抉择，（双学位）使得他在两个领域都得到了学术训练，而不是在两方面相互怀疑。实际上，有些工程师指责数学是在盲目追寻抽象的事物，而有些数学家又控诉工程师们只讲求实用。香农的天资和偏好，使得他没有对这两门学科产生任何教条与偏颇的观点。

香农加入了无线电俱乐部、数学俱乐部，甚至体操队。他在这段时间里担任了两个学生组织的负责人。其中一个是数学俱乐部的负责人。“我们聚会的特点，”一本杂志写道，“是将一系列数学难题罗列在一起，在常规程序后非正式地进行讨论。展示院系所收藏的数学仪器是一个非常有意思的项目。”他的另一个职位倘若被家

乡报纸知晓了，就一定会被报道为“克劳德·香农成为密歇根大学后备军官训练团的一名士兵”。

在克劳德长期驻足的工程学院的大楼里，他的同学们试验了抗震防风玻璃的耐受力，努力降低牛奶脱脂机的噪声，并在模拟的阴暗海洋环境中尝试漂浮模型战舰。但在大学里，真实的生活在教室之外。

1934 年春，在克劳德读大二的时候，一位非常愤世嫉俗的编辑读到了年鉴中一个不知名的喜剧故事，并将它改编为一个描述学生的日常生活的故事，故事的主角是一个逃出精神病院的病人，这个病人坚信自己是一名人类学家：

> 在餐厅用早餐：“上周末聚会的故事揭示了一种基本共性……我们去了 ________ 的（舞厅、夜总会、公寓或兄弟会），并且喝了 ________ 杯威士忌、________ 杯啤酒和 ________ 小杯 ________。聚会之后，________ 喝多了，________ 和我不得不把他从 ________ 带回了 ________。

有人乐得把橙汁洒在了校服上，每个人都大笑了 5 分钟，直到他们忘记了自己为什么会笑，才重新平静下来。“现在已经很安静了……大笑过后，每个人似乎都被抽走了些什么。”早餐在 11 点结束，大家在回味欢乐中度过了上午的余下时光。

通常年鉴在吹嘘校园名人时会开一些善意的玩笑，但在 1934 年春，年鉴使用了略带嘲讽的口吻。有位田径明星每天晚上“把他的腿拿下来（它们聪明地依附在他的身上），并把它们放置在金色的玻璃盒里，供众人欣赏”。学生会干部“在大街上列队炫耀，身后跟着7名手下，他们被训练得很好，完全不会提出反对意见或者表现出不敬的态度”。新闻编辑“在他秘密的小办公室里若有所思地打字，试图揭露并没什么可揭露的事实”。

相反，克劳德是学校里的一个小人物。但他和编辑们可能都有一种预感：内心怀疑他们可能被有生命的机器包围了，它们拥有可拆卸的部分以及其他构件，有各种各样的外表和滑稽的动作。需要有一位愤世嫉俗的人或者一名工程师来发掘“笑的事业”。后来，他的一位女同学回忆克劳德大笑的方式：“他会突然笑起来，就好像在咳嗽一样。他从没学会如何表现快乐。”这就是他自己的膈和喉咙组成的滑稽动作。

在香农读大学二年级的那一年春天，他的父亲因中风去世。15个月以来，老香农一直在与疾病做斗争，只能待在家里，那时候，他就快71岁了。他死后，盖洛德小城为了对他表达敬意，停止了日常运转。葬礼于周二的下午两点在他家里举行，很多老香农的生意伙伴前来护送灵柩，这令人心生敬畏。周三，克劳德返回了学校。

父亲去世后不久，克劳德和母亲发生了一些冲突。他的姐姐长大了，离开了家，小镇之父又长眠于地下，克劳德和玛贝尔第一次单独生活在一起。结局非常糟糕，母子关系的破裂似乎是由一盘点心引起的，这看上去非常荒谬。玛贝尔将可口的点心留给客人，而将烧焦的点心留给香农。无论导致他们关系破裂的原因是什么，在那之后，香农的寒暑假都是在叔叔家度过的。他和母亲在日后的岁月里也极少联系。

攻读完本科之后，由于香农表现突出，他被美国大学优等生荣誉学会（Phi Kappa Phi）和美国自然科学（Sigma Xi）荣誉学会双双录取，得到了继续深造的机会。1934 年春，在克劳德 · 香农 17 岁的时候，在《美国数学月刊》（*American Mathematical Monthly*）第 191 页上发表了第一篇学术作品。他解出了一道数学难题，他的答案被刊登在《难题与方法》栏目中。这一栏目的编辑十分喜欢那些“只需运用大学前两年所学的数学知识，而不借助特殊工具便能解出的新奇的题目”。香农解出的问题曾在前一年秋天的月刊上被刊登过：

E 58 [1933，491]。由 R.M. 萨顿提出，哈弗福德学院，宾夕法尼亚。

将以下 3 位数变成一个 5 位数，每个数字用 1 个代码字母表示。假设唯一的余数 Y 不为零，请重新组合题目，使得解法唯一。

$$
\begin{array}{r}
LMN)\,RSTUN(UX \\
\underline{RTYX} \\
TYYN \\
\underline{TYYJ} \\
Y
\end{array}
$$

香农的六步解法被刊登在那期杂志的封底，与期刊中更重要的数学论文和书评相比，他的解法本身并不值得关注，但这一迹象表明，他童年时期对破解密码的迷恋为他成年后的发展奠定了基础。受到初次成功的鼓舞，香农再次提交破解新问题的方法，并于1935年1月再次被刊登在《美国数学月刊》的封底，他回答的问题如下：

> E 100 [1934, 390]。由G. R. 利文斯顿提出，州立师范学院，圣迭戈，加利福尼亚。
>
> 在两个同心圆中，外圆内有两条平行线与内圆相切，请只借助圆规，找到切线的端点和切点。

虽然这些成果看似微不足道，但是它们为我们了解克劳德·香农所接受的教育打开了一扇窗。我们可以从中推断出，大学时代的香农就已经知道在学术公共论坛发声的价值，通过这样的方式他将吸引同龄数学家的目光与年长数学家的关注。他阅读这样一本期刊的行为本身就显示了他对学术研究非同寻常的关注，而他的解题方法被选中也表明他不是一般人才。另外，他学习成果的初次发表体现了他日益具有的雄心，他从常规的课业学习和大学生活中抽出时间来研究这些问题，找到答案，并将其发表，展现出他为自己规划了其他发展道路，而非继承家族的家具生意。

———

准确地说，他为自己选择的事业可能开始于工程学院布告栏中张贴的一张打印版明信片。那是一张邀请大家到东部，帮助建立“机械大脑”的邀请函。香农在1936年春注意到了它，那时候他正在考虑大学毕业后的去向。这份工作是一边攻读麻省理工学院的硕士学位，一边担任微分分析仪助理研究员，这对于想要从方程式与建筑、思维与建筑中找到同等乐趣的年轻人来说，简直是量身定制的。“我努力争取并最终得到了这份工作。这是我人生中最幸运的事情之一。”香农随后这样说。也许是运气起了作用，不过这份工作的申请者需要通过范内瓦·布什严苛的挑选，而他塑造了香农此后的人生和美国科学的进程。

第 3 章　机械大脑

要探寻现代计算机的起源，莫过于从核桃山（Walnut Hill）开始。核桃山位于波士顿的北部和西部，1912 年，一位穿着考究的割草工推着他的机器，艰难地爬上长满了草的坡地。他花了一点儿时间摆造型，拍摄了一张照片。照片里，他把双手放在割草机把手上，注视着他的工作，脸背向我们；草地是白色的，两件套西装是黑色的，机器也是黑色的。只需一秒时间，你就可以推断出，这样做的目的远不止修整草坪。因为从照片中看，繁茂的草丛并没有变化，割草机本身应该放置刀片的地方却是一个空盒子，盒子悬挂在自行车两个车轮之间。

这是一名大四学生的首项发明，但他失败了。虽然这一物件如预期的那样运转了，但除了 22 岁的发明者之外，其他所有人对它都毫无兴趣。盒子里悬挂了一个钟摆，以及由自行车后轮供电的圆盘。圆盘上有两个滚筒，一个用于测量垂直距离，并固定了一支笔，另一个用于测量水平距离，并驱动着纸下的鼓轮。这是一台测绘机器，是一种旨在与土地测量队抢生意的机器装置。使用老式的方法、笨重的望远镜和三角法，3 个人一天可以测量 3 英亩的土地，但在一天结束之后，他们还有许多表格数据需要转化为已测土地的剖面图。这位大四学生宣称，他独自一人作业可以实现3倍于他们的速度，而且可以直接成图。在他的“地形测量仪”（Profile Tracer）内部，地形图被缠绕在滚动的鼓轮上，机器通过墨水将地形走势精确地绘制出来，“它即使碾过人孔井盖，也可以即时绘制出小块儿隆起”。

这项发明获得了专利，同时帮助它的发明者获得了学士及硕士学位，但仅此而已。他将发明投入商业生产，却一件也卖不出去，甚至连专利证书也无人问津。他的推销信石沉大海、无人回复，推广会开了几分钟就结束了。尽管他认为自己有惊人的洞察力，曾说过“看吧，未来20年，这种割草机将成为人类所能制造出的最强大的思维机器”，但在当时，这听起来和胡言乱语没什么两样。而这事实确实如此。

穿黑色西装的男人就是范内瓦·布什，这张照片标志着他的时代的开始。他争强好胜，永远觉得时间不够用，是扬基捕鲸船长的后代。他对自己十分难念的名字感到不满，总是让别人叫他“万”，甚至“约翰”。虽然他现在还想象不到，但这名22岁的发明家日后会成为美国最有影响力的科学家。

他将主持如同房间般大小的定制大脑项目，也将为总统提供建议。他将直接带领美国的科学家度过第二次世界大战，正如他曾考虑过让2/3的测绘人员失业一样。《科利尔》（*Collier's*）杂志将他称为“决定战争胜败的人”；《时代周刊》（*Time*）将他称作“物理（学）将军”。

这些成就中有一条特别值得注意：他将会是第一个发现克劳德·香农潜质的人。

20年后，已经是工程学博士，并成为麻省理工学院副校长的范内瓦·布什说："假设，苹果从树上掉下来。"这正是他高中时在物理课上举的例子。从数学的角度来说，他只是一位拥有中等智力的人，他自认为属于"第四或第五梯队"，但他幸运地拥有了非凡的双手。和他最伟大的学生克劳德·香农一样，他小时候爱在地下室里捣鼓小发明。结果，他成年后的大部分时间都花在了打造坚韧的、不知疲倦的"数学大脑"上，它们由木头与金属组成，从某种程度上说，远远超过布什自己的大脑，这也最终促成了香农的第一次突破。

范内瓦·布什继续说："我们知道的关于苹果的情况，大致是它的加速度是恒定的。"我们只用几秒钟就可以在黑板上画出它的下落轨迹。"但是假设我们想将空气对苹果下降的阻力考虑在内，这就要求我们在方程式中加入另一项，这使正式计算更加复杂。我们仍可以通过机器轻易地解决这个问题，只需要将所有的元素综合起来，使用代表方程式中各项的电气或机械装置，然后观察它的运转。"

在物理学的真空状态下，计算苹果下落只需通过铅笔和纸即可完成，而在现实世界里，计算苹果在空气中下落则需借助工具解决。如何看待这两者的差别？正如布什所指出的那样，两种下落都可以通过微分方程表示，这种方程的关键在于微积分代表着连续的变化。所以，首先假设苹果落在艾萨克·牛顿（构想出引力定律的人同时发明了微积分，这并非巧合，倘若没有微积分记录时时刻刻的变化，我们就无法辨明重力的含义）的头上。在真空状态下，苹果以 $9.8m/s^2$ 的加速度下落，直至砸中牛顿。

但是现在，想想在户外向牛顿扔苹果。重力当然不会变，但苹果下落得越快，空气对它的阻力也就越大。苹果现在的加速度取决于使它加速的重力和使它减速的空气阻力，而这反过来又取决于苹果在任意时刻的速度，而且它的速度每秒都在发生变化。要解决这类难题，我们就需要“超级大脑”。

动物在灭绝前的增殖速度可以有多快？大量放射性铀衰减需要多长时间？磁力可以延伸到多远？巨大的太阳可以在多大程度上使时间和空间扭曲？要回答上述问题中的任何一个，都需要我们解出一个微分方程。

对于布什和他的电气工程师同事们来说，他们的独特兴趣点或许是国家电网在发生故障之前能够承受多高的浪涌水平。考虑到电气化为美国带来的财富和就业，这简直是一个价值数百万美元的问题。在 20 世纪 20 年代，布什的一个硕士研究生反映，从一个州向另一个州输电就像是“使用长长的弹力拖缆拖着一辆又一辆汽车，拖缆几乎要达到崩溃的边缘。在这样的条件下，任何诸如短路或者瞬间超负荷的事故，实际上都会导致拖缆突然断裂”。1926 年，工程师们发现了能够预测拖缆崩溃临界点的方程式。这一发现实际上使解决这些能量问题变得既耗时又容易出错。这些计算只能通过人工方式进行，绘制结果也只能依靠人工，通过一种叫作求积仪的滚动数学仪器追溯其轮廓，从而找到绘图中的相应区域，然后将这些区域数字置于之后的方程式中。这一切意味着，在这些计算工作完成之前，电灯早就闪烁坏了。

事实证明，大部分实用的微积分方程，即在现实生活中的苹果落地问题而非在黑板上出现的苹果落地问题，都无法被解决。这些方程式不是靠公式或者捷径就能够被解出的，只有通过反复试验，或者依靠直觉、运气才有可能被解出来。为了可靠地解决这些问题，将计算的作用运用到能量传输的工业问题、电话网络问题、关于宇宙射线和次原子粒子的高级物理问题上，我们必须依靠其他科学的智慧。

到布什和他的学生们着手研究的时候，已经接连有两代科学家试图发现超级大脑。早在解决稳定电网的问题之前，他们就在试图解决一个更古老的问题——如何预测海洋潮汐。对于水手来说，关于潮汐的知识决定了船只何时进港、何处捕鱼，甚至何时发动入侵。如果小渔船还可以依赖猜测和记忆，那么诞生于19世纪，由钢铁制造的、蒸汽驱动的渔船则需要更精确的依据。仅仅通过人们观察涨潮时的记号或者等待大海自身重复的记录，并不具备精准的参考价值，因为牛顿真空世界（月亮和太阳每天会在特定的时间对海水产生引力）的简单模型，在遭遇现实世界不同形状的海岸线和看不见的海底坡度时，很可能会变得混乱不堪。从上帝的角度来看，潮汐有自己的运行法则；而对于人类来说，每个地方都有不同的规则。

但是在牛顿之后的半个世纪，数学家发现看起来最混乱的波动，从股票价格到潮汐变化图，都可能失灵，这表现为更加简单的函数总和——波型模式。它也确实是在不断地重复自身。无秩序状态中隐藏着秩序，或者说无秩序正是无数即刻发生的秩序事件的总和，是一再被听到的叫喊声。所以，我们怎样才能发现潮汐中的规律呢？

1876年，一个留着独特胡子的爱尔兰物理学家威廉·汤姆森建议通过机器来探寻潮汐的规律。他后来被尊称为开尔文勋爵，这个尊称源于他的实验室旁流淌着的河流的名字。在汤姆森剑桥大学的毕业考试上，向他提问的教授对自己的同事耳语道："你和我只适合去给他修笔。"自他的学生时代起，他就将亚历山大·蒲柏的几句诗作为自己的座右铭："去吧，神奇的人！科学领路到哪里，就在那里攀登不止；前进吧，去丈量大地，衡量空气，记录潮汐。"诗歌中所指的"人"当然是泛指人类，但即使汤姆森把他自己当作诗歌的主角，也没人会对此产生异议。

汤姆森解决潮汐问题方案的原理恰好与布什的割草机原理相反。测量仪能够读取山地、谷底的地形数据，甚至还能读出人工的圆盘状物，并将之绘制成图表；而由汤姆森和他的兄弟一起发明的潮汐机器需要将图表作为输入端，他们将其命名为谐波分析仪。此机器的操作员需要站在长长的木质无盖箱前，它装有8条腿、一个铁制指示器以及由内部凸出的手柄。操作员用右手握着指示器并追踪水位图，记录每月潮汐高潮与低潮的数据，并用左手稳定地转动手柄，使上了油的齿轮在箱子里运行。在机器内部，11个小曲柄以其自身速度旋转，每个都分离出一个简单的程式，它们的总和就是无序的潮汐。最后，这些仪器表显示出11个数字，它们分别代表平均水位、月亮引力以及太阳引力等，它们构成了记录潮汐的程式。这一切原则上来说都可以人为地被记录在笔记本上，但是汤姆森说，这种"计算方式颇具系统性，应当由机器来完成"。

确实是这样的。得益于从海浪中提取的方程式，潮汐表不再是过去的记录，而变成了对未来的预测。将表格绘成图像，并把图像输入谐波分析仪，再将分析仪的读取值载入汤姆森的另一项发明中——一个装有 15 个滑轮的机械计算机，它的体积如衣橱般大小，可以用笔和墨水绘制下一年的潮汐水位图。1876 年，潮汐预测员用 4 小时就可以精确地绘制出下一年的水位情况，而到 1881 年，这项工作的时间缩短到仅需 25 分钟。

机械装置被大家礼貌地接受，又礼貌地弃置一旁。即使到 1881 年，也很少有实际的方程式受到机械解决方式的影响，相比于批量生产作用有限的机械装置，付钱聘用员工似乎更明智。可能，汤姆森的数学家同事们对他们工作的任何部分都能够被机器轻易取代的想法感到不满，这使他们和工厂里的工人没什么不同。最重要的是，即使汤姆森构想出了能够真正解决多种难题的机器，它的关键组成构件也始终缺失。直到第一次世界大战爆发，才为探寻这种机器带来全新的动力。

假设现在并非是有一艘船要在潮汐中入港，而是一艘无畏的战舰要在波涛汹涌的海上用大炮攻击地平线之上数十英里，且不断移动的目标。想象一下，在两个浮动的军火库之间的海战中，可能到最后它们都看不到彼此。相隔如此远的距离，海浪的高度、炮弹在不同飞行轨迹中的空气密度、地球的曲率，甚至在炮弹飞行时地球的自转，都会对炮弹是击中目标还是掉落水里产生影响。上述每一种因素都会产生一个变量，进而产生新的微积分方程。这种程度的海战不仅是一次武力对抗，而且是一场数学竞赛（失败的一方常常会葬身大海）。1916 年的日德兰海战，是第一次世界大战中规模最大的一场海战，除一艘战舰外，其他英国战舰都装配了由人力操控的军械，它们冒着蒸汽投入战斗。但是它们仅击中了3%的目标，却导致了超过6 000人丧命。这样的风险，一下使得发明可靠的解方程机器变得有价值起来。

正是来自纽约北部的机械工程师汉尼巴尔·福特，补全了汤姆森缺失的那部分。他先是拆解钟表，后来研究打字机。正如汤姆森选择蒲伯英雄式的名言作为自己上大学时的座右铭一样，福特在康奈尔大学年鉴的首页上写着一句更实际的格言："我会建造一台机器，用旧方法做旧事情。"1917年，他发明了一台机器，在自动解微积分的方程中发挥了关键作用。这台机器能够发现积分或曲线下的区域（包括飞行中的炮弹的抛物线）。在电子学诞生之前，一切都可以通过机械来完成。福特积分器（它被美国水手充满感激地称为"宝贝福特"）中有两个球状轴承被置于涡流盘的平面之上。它们可以持续在圆盘表层自由移动，离中心越远，速度也越快。轴承到中心的距离代表方程曲线的形状，旋转的速度意味着方程的解。球状轴承转动了为机器其他部分提供动力的气缸，并通过传动装置和计量表向枪手们传递信息。考虑到输入端包括进攻舰和敌舰的速度和路线，"宝贝福特"将计算出目标的范围、开火的方向以及炮弹在空中飞行的时间。它们反过来会决定枪炮的角度。

汉尼巴尔·福特不是第一个想要发明这种机器的人，但是他发明的机器是第一个能够可靠地解出积分的机械装置，因此它被应用于很多情况，比如船在波涛中颠簸或被炸弹震动时。假如此机器的轴承滑出了它的轨道，船员们就不得不回到依赖望远镜和直觉做判断的日子。布什称赞它是"精确与完美的奇迹"。很快，布什就会同时运转 6 台这样的机器，他将不仅依靠它们找寻枪炮的角度，还用它们来探寻原子的形状和太阳的结构。

汤姆森的谐波分析仪、福特的积分器以及布什的地形追踪器彼此独立，它们都是为了解决某类专门问题而被设计出来的单一目标类机器，尽管如此，它们仍有关键的共同品质。无论是山坡的坡度还是炮弹的轨迹，它们都是化繁为简、重现本质的物理模型，在某种程度上，它们都对自身描述的过程进行了简单缩影。换句话说，它们完全是在模拟。但是，范内瓦 · 布什将模拟计算发挥到了最高水平，从而发明了通用机器，这是由工具进化到自动化的一座里程碑。但是克劳德 · 香农在一次天才式的意外中，淘汰了布什的发明成果。

布什后来承认，他的计算机借鉴了汤姆森和福特的成果。但是当他在 20 世纪 20 年代中期，初次试图缩小美国的电力网络，使之适用于自己的实验室时，他在很大程度上并不知道这些前辈。那么，他是从哪里开始的？

从某种意义上说，他起初是一名教师。他也是一位发明家，当麻省理工学院电气工程系处于全国领先水平的时候，布什在那里为年轻工程师们授课。马萨诸塞州坎布里奇的一个秋天，大礼堂里坐满了前途似锦的新生，他们穿着宽松的衣服，梳着精神饱满的发式，每当他们的自我欣赏被布什打断时，他们就会如坐针毡。布什会站在讲台上，拿起一个普通的管道扳手，向同学们发起一个小挑战："描述它"。

新生们会一个接一个地尝试进行描述，然后又一个接一个地被布什否定。他会向学生们表明，他们的定义有多么模糊，这些定义适用于任何扳手，而不仅是他们眼前的这一个。然后，他会通过朗读精准正确的专利申请来得出结论，以及其他内容。

> 通过将螺母向右或向左转动，可移动的夹爪将如预期一般靠近或远离固定夹爪。活动夹爪的内表面将与其柄形成直角，也会有一系列齿轮向固定夹爪倾斜……可滑动或可移动的夹爪可能需要向外突出，以便与另一个夹爪保持向外的倾斜度，从而使得钳口能够被轻易地夹到管道上……

关键在于精确。尤其，如何将复杂、实体的世界（扳手）精确地描述为象征物（专利），从而完成完美的诠释。给你一个扳手，然后你就能给出对那个扳手而非其他扳手的精确描述；给你描述语，你就能对应指出是那个扳手。布什教给学生们的这些，就是工程学的开始。

基于与精确地描述世界同样的原因，每位工程师都要求学习绘图。纯数学家们利用纯数字学习数学，而工程师们利用他们的双手学习数学。"人们学习微积分就好像学习如何使用凿子或锉刀。"这是20世纪初一名推动工程教育实用化的改革家提出的。那个时代的数学实验室里"有各种黏土、纸板、电线、木头、金属以及其他模型和材料"，还有可能老得像布什一样的图纸。麻省理工学院在布什生活的年代，数学和工程学是金属铺子和木工店的延伸，擅长使用求积仪和计算尺的学生，也必须会熟练地焊接钢铁和使用锯子。工程师们持续存在的焦虑可能源于，“不确定他们究竟适合做什么”。正如伟大的评论家保罗·富赛尔所说的，“不知道自己是老板还是工人，经理还是雇员，身处脑力劳动的世界还是体力劳动的世界”。但也有说法认为，体力劳动就是脑力劳动，只要它们被转换得足够精确。说到精确，方程式可以通过图像和机械运转来掌握和解答，就好像扳手可以通过合适的词语被描述清楚一样。

布什与一名技师合作设计他的早期模拟计算机，并开始明白计算的能力完全可以通过人工习得。他解释道：“他从机械的角度学会了计算，这是一种奇怪的方法，但他就是能够弄明白。实际上，他并不是明白了它的表面功能，而是明白了它的原理，是对其本质的掌握。”

在积分器工作的声音中，在齿轮的转动中，布什的机器使微积分实体化了。如优秀的工程师一样，它们输入图像，又输出图像。这可能在任何地方发生，所以它们在工程系里被拼凑起来也就不足为奇了。

1924 年，布什和他的学生们在福特积分器的基础上对其做了改进，发明了一种新的积分机器。1928 年，为寻找稳定的电网解决方案，他们已经能够在 50 平方英尺的实验室里模拟 200 英里范围的输电线路了。同年，他们开始设计一款通用的微分分析仪。3 年后，他们花费了 25 000 美元制造了这种机器。它是一个如房间般大小的

大脑，这种金属做的计算机为了解决问题可以日夜运转，直至问题解决才停下来。要测量地球磁场对宇宙射线的影响的问题，需要齿轮机器日夜运转 30 周，但当它完成计算后我们可以发现，微分分析仪用强力解决的复杂方程是人力所望尘莫及的。实际上，当时布什的实验室拥有将工业难题转化为基本物理学问题的计算能力。

“这个由轴、齿轮、线路、滚轮组成的家伙十分可怕，”一位使用微分分析仪研究电子散射行为的麻省理工学院的物理学家说，“但它确实有效。”它是一个配有旋转杆的巨大的木质框架，很像巨人的重达百吨的桌上足球装置。输入端是 6 个绘图员的表格，机器据此读取需要计算的程式，这很像汤姆森读取潮汐表的分析仪。操作员转动手柄，将机器的指针置于待解方程的手绘图上，读取当时的数据。“例如，要计算原子的散射，我们就必须将原子场的电势和距原子中心距离的关系图放置于机器中。”通过这样的方式，方程式的细节就会被传到机器的内轴。每个轴都代表一个变量（电线中的电流或原子核的大小）——变量越大，轴的转速就越快。这反过来驱动了积分器，它类似于福特的发明，圆盘被置于恰当的位置上旋转，积分轮垂直立于圆盘上。操作者将滚轮放得离圆盘中心越远，它的速度也就越快。滚轮与另外 5 个完全相同的积分器相连。最后，积分轮的速度将驱使铅笔上下移动，使得下方的图纸持续展开。问题的答案就写在图纸上。最后，经过数日甚至数月的运转，答卷最终呈现。

数学无限复杂，但是范内瓦·布什的割草机可能是这个大型计算器的远祖。微分分析仪书写了科学史的一部分，“仍然以机械运转的方式解释数学，仍然依赖于专业机械化的滚轮 – 圆盘积分器，仍然以曲线形式绘制答案。微分方程和等高线意味着，布什的计算机在很大程度上是其早期地形追踪器的衍生物”。

这就是数字革命前的计算机，它是一种在解决方程式的过程中实实在在地运转着的机器。只要机器在运转塑造原子形状的方程式，从意义的角度来说，它就是一个巨大的原子；只要机器在运转为星星供给能量的方程式，它就是一颗微型星星。“这是一种模拟机器，”布什说，“当某人遇到一个难题，比如要知道一座待建的桥在疾风中摇晃的程度，他可以通过结合机械或电气元素来模拟桥的实际情况，它们遵循同样的微分方程。”对于物理学家或工程师来说，这两种系统都遵循相同的方程式，它们具有同质性，或者至少可以做类比。但说到底，是我们在“模拟”。数字显示电子表与太阳大相径庭，指针式电子表是对围绕表盘的电路阴影的记忆。

微分分析仪嗡嗡作响、不间断地绘图，为它的模拟物持续旋转，当它在夜间运行时，布什的学生们在一旁轮流观察它，倾听滑轮在其轨道上滑动的声音。在那些夜晚，微分分析仪顺畅运行，他们在机器嗡嗡作响的房间里挣扎着保持清醒。就这样，5 年过去了。

第 4 章　麻省理工学院里的开关

至少克劳德·香农对寒冷并不陌生。从大西洋吹来的风比美国密歇根州的风含盐量更高，但它没那么彻骨寒冷，新英格兰地区的雪和这里差不多一样厚。20 岁，第一次独自从美国中西部背井离乡的香农，当然能够适应这种相对熟悉的环境。而对于那些无法忍受这种寒冷的人来说，麻省理工学院的校园还建有长廊和隧道，以及大片涂着麻省灰的区域。工程师们整个冬天都可以足不出户。他们实际上可以生活在灰色的隧道里，香农就连续很多天没有见过太阳。这当然不包括“麻省理工落日”。依据设计，它每年冬天会出现两次，当太阳和长廊的轴线角度一致时，落日会将灰色的墙照亮为金色。

麻省理工学院历史学家弗雷德·哈普古德写道：“学院传说，眼尖的人有时候能够看到走廊墙壁上的铅笔痕迹。这些线与肩同高、与地面平行，据说是学院校友留下来的痕迹，他们对走廊的环境十分熟悉，能够闭着眼睛走……他们手拿铅笔贴着墙面，眼睛向上翻着，一边思考深奥的问题，一边心不在焉地往前走，就像具有自动驾驶功能似的。”在还是新生的时候，香农有时候会路过一排雕塑，它们上面都刻着伟人的名字：阿基米德、哥白尼、牛顿、达尔文。

麻省理工学院是新古典主义之岛，位于波士顿的一个工业区内。学院中间隧道上方建有万神殿式的圆顶，距离查尔斯河数英里远，圆顶与附近的工厂形成鲜明的对比。隧道上方的圆顶本就是建筑师们之间妥协的产物，他们中有些人认为新校应当同河畔的其他大学有所区别，而另一些人则坚持，应当“秉承效率的原则，避免师生做无用功，它相当于最好的工业作品”。这就是麻省理工学院在世界上定位的一个缩影，它既是工业的补充，又追求“更纯粹”的科学，工厂和圆顶两者的结合正体现了这一点。

这些建筑本身就是量化思维的产物，它们以数字而非名字为人们所知晓。一张关于布什微分分析仪的明信片将香农带到了 13 号楼，正是布什批准了他的申请，录取他做硕士项目。他们都是忙碌的工程师。为了更好地工作、赚钱养家，布什曾成功地同时拿到本科和硕士学位。香农用了 3 年时间读完了高中，在大学 4 年里拿到两个学士学位，而现在，在短暂的暑假休整之后，他就要开始攻读硕士研究生课程了。布什让他的这位新学生管理微分分析仪最先进、最精密的部分，这也表明了布什对他的态度。

直到 1935 年，也就是香农到坎布里奇的前一年，微分分析仪已经达到了它的极限。虽然此机械设计精巧，但每个新方程都必须先使之解构再重组。布什和他的团队发明的机器并不是单一的机器，而是一系列巨大的机器，它们需要为每类问题重建，在每种方案中分解。为了实现它的多功能性，他们需要以降低效率为代价。而因为分析仪的全部使命是使计算更有效率，使之至少能够在理论层面被人工计算出来，需要不断重复的瓶颈使得它存在的价值大打折扣。

为了应对这种情况，布什想要发明一种分析仪，它可以在运转的过程中对自身进行基础性重组。它装有自动控制器，能够使自身不间断地从一个方程式自动转到下一个方程式，或者甚至能够同时解决多种相互作用的方程式。它装了开关来代替螺丝刀。在经济大萧条时期，麻省理工学院的经费预算远远不能满足布什的雄心，但他仍然能从洛克菲勒基金会募集到265 000美元私人捐款来研发新一代计算机。同时，他将克劳德·香农带进麻省理工学院，来帮助他开展新的研究。

所以在接下来的3年里，香农的世界就是灰色的长廊和嗡嗡作响的机器间。在那个房间里，有一个小盒子装有100个开关，它们被绑在分析仪上，这里是这个世界的另一番天地。盒子里就是大脑中的大脑，开关和继电器控制了机器，当机器旋转时能够使之重构。詹姆斯·格莱克写道，它们是“由电力控制的电气开关（循环的想法）”。打开，关闭，香农日复一日地重复着这样的工作。

克劳德·香农按动开关时会发生什么？想象开关或继电器就像吊桥一样，电流由此通过：如果关闭它，开关就会允许电流传递到其他目的地；如果打开它，开关就会阻止通道中的电流运行。它们的目的地可能是另一个继电器，它会根据输入端接收到的指令打开或者关闭开关，或者举一个很简单的例子，它可能是一个简单的小电灯。这一切对于香农来说得心应手，早在盖洛德西部联盟电报公司和他的铁丝电报网时代便已如此。在安娜堡，他进行了系统化学习，与其他电气工程师一起尽职尽责地绘制电路图。串联就是电流

必须通过两个开关才能被点亮；并联就是电流可以自由通过任意一个或两个开关。

这一区域有数百个连接到微分分析仪上的开关逻辑箱、装配线的电构件，以及控制整个国家电话网络的成千上万个继电器系统。这里的电路被设计为，只有当两个开关被关上时，电流才能够通行，不关开关，关 1 个或 3 个开关都不行；电路被绘制成分枝树、对称的 Δ 以及密集的网络，其中涉及的全部电气集合，香农都用心学习过。而且，根据工程师们的老传统，这些电路都在黑板上一步一步地被画出来，或者在机器内部被一点一点地焊接起来。验证电路是否可行的唯一方法就是它的实际运行结果：电话是否能打得通，滚轮是否能在圆盘边缘旋转，灯是否能被点亮。香农做出改进之前的电路，就好像模拟计算机被发明之前的微分分析仪，每次试验的错误直到最后才能被发现，此前一切都不明确。那个时期，设计电路是一门技术，这门“技术”包含混乱、错误的开始，以及难以道明的直觉。

但是，香农在这个房间里与机器为伍，这个机器被设计为能够自动化思考，以工业和效率的名义“被设计”意味着从数学中去除了技术的成分。在工作中，香农开始明白，自己明白了另一种自动化思考的方式，这种方式最终证明了，新一代计算机远比模拟计算机更有影响力。

逻辑如何能像机器一样？20 世纪初，一名逻辑学家这样解释

道："正如材料机器是为了节省力气，符号演算机器则是为了节省智力。"逻辑，和机器一样，是一种使力量大众化的工具，它具有足够的精度和技能，无论是对于天才还是对于普通人来说，它都能使他们的能力倍增。

20世纪30年代，世界上只有少数人能够既精通"符号演算"或严格的数学逻辑，又擅长电路设计。这比听起来更令人乏味，在香农思索将二者进行融合之前，几乎没有人认为二者之间有共同之处。将逻辑比喻为机器是一回事，而使机器拥有逻辑能力完全是另一回事。

在密歇根州，香农学到了（仍旧是在哲学课上）任何逻辑陈述都可以通过符号和方程式来表达，而这些方程式又能够通过一系列简单的、数学式的规则解决。即使你不了解一句话的含义，也能够判断它的对错。事实上，如果选择不去理解它的含义，你就不那么容易分心了，推论能够通过自动的方式得出。

将变化莫测的语言以精确明晰的数学方式表述出来，起关键作用的人是19世纪的天才乔治·布尔——一名自学成才的英国数学家。他的父亲是一名鞋匠，在他16岁之前家里没钱供他上学。在汤姆森构想出他的第一台分析仪之前，布尔已经出版了一本实至名归的书《思维的定律》(*The Laws of Thought*)，从而证明了自己的天分。布尔揭示的这些定理都建立在基本运算的基础上，例如，和(And)、或(Or)、非(Not)和如果(If)。

假设我们指定所有伦敦人都有蓝眼睛，而且他们都是左撇子。将蓝眼睛的固有属性定义为x，将左撇子的固有属性定义为y。使用乘号代表"和"，加号代表"或"，撇号（代替减号）代表"非"。这一切的目的都是证明"真"或"假"。所以用1代表"真"，并用

0代表“假”。这些就是把逻辑学转化为数学的基础部分。

于是，“所有伦敦人都有蓝眼睛且是左撇子”的假设就可以表示为 xy。同时，“所有伦敦人都有蓝眼睛或者左撇子”的假设就可以表示为 $x+y$。然后，假设我们要判断“这个伦敦人有蓝眼睛且是左撇子”这一命题的真实性，它就取决于 x 和 y 的真实性；并且，布尔根据我们对 x 和 y 的理解设定了1或0的规则：

$$0 \cdot 0 = 0$$

$$0 \cdot 1 = 0$$

$$1 \cdot 0 = 0$$

$$1 \cdot 1 = 1$$

将这些方程式转化为语言很容易。如果这个伦敦人既没有蓝眼睛又不是左撇子，我们所需要证明的命题当然就是假的。如果这个伦敦人只有蓝眼睛或只是左撇子，那么命题也是假的。只有当这个伦敦人两者兼具，这一命题才是真的。换句话说，只有当所有命题都为真时，操作符“和”才会给出“真”。

但是，布尔代数远非对普通数学的重新讨论。现在假设我们要判断命题“这个伦敦人有蓝眼睛或者左撇子”的真伪，在这样的情况下，我们就可以得出：

$$0 + 0 = 0$$

$$0 + 1 = 1$$

$$1 + 0 = 1$$

$$1 + 1 = 1$$

如果这个伦敦人既没有蓝眼睛又不是左撇子，这一命题就是假的。但如果这个伦敦人有蓝眼睛或者左撇子或者两者兼具，它就是真的。因此，在布尔代数里，1+1 等于 1。只要当任意命题为真或全部命题为真时，操作符“或”就会给出“真”。（布尔也发现了另一种“或”，被称为“互斥的或”，只有当这两者中的任一命题为真时，它才为真，两者不能同时为真）。

从这些简单的元素里（香农认为，它们就像开关一样简单），我们能够构建自己的方法，逐步得出更复杂的结果。例如，我们能够证明 $x+xy=x$，或命题“要么 x，要么 x 和 y 两者”的真值只取决于 x 为真，或者我们能够证明 $(x + y)' = x'y'$，换句话说，当“非 x 或非 y 两者”为真时，“x 或 y”为假，反之亦然。

布尔认为，这一切都是有逻辑的。x 和 y，以及我们所选择的许多其他变量，它们只要要么真要么假，就可以表示我们所想要表达的所有命题。同时，根据几条规则，几乎无须思考的简单运算，我们就能从中推导出可以被推导的一切。机械逻辑意味着，我们在面对“人皆有一死，苏格拉底是人……”等问题时，不再迷惑，一切都不过是符号、运算以及规则。天才制定了规则，而连孩子都能运用它们，甚至比孩子更愚笨的事物也可以运用。

这一切很有趣，但是近一个世纪以来，它都没有实际用处。鉴

于哲学家的好奇心，它被教授给一代又一代的学生，其中包括香农。当时，他说自己主要是喜欢“布尔代数”（Boooooooolean）这个词的发音。但是当他努力尝试理解装有数百个开关的小盒子时，布尔代数的一部分内容影响了他——简单的布尔代数与他试图为布什解决极其复杂的方程式交织在一起。关，开。是，否。1，0。

当他在1937年夏，从麻省理工学院到纽约的时候，部分逻辑思想依旧影响着他。如果世界上还有其他人也在做类似的事情，同时思考着逻辑与电路，他们就是贝尔实验室的那些科学家。香农在那里实习了一个暑假。他只是被临时雇用，提供一些普通的临时帮助，他在1937年夏的实习成果在贝尔实验室里不值一提。但是他为贝尔实验室的科学家带去了一种深刻的思索，它包括数学逻辑和非同一般的电路设计知识，同时，他还带去了令人困扰的想法，逻辑和电路两者通过一些基本方法是可以被连接在一起的。他还将它们带入美国电话电报公司的核心业务，该公司拥有最复杂的远程电路网络，而他的工作就是运用数学使网络平台更稳定，而且成本更低。

至关重要的是，在这段时间里，他着手记录了他所洞察到的布什分析仪、贝尔网络和布尔逻辑中的共性。半个世纪后，香农试图回想这颇具洞察力的一刻，并试图解释他是如何成为第一个理解这些开关意义的人。他告诉一位记者：

> 你提到的“开”或“关”，“是”或“否”其实并不重要，真正关键的是这两种类型连在一起时，被逻辑中的“和”所描述出来，因而你会说这个“和”那个；而当两者平行时，你会用“或”来描述……当你操作继电器的时候，会有一些触头被关

> 闭，而有另一些仍然开着，因为“非”这个字与继电器的这个方面相关……操作继电器电路的人当然知道如何做这些事，但他们没有运用布尔代数的数学模型。

布尔代数中的每个概念在电路中都有相对应的物理表示。一个打开的开关可以代表“真”，关闭它则为“假”，而且整个事件可以通过 1 和 0 来表示。更重要的是，正如香农所指出的，布尔代数的逻辑运算符“和”、“或”和“非”就像电路一样，能够被复制。串联连接即是“和”，因为电流必须连续通过两个开关，除非二者都通过，否则电流不能到达最终目的地。并联则是“或”，电流可以通过任一或两个开关。电流通过两个并联的闭合开关，并将灯点亮——1+1=1。

从逻辑到符号再到电路的飞跃，香农依然欣喜地记得：“我觉得这比生活中的任何其他事情都有趣。”这很可能是一种古怪而富有学究气的乐趣，但他当时只是一个 21 岁的年轻人，他满心激动于从开关盒子和继电器中看到了别人没有看出来的东西。剩下的就都是细节了，在未来的岁月中，他似乎忘记了杰出的科学家仍然需要发表论文。他漫无目的地孕育出数年来最有价值的成果，最终在阁楼里塞满笔记和半成品论文，并在格子纸上记录下各种“颇具价值的问题”。但是现在，他雄心勃勃却尚未完成证明，他完全沉浸在工作里。

1937 年秋，香农在美国华盛顿哥伦比亚特区向评委会演示了

自己的硕士论文《继电器和开关电路的符号分析》(“A Symbolic Analysis of Relay and Switching Circuits”)，并在第二年被发表，赢得职业生涯的掌声。在他的新体系中，香农写下了他最枯燥的科学散文：

> 任何电路都是由一组方程式表示的，方程式的每个部分刚好对应了不同的继电器和电路的开关。微积分学的发明使得我们可以用简单的数学方法操纵这些方程式，这些方法中的大部分都类似于普通的代数方法。这种微积分学被证实是，完全可以类比于逻辑符号研究中命题的推导方式的……然后，我们可以立刻根据这些方程式画出电路图。

在香农之后，设计电路不再仅凭直觉了，它变成了由方程式和便捷规则构成的科学。当香农和他的同事们试图通过电子控制来操作巨大的模拟机器时，他们可能会面临这样一个问题。倘若电路中的某种功能能够允许电流通过（用香农的术语来说，就是输出“1”），而它取决于三种不同的开关 x、y 和 z 的状态。电流通过的条件包括，只有 z 被打开，或者 y 和 z 被同时打开，或者 x 和 z 被同时打开，或者 x 和 y 被同时打开，或者这三者都被打开。通过反复试验，香农的同事迟早会通过 11 个不同的步骤达成这一目标。但是香农会运用铅笔、纸和他无所不在的写字板，用布尔代数的术语写出方程式：

$$x'y'z + x'yz + xy'z + xyz' + xyz$$

然后他合并同类项，将都含有 yz 的项合并到一起，都含有 $y'z$

的项合并到一起，因此他可以将任何代数问题析出因数：

$$yz\ (x+x')+y'z\ (x+x')+xyz'$$

但是布尔代数的逻辑告诉我们，“$x+x'$ 永远为真”能够说得通，因为 x 要么为真，要么为假。然后，香农认识到，“$x+x'$ 永远为真”并不能真正给他提供有关电路输出的有价值的东西，所以完全可以被划掉：

$$yz+y'z+xyz'$$

现在两项都有 z，所以香农可以再次合并同类项：

$$z\ (y+y')+xyz'$$

基于同样的原因，他可以划掉括号中的因式：

$$z+xyz'$$

在布尔代数的逻辑中，还有一个进一步合并的原则。布尔代数证明过 $x+x'y=x+y$，用简单的语言表达即是，“一个伦敦人要么有蓝眼睛，要么是左撇子而没有蓝眼睛”，这与“一个伦敦人要么有蓝眼睛要么是左撇子”是一样的。将这一原则运用到上面的函数中，香农便可以将多余的 z' 删除，于是函数变成如下这样：

$$z+xy$$

想想香农刚开始写下的一大堆内容，他的数学逻辑能够证明，这两个方程式完全相同：

> 只有 z 被打开，或者 y 和 z 被同时打开，或者 x 和 z 被同时打开，或者 x 和 y 被同时打开，或者这三者都被同时打开，才能够通电。
>
> 如果 z 被打开，或者 x 和 y 被打开，就能够通电。

换言之，他只用两步，并联和串联，就完成了11道工序才能完成的验证。而这一切，根本无须摆弄开关即能实现。

带着这些见解，香农在论文剩余的部分展示了它们的可行性。计算二进制的计算机、带有电子警报器的5位密码锁——当这些方程式被解出来后，它们也被发明出来了。电路设计，有史以来第一次成为一门科学。将技术变为科学，将成为香农职业生涯的标志。

这一体系的另一个亮点在于，一旦开关被简化为符号，开关就不再重要了。这一符号体系可以被运用到任何媒介中，无论是笨重的开关还是微观的分子排列。唯一需要的就是能够表达"是"或"否"的"逻辑"门，这个门可以是任意事物。给像房间那么大的机械计算机的工作减负，其规则与真空管、晶体管、微芯片电路中的规则一样，每步都是0和1的二进制逻辑。

香农说："这很简单。"但只有在发现了这种方法后，它才有幸能够变得简单。

尽管如此，它"可能是20世纪最重要、最著名的硕士论文"吗？它是"有史以来，最伟大的硕士论文之一"吗？它是"任何时候来看都最重要的硕士论文"吗？它能"永垂不朽吗"？这一系列对于工程师们来说省时的技能，能否担得起所有的赞誉？既然这个工作是用两种方式都能够完成的，那么香农只用两步就完成了同事们花11步才能完成的工作，它真的有那么重要吗？

这至关重要。但香农论文中最本质的成果在很大程度上被隐含在论文中，而没有被言明，它的重要性是伴随着时光流逝而日渐清晰的。当意识到，香农继布尔之后也将“如果”用作条件符时，我们才开始对它隐含的价值愈加明确。

1+1=1：如果电流通过两个并联开关，那么电灯会被点亮（或者继电器会传递意味着“是”的信号）。0+0=0：如果电流不通过任一并联的开关，那么灯不会被点亮（或者继电器会传递意味着“否”的信号）。根据输入端情况，相同的开关会得出两种完全不同的答案。人格化的进步在于，电路能够做出决定。电路能够进行逻辑运算，大量电路能够进行无数复杂的逻辑运算。它们能够解决逻辑难题，根据前提条件推导出结论，就像人类使用铅笔推导出的那样准确、值得信赖，甚至更快捷。并且，由于布尔已经向大众展示了如何通过一系列二进制的真–假决定解决逻辑问题，任何能够呈现二进制的系统都已经进入他所描述的逻辑世界。“思维的定律”已经扩展到无生命的世界。

同年，英国数学家艾伦·图灵发表了一篇著名的、迈向机器智能的关键文章。他证明了任何能被解决的数学问题原则上都可以通过机器解决。他指出了一种方法，使计算机在工作的过程中能够自行改编指令，以及设计出远比当前许多发明更灵活的、能够解决多种问题的机器。现在，香农已经证明了，任何有意义的逻辑表述原则上都能够使用机器判断。而图灵机仍是一种理论假设，他通过假想一种“读／写头”在任意长的磁带上运作来证明自己的观点，这是一种拥有单一移动端的虚拟计算机。香农从另一方面证明了在任何电话配电盘中都能够找到电路的逻辑可能性。他“追根溯源”地分析了，工程师和程序员未来可能将逻辑输入机器中。沃尔特·艾萨克森写道，这一飞跃“成为支撑一切数字计算机的基础概念”。

6年后，图灵和香农在一间战时科学家餐厅相遇，他们各自负责的项目都是绝密的，因此他们只能隐晦地谈论。那时，他们才刚刚开始打造自己的机器。然而下一年就被称为“计算机时代的奇迹年”，他们已经奠定了基础。尤其，他们揭示了数字计算的可行性、记录的可能性，以及一个又一个独立的结论。在香农发表论文后不到10年的时间里，伟大的微分分析仪就迅速过时了，而被数字计算机所取代。毫不夸张地说，数字计算机比微分分析仪的速度快1 000倍，能够迅速地解答问题，并由数以千计的“全有或全无装置”的逻辑门电路驱动。现在数字计算机的媒介是真空管，而非开关，而这一设计直接基于香农所发现的成果。

然而在1937年，范内瓦·布什尚不能够预见到这一切，他正计划制造更复杂、能干的微分分析仪，甚至连克劳德·香农也没有料到。这一非凡的机器嗡嗡作响，从某种程度上来说，它听起来好像代表了退化——设计精良的圆盘和齿轮将会被开关取代，它们的必要组成部分不会比发电报键更复杂；100吨的庞然大物的分析潜能并不如拴在它旁边的小盒子；这个机器坚定敏感，能够教会未受过教育的技工手动进行微积分计算，却将被在世界上还是一片空白的不透明的匣子所取代。从汤姆森到布什，模拟计算机在某种程度上是工程学的一条漫长且没有前途的道路。

鉴于此，麻省理工学院的历史学家古德写过一个故事：“几年前，一位工程师告诉我，他的一个白日梦一定程度上能够解释工程学的目标，或者至少能够说明他的工作。一艘飞碟抵达地球，机组人员开始飞跃城市、大坝、运河、公路和电网。他们跟随公路上的汽车，监控电视塔的信号发射。他们将一台电脑带入飞碟，拆开它，仔细检查。然后，其中一人感叹道：‘哇！大自然真令人难以置信啊！’”

技术对美毫不在意，它只关心生存的副作用，肆意挥霍，冷酷无情。由此可见，自然和技术并没有多大区别。

第 5 章　与众不同的年轻人

据说，大多数伟大的作家都有文献目录，而非传记。适应他们工作的那种生活方式能留下的东西很少，除了文字。即使我们拥有不一般的特权，每天都能盯着他们写作数小时，我们也只有依赖他们笔下的文字，才更有可能了解他们。如此形容这段时间里的克劳德·香农也许很合适，他以之后的人生中都不曾有的姿态高速工作，他全力以赴。我们能从他所做的事情中找到对他的什么认识呢？

看看香农的同时代人在麻省理工学院电气工程系选择的论文题目——《电线回路的趋肤效应阻力比》《对两种旋转机械加速度测量方式的调查》《高硅玻璃分解的三种机制》《关于改造工业电厂的设计》《关于为波士顿、缅因州铁路黑弗赖伊尔分支部分地区供电的方案》，这些论文题目都实实在在地扎根于这个世界。根据工程学的传统，最佳论文一般是发现了旧材料的新用途，或者在效率与能力方面，将实体系统推向更高标准。

比邻这种佳作，香农的论文在深度与性质上都与众不同。他一生喜爱捣鼓小发明，即使没有必要，他也会亲自尝试。但与其他发明家不同的是，他拥有一套探寻事物本质的方法。他喜欢研究手中的物件，从中提炼出自己的方法。对于他而言，开关不仅是开关，而且是一种数学表征。世界上有无数魔术师与独轮车骑手，但是几乎没有人像香农一样，非要将这些活动转化为方程式。最重要的是，他会从所有的人类交流中抽象出每条信息所蕴含的共同结构与形式。在这些努力中，他最引人注目的不是可定量的马力而是对模型制造的掌握，即将大问题转化为核心能力。在摒弃技术和模糊性，寻找人类制造仅代表数学逻辑方法的过程中，香农 21 岁时的工作为他后来所有的工作开启了一扇窗。

世上有一些科学家充满激情，他们折服于丰富的世界，醉心于真相；而另外一些科学家从这个世界中抽离，孤独成为他们的工作状态。香农属于后者，一个被抽离出来的、另有所思的人。在他最高产的二十多岁的光阴中，他的分神已经到了一种深度退缩、出奇害羞的状态。但分神的人也可以很幽默，实际上，分神的人可能尤其适合这种性格。热爱我们身边的事物，并将它们当作数字、定理以及逻辑在现实中不起眼的替身，这种禀性给世界带来了永远在开玩笑的表象。

“你无忧无虑的秘诀是什么？”一位采访者在他临终前询问他。香农回答道：“我做事情顺其自然，实用性不是我的主要目标……我一直在问自己会怎么做？有没有可能使用机器做到这一点？我能证明这个定理吗？”对于一名热衷从不同的角度思索问题的人来说，世界并不是要被利用的，而是要由手和心灵来操控，要与之一起玩耍的。香农是一位无神论者，他似乎自然而然地就成为这样的人，他没有经历信仰危机。他苦苦思考人工智能的起源，并对那名采访者实事求是地说：“我恰好不是一名教徒，我也不认为倘若我是一名教徒，那么这会对我有任何帮助！”然而，他本能地认为我们所见到的世界仅代表了另一些东西，这似乎暗示着他的清教徒祖先可能将其视作亲缘。

香农的某些品质，也许就是他非同寻常的沉默寡言，似乎容易激发别人对他的保护欲，甚至包括那群来自麻省理工学院的、普遍感情冷淡的理工男。他异常瘦弱，在小城镇里显得格外聪明，他的脸棱角分明，似乎亚当的苹果比他的脖子都要大很多，他看起来永远像是那种刚刚被殴打或者撞上公交汽车的年轻人。毕业论文被发表之后，他报名参加了一门飞行课，麻省理工学院教授这门课的教授立刻将他视为特殊人物（甚至在坎布里奇地区他都算是特殊的），并向他的同学们征求意见。根据调查结果，这名飞行课教授给麻省理工学院的校长写了一封信："我确信香农不仅是非同寻常的，而且他实际上几乎是一名天才，一个大有可为的人。"若校长许可，他将禁止香农进入驾驶舱，因为这样的生命不值得为可能发生的飞行事故而冒险。

两日后，麻省理工学院的校长、物理学家卡尔·泰勒·康普顿回复了一封言辞冷静的信："我怀疑以他智力超群为由，禁止这位年轻人参加飞行课或者武断地剥夺他的机会是明智的决定。我怀疑这对他的性格或个性的发展是有益的。"

因此，香农可以继续学习飞行课，就像其他学生一样，他们被允许将他的头脑及生命置于险境。他在学校构造简单的螺旋桨飞机，飞机的叶片嗡嗡作响，就像一只巨大的黄蜂，但庆幸的是，他总能安全着陆。在1939年的一张照片里，他坐在轻型派柏飞机（这是一种在飞行学校里常见的轻型两座飞机）的驾驶舱内。他穿着十分体面，制服领子笔挺、领带紧扣，为了配合镜头，他从开着的窗户中歪着身子探出头来，尽管他看起来有些滑稽。

与香农事业发展息息相关的人，几乎和那些关心他安全的人一样照顾他、保护他。布什对一名同事做了这样的描述：香农“是一位与众不同的年轻人……他性格十分腼腆，非常谦虚，总会迷路”。香农的论文清楚地预言了模拟计算的终结，而当时他的导师已在这项研究上付出了15年的光阴。布什作为一名教师和工程师，宏大的科学精神使他认可了香农的卓越才能。科普作家威廉·庞德斯通写道：“布什相信香农会成为全能之才，他在任何领域都能展现自己的才华。”不仅如此，布什让香农自己选择未来的方向。

布什是20世纪30年代美国最有影响力的科学家之一，虽然他对香农的指导非常严苛，但香农还是有幸得到了他的肯定。在香农发表论文的那一年，布什使香农认识到数学，而非电气工程，拥有更高的声望，他引导香农攻读麻省理工学院数学博士项目。同年，布什在工程领域的影响力使香农的论文赢得了艾尔弗雷德·诺贝尔奖，这个奖项的命名是一个错误（之所以说命名错误，是因为每位作者提到它的时候都会指出，这与著名的诺贝尔奖并无关联）。美国工程学会评定香农的论文为30岁以下学者最佳论文，而艾尔弗雷德·诺贝尔奖意味着这一领域的早期成就，他获得了镌刻证书以及500美元的奖金。这也给香农带来了一些领域外的名气，包括一则简要的通知，它被刊登在《纽约时报》第8版上：“青年教师赢得诺贝尔奖。”而在密歇根州，《奥齐戈时报》将香农誉为了不起的当地年轻人（自然，这是被登在头版的）。

当香农得知自己获奖的消息时，他知道要去向谁道谢。香农给布什的信中写道："我私下认为您不仅听说了这件事，而且与我能获奖大有关系。如果是这样，我深表感谢。"

最后，布什让香农为自己选择一个合适的毕业论文课题，香农选择的领域是遗传学。遗传学？对于香农的天赋来说，它至少像开关一样，是一种几乎可行的目标。电路能够被讲解，基因也能够被讲解，但是发现基因内在逻辑的分析方法似乎还没有被找到。香农已经在继电器上充分使用了"神奇的代数"。香农向他的同事解释道："另一种特殊的代数，可能能够令人信服地解决一些孟德尔遗传学中的问题。"更重要的是，布什执着地相信，专业化会导致天才陨落。"在那些专业细化趋势日趋明显的日子里，我们需要谨记，博大精深的可能性并未随达·芬奇，甚至本杰明·富兰克林的去世而消失，"布什在麻省理工学院的一次演讲中说道，"使教师这个职业印象深刻的，必然是年轻人一种愈加明显的趋势，也就是他们发达的思维只对科学的冰山一角感兴趣，而忽略了其他部分。假如一位有才气且富有创造力的青年坚持把自己局限于现代修道院式的牢笼里，这将是一件非常不幸的事情。"

在香农还没有到坎布里奇的时候，布什就说了这些话。这表达了布什对自己学生的远大期许。正因如此，香农离开了微分分析仪构筑的修道院牢笼（摆放微分分析仪的房间就好像修道院一样，一群人轮番上阵，每时每刻默默地盯着仪器），甚至摆脱了比它更小的电路盒子的束缚。他向南 200 英里，前往长岛的冷泉港，在归来的时候，他会完成他的毕业论文。并无记录表明香农对此有异议。

第 6 章　放弃遗传学研究

1939 年夏，香农抵达美国最顶尖的基因实验室之一——优生学记录室，它也代表了美国最大的科学羞耻之一。1910 年，当这所代表美国优生运动的总部成立的时候，它被当作选择育种的前沿科学代表在一些圈子里名噪一时，选择育种是要筛选出“最强家庭”，并消灭“有缺陷的人种”。它的创立者指出：“美国人口中有 3% 或 4% 的人对于我们的文明来说是巨大的阻力。”它的资深主管甚至向各州议员寄送了各地区缺陷人口的预估数量。但到 1939 年，这项运动临近尾声，纳粹德国的罪行最终使之蒙羞——它简直将优生学看得如自己政权本身一样重要。（令人十分寒心的是，1936 年的一则纳粹宣传海报上，醒目地画着美国国旗，以及其他实行优生法则的国家的国旗。上面写着宣传标语：“我们并不孤独。”）而范内瓦·布什的成就之一，是他在消灭美国优生学中扮演的角色。作为华盛顿卡内基研究所（正是这个研究所资助成立了优生学记录室）的所长，布什迫使倡导选择性地消灭人种的主管卸任，并勒令该组织在 1939 年 12 月 31 日关闭。

但臭名昭著的优生学记录室并非没有半点益处。香农当时就在那里，在它关闭前最后的几个月里他尽量收集所能找到的一切资料。在遗传性和遗传特征方面，很少有其他科学家能够比优生学者收集到更全面的数据了。从某种程度上来说，优生学之于现代基因学就好像点金术之于化学，是藏在阁楼里声名狼藉的亲戚。而且，世界上可能最优质的数据都源于优生学记录室，它耗费了1/4个世纪的时间收集到超过100万份的索引卡，它们详细地记录了人体特征及其家庭族谱。许多这些卡片来源于一代又一代研究者的田野调查。另外，还有更多的卡片信息是由受试者本人自愿免费提供的，他们期望得到关于后代健康的建议。在一个巨大的防火储藏室里，卡片文件被整齐地排列着：生理特征（“生化缺陷、色盲、糖尿病”）、性格特征（“缺乏远见、叛逆、值得信赖、应激性、投掷危险物、受欢迎、激进、保守、流浪”）、社会行为（“犯罪、卖淫、继承奖学金、酗酒、爱国、‘叛国’”）等等。每种性格都像图书馆里的书一样被编目。如果要查看对弈能力，香农就需要查看“4598号文件”——4代表心理特质，5代表一般心智能力，9代表博弈能力，8代表下棋。

这座巴别基因博物馆里随机混合了优质数据或硬数据，垃圾数据（未受训的志愿者不可靠的说法、关于马戏团小丑的详细报告和“侏儒清单”），以及介于二者之间的混合产物。比如在后者中有这样的例子——错误地侧重在垃圾数据上。设想记录室的创始人观察“爱海性”，这是一种基因层面对大海的热爱，它导致家族中一代代地传承以航海为业：“有时候一名父亲并未显露出对大海的热爱……但可能含有恋海的隐性基因。理论上，一些女人对大海的感情可能是杂合的，当她们与具有爱海性的男人结合时，孩子们一半可能会显示出对大海的热爱，而另一半并非如此。”

虽然范内瓦·布什可能会赞赏这种思路，认为他是爱海性船长的后代，但这里大部分的垃圾数据来源于过于简单的假设，比如如果爱海性在遗传学中存在任何依据，那么这种复杂的性格能够被单一基因控制。但基因学研究不甚明朗的地方在于它没有依据严谨的数学，直到数十年后，脱氧核糖核酸（DNA）双螺旋结构才首次出现在生物学家的X射线下。在完成这一证明之前，香农写道：我们只能“假设基因确实存在”。更重要的是，基因学未将统计和概率运用在全部人口纷繁复杂的性格特征上，不能解释比“豆类植物的高度”或“鸡冠的形状”更有意思的东西。优生学家受困于对海洋狂热和叛国基因的毫无成果、充满危险的推测。在香农童年时期，像J. B. S. 霍尔丹、罗纳德·费希尔和休厄尔·赖特这样的科学家已经开始试图用统计学来武装生物学，这影响了介于达尔文进化论和孟德尔基因学之间的“伟大的现代综合论”，对此达尔文曾一无所知。正是他们的工作为储藏在选择性人种仓库的原始数据赋予了意想不到的价值，这就是为什么克劳德·香农离开了微分分析仪实验室，而投身于人口基因学的研究。生物学对自然主义者和捕蝶网的需求已经消失，它就像构造计算机一样，开始对数学产生需求。

巴巴拉·斯托达德·伯克斯是香农在冷泉港的导师，在她重构基因学之前，讲述过一本儿童绘本：“天上闪耀着成千上万颗星星，父亲把南十字星指给我看，它由4颗明亮的星星组成，看起来好像风筝的形状。虽然成年人将这种形状称作十字架，但有些人在看到

它的时候感到十分骄傲，因为在能看到它之前，他们跋涉了十分遥远的距离。”

很少有科学家像伯克斯一样去过那么远的地方。当还是孩子的时候，她就和身为教育学家的父母前往菲律宾偏远的山村。当回到美国的时候，她变成了绘本《巴巴拉的菲律宾之旅》的主角，这是一本她的妈妈以她的口吻写成的书。她进入美国科学界的高层，即使在那个时候无论是在理论层面还是实践研究中，女性都还被排除在所谓的纯学术之外。香农比她小 14 岁，和他一样的是，她的巅峰成就也是在二十几岁的时候完成的；和他不一样的是，她已经学会如何应对同事们过激的指责——他们共同致力于抵制她的研究成果。而伯克斯与其他同人将统计学的精确性带到了基因学的研究之中。

她大部分的工作聚焦于由来已久的“先天与后天”的问题，尤其是在智力方面。伯克斯最具争议的研究在于分离基因学与后天环境对智商（IQ）的影响。例如，测试先天因素而非后天影响的研究是将同卵双胞胎分离，而测试后天影响而非先天因素的研究是比较寄养子女与寄养父母的智力差异。在她 24 岁的时候，她对寄养儿童的研究使她得出颇具争议的结论，即智商差异的 75%~80% 都会被遗传。虽然伯克斯与优生学没关系，但冷泉港的数百万索引卡深深地吸引了她，就像它们吸引了香农一样。在优生学记录室仍在运转的最后几年，她发表了一种可靠的方法，它可以过滤文件中的垃圾部分，从而得到有效的数据。

换句话说，伯克斯既是专家，又是高智商的典范，因此她的话有一定分量。在阅读了一些香农关于基因学的初步研究之后，她回信给麻省理工学院："显然，香农有这方面的天赋，并且可能天赋是很高的。"而且，她与布什都为这个年轻人感到惋惜，因为他从他们身上几乎没什么可学的："要为像香农这样的年轻人提供指导建议可真难啊，不是吗？"同样，香农仍旧需要从头开始学习整个基因学的知识。等位基因、染色体、杂合性——他向布什承认，当他刚接触基因学的时候，他连它们的含义都弄不清楚。虽然基础薄弱，他（大体上）掌握了这门新科学，并在不足一年的时间里研究出了可供发表的成果。

———

"理论遗传学代数"实际上好像新手被空投到一个陌生的领域，承担着各种或赞或贬的影响。香农只在他的参考文献中引用了 7 条其他领域的文献，以说明他对遗传学数学的研究方法是前所未有的："文中所指的独特的线性代数还没有被任何人运用过。"但是他对自己独创性的信念也使他付出了代价：从某方面来看，他作为新发现所发布的理论，实际上已经是生物学家们 20 年来的共识。倘若他上过遗传学的课程，或者再在图书馆里待上几周，他就无须从头开始探索这一切了。发现这一实情之后，他对布什说："即使我相当仔细地读遍了遗传学的教科书，我也没办法看完各种期刊文献。"同时，从另一方面讲，香农天才般地运用了新的视角审视旧问题，而且他的原创性思维几乎是在无意识中形成的。这就好像约瑟夫·康拉德，他之所以能够使用语言创造出描述的新高度，是因为他小时候并未学习陈腐的写作手法。

实际上，香农的理论遗传学代数是试图在细胞中重塑他在电路中的成就。在香农之前，电路可以被画在黑板上，但它不可能被表达为方程式。当然，操纵图表比操纵方程式要困难得多，而且人们甚至还不能将数学法则运用到图表中。香农论文中的一切都源于他意识到电路的表达方式颇有缺陷。倘若基因的表达方式也不充分呢？正如布尔代数有助于导线收集器的自动化运转，理论遗传学代数可能有助于生物学家预测进化的过程。同样，这一想法从他面前的事物中逐渐生成。他跳过了盒子里的数百个开关，也跳过了4598意味着下棋。

香农写道："数学理论的优势与简洁性取决于运用简明而富有提示性的符号，以及它能完全描述所涉及的概念。"事实上，这一点已深深植入数学家的脑海，例如，他们早就意识到牛顿和莱布尼兹几乎同时发明了代数，可是莱布尼兹的符号体系因为更直观而胜出。然而，怎样才能通过直观的体系将人类基因通过符号表示？

正如香农在写作前的几个月里所认识到的："遗传因子的柱状载体被称作染色体，大量的遗传因子沿着染色体并排排列。"（染色体本身是由DNA分子构成的，它们将基因编译为四"字"字母表，虽然它还没有被人知晓。）在大部分比单细胞生物复杂的物种中，个体有一定数量的成对染色体（人类拥有23对）。在有性生殖的物种中，一半来自母亲，一半来自父亲。简单来说，香农建议我们想象一种只有两对染色体和16个基因的生物。他将基因序列表示如下：

$$A_1\,B_1\,C_3\,D_5 \qquad E_4\,F_1\,G_6\,H_1$$

$$A_3\,B_1\,C_4\,D_3 \qquad E_4\,F_2\,G_2\,H_2$$

左上角的 A_1 B_1 C_3 D_5 来自一方父母的染色体，左下角 A_3 B_1 C_4 D_3 来自另一方父母的染色体，它们共同组成了一个染色体对。A_1 列和 A_3 列（粗体）构成了基因位置。单独来看，A_1 是等位基因，或来自一方父母的某种特性的基因。一部分数量有限的等位基因很可能存在于任何基因位置，父亲与母亲等位基因的相互作用会决定他们后代遗传的品质。香农用以下数字代表可能的等位基因。A_1 和 A_3 代表了相同特性的不同表现（以头发颜色为例，一个代表了棕色，另一个为金色），而优先的品质取决于哪种基因占主导地位。

现在做进一步简化，假设我们想要研究全部个体的两种特性：A 和 B。同样，每一行符号来自一方父母，而每一列符号代表一种基因位置。假设 A 有两种可能的等位基因（例如，棕色头发和金色头发），而 B 有 3 种（例如，高个子、中等个子、矮个子）。在这样的情况下，会有 21 个不同基因的个体（相信我们），排列依次由：

A_1 B_1
A_1 B_1

到：

A_1 B_3
A_2 B_2

因此，我们如何才能随着时间的推移模拟种群的遗传变化，或者如何预测与另一种群随机繁殖的结果？5代之后的新种群会是什么样的？上千代之后呢？

如果我们有无限的纸和耐心，我们就可能分别为21种个体的每一种做数学试验，与杂交繁殖族群的个体进行随机组合。这将会使我们得到一代的情况，我们能够一直重复这一过程直至放弃计算。但倘若只用一个代数式来表达全部种群和他们所有相关的基因，情况会如何？正如香农所描述的，这一算式应当既紧凑又具说明性，紧凑到在方程式中只存在一个变量，颇具说明性到可以随时抽出任何候选个体的结果，即我们无论何时想要中止重组的循环和调查结果，都能实现。

如此推理，香农发明了一种符号能够代表全部种群：λ_{jk}^{hi}。

正如他所观察到的，这个表达方式确实是“一整组数字”。λ是指全部人口，*h*、*j*、*i*和*k*都是基因。这正如我们开始得知这些人的可能基因范围一样，我们可以用一系列数字替换那些字母。一列就是一个基因序位，由于考虑中的第一特性有两个等位基因，*h*和*j*的值是1或2。另一列就是另一个基因序位，由于第二待考虑特性有3个等位基因，*i*或*k*的值是1、2或3。现在，λ_{22}^{13}不是代表了某个体，而是指在整个群体中有一小部分人拥有基因密码：

$A_1 B_3$

$A_2 B_2$

λ_{jk}^{hi}是一种表示基因频率的特别优雅的方式，因为正如任意有益的视错觉，它揭示了两套不同的信息，这取决于我们读取它的方式。竖着来读，变量列 hj 和 ik 表示了它们所代表的基因位置，从而使我们明白这些人中个体的素质。横着来读，变量排 hi 和 jk 表示染色体组，每一组都遗传自父母。

换句话说，这是香农对他的关于电路的论文所尝试进行的再创造，是对核心概念的飞跃。如前所述，选择恰当的符号能够帮助香农进行简化，并在纸上模拟未来走向，这些符号包括测试平行线路或者一系列染色体变量。他的论文的其他部分是一套使他的代数工具能够运行的遗传定理。他能够估算出，经过数代繁衍之后，某种基因在个体上出现的可能性。他能够使用加法来表示一些群体的组合，使用乘法来表示群体的随机繁殖，并且他展示了如何计算两种群体的结合 $\lambda_{jk}^{hi} \cdot N_{jk}^{hi}$。其中有一部分虚构的“负群体”，以及随着时间的变化，基因频率的变化速率。他能够考虑到“致命因素”，或伴随时间的推移，自然选择对不适应特性的淘汰：进化代数。在有些代数方程式中，x 表示一整组生物体：倘若给出一组现代已知的基因，他就能反向推导并识别出那些创立家谱的未知的祖先的基因。最重要的是，他推导出的方程式，即由连锁括号和指数组成的12行复杂方程，能够得出任意代任意群体3组不同的等位基因频率。虽然论文中的很多结论并不新奇，但最后一个结论，即对3个特性未来发展的预测是非常新颖的。香农学习这些专业术语不足一年，就将这一领域的研究向前推进了5~10年。

与他在观察开关中的发现不同，香农在遗传学领域的工作被提拔到很高的抽象层次，却难以被证实其实用性。现实中具有讽刺意义的是，一个为了如此实用的目的（优化优选人种）而成立的机构，以如此不实用的成果告终。除了最简单的生物体之外，在所有的案例中，香农的代数法对真实世界进行预测都需要大量信息。“只有当你们拥有所有的基因信息时，我的理论才能起作用，”他之后解释道，“但人们不可能获得所有信息，尤其是对于人类而言的信息。他们倒是很了解果蝇！”香农去世两年后，基因学家完成了对人类染色体组的排序。然而即使如此，要想使香农的代数变得可行，人类仍需要投入更多的人类个体基因变量。虽然香农的研究所带来的影响没有它对数字计算机的价值那么显著，但总体来说，思考人口遗传学的新方法和新符号很有意义。

尽管如此，没有香农的帮助，这一学科不会如此具体化。当香农完成了他的遗传学论文后，他便放弃了对遗传学的研究。

从某种意义上来说，论文的主角正是克劳德·香农本人。这一项目本是布什的建议，假设也是他提出来的。布什的假设是：这名23岁的天才，对他完全未受训的领域进行研究，在这个领域里，他“甚至连术语的含义是什么都不知道”，但他能在不足一年的时间内得出自己的原创研究成果，而结论是，大部分假设被证实了。

私下，布什悄悄地与他的同事们分享了他的观点，并承认香农的工作带有业余爱好的特征：“他的研究持续了一段时间，然后停止了，显然其中有不成熟的部分。”然后，他准备尽可能细致地对香农做出评价。“关于他的这个特点，在我找他谈话之前，需要您的指导，”他给哈佛大学的一名统计学家写信道，“因为我对他说的话，既可能鼓励他，又可能打消他的积极性。”这一担忧说明布什发现了他的学生身上敏感的骄傲，“他是需要被特别呵护的人”。同时布什发现了一个简单的事实，香农从盖洛德到坎布里奇的学术生涯从来没有遭遇过失败。

在任何情况下，布什都避免制造负面信息，他评阅论文的措辞多为“很适合”，以及“令人印象非常深刻”。伯克斯则更大力地提供支持与肯定。有这么一则故事，17 世纪的数学家帕斯卡尔，他在 12 岁的时候，在自己游戏室的地板上画画，从而独立地发现了欧几里得几何定理。伯克斯说，香农的工作就是这样的。布什写信给香农，称赞道：“我强烈地感觉到，这篇论文稍加润色就可以发表。”

对这一切，香农并未在意，他放弃了对遗传学的研究，并将其彻底遗忘。并没有迹象表明，香农在听取他被比作一个早慧的 12 岁孩子在地板上涂涂画画时，显示出了十分谦虚的态度。同时，他似乎并不想成为帕斯卡尔，重新发现已知的常识。倘若出自没上过学的孩子或者其他领域的工程师的发现，这些成果可能能够表明，作为发现者的他们十分了不起，但他们并未对世界做出新的贡献。香农论文中最新颖的部分是他使用代数的方法本身，而只有当香农说服其他遗传学家放弃熟悉的工具使用他的方法的时候，它才能被证明是有价值的，而他只是这一领域中毫无名气和关系的年轻人。香农同其他人一样明白这一切。他后来开玩笑道：“我做遗传学者的那几年过得不错。”

伯克斯和布什本人，以及他们对香农成果的赞誉，坦率地评估了它产生影响的概率。伯克斯在给麻省理工学院的信中写道：“很少有科学家能创造性地运用由别人发明的全新的、非常规的方法，至少在我们这一代非常难。”在表扬他的学生的同时，布什也对香农提出了忠告："我怀疑你发表的成果是否能影响其他学者，让他们继续使用你的方法进行后续研究，因为在这个领域中很少有人会这样做。"香农方法的独特性，即他发明过程中的孤立性，导致这种方法很容易被忽视，或者充其量它也就是使香农的事业被判定为遭遇挫折，因为这位外行遗传学家试图向怀疑论者兜售独特的方法。作为一名已经成名的最富才华的年轻工程师，这样的发展前景并不令人看好，或者是毫无必要的。后来，他的一名同事观察到，香农"不需要用任何不引人惊叹的事情来玷污他的声誉"。

无论发表了多少篇论文，香农这辈子在一点上十分坚定，即努力探索的过程是第一位的，而展示成果的沟通是第二位的。他解决了一个令自己满意的难题，这一切对于他来说已经足够多了，尤其是在不那么引人注目的事件中。香农后来解释道："在我找到答案之后，我把它们写下来或者公开发表（这样你才能获得好评），总会令人生厌。"关于探索中柏拉图式的喜悦，倘若是一位华而不实的科学家，他可能就会添加一番说辞。但香农不会："我想，我可能太懒了。"

在香农把论文提交给布什和伯克斯半个多世纪以后，编撰香农论文集的编辑们邀请一名现代人类遗传学领域的专家，用反事实的眼光来审视香农被忽视的论文意义：倘若被发表了、被阅读了，它是否会产生重大的意义？这名评论人将香农的论文与另外两个年轻人的成果进行比较，他们也是倾向于使用数学方法的遗传学家，他们的文章在 20 世纪 30 年代也显得晦涩难懂。他把香农的论文排在第三位，他承认，令人遗憾的是"这三个人的论文在 19 世纪 40 年代没有广为人知。我认为，它会从根本上改变历史的主题"。

香农会在其他领域书写历史。他没能发表这篇论文的最简单的解释，是他又做了经常做的注意力偏离。在他本应沉浸在遗传学之中时，他停下来给自己的导师写了一封信：

> 亲爱的布什博士……
>
> 我在同时研究三种不同的概念，奇怪的是，这似乎比聚焦在一个问题上更有效率……
>
> 不时地，我都在做一些智能传输通用系统基础特性的分析，包括电话、广播、电视、电报……

第 7 章　贝尔实验室中一流的应用数学家

> 真实生活中的数学……需要野蛮人：他们愿意去奋斗，去征服，去打拼，去理解，而他们预先并未设想应该使用哪种工具。
>
> ——伯纳德·博萨米

接下来，我们只需要等待了。即使最重要的大师级的论文和达到发表水平的遗传学文章，也不足以仅凭此获得博士学位。像每位麻省理工学院的学生一样，克劳德·香农必须通过他的必修语言课考试。所以他回到了坎布里奇，在这里完成了他在数学系的教学任务，并开始初步接触电报、电话、收音机和电视机，虽然这四种通信手段之前并没有多少共同的“基础属性”，但是他仍提出了大量令人眼前一亮的观点。法语要相对容易一些，而德语，他在补考前已经挂了一次。

在被数字包裹的生活里，他的娱乐方式刚好相反。他发现了自己对爵士乐的热情，尤其他称之为“难以预料、不理性的”即兴演奏。在盖洛德，他在仪仗队里演奏铜管小号；在坎布里奇，他在房间里演奏爵士单簧管。欣赏收集的唱片，分散了他对“智能”项目的关注，并导致他晚睡晚起。他住在离哈佛广场不远的花园街 19 号，忍受着与两名室友合住的生活。我们能够想象，当他们开派对时，对话的喧嚣声（他们都没有小声说话的经验）迫使香农离开书桌，走到墙边或门口。事实上，在一次聚会中，他刚好站在门口时，爆米花击中了他的面门。

向这个个高、瘦削、沉默的，站在门边的年轻人投掷爆米花的正是诺尔马·莱沃尔，她年仅 19 岁，但她轻而易举地成为香农所知晓的名流。她出生在位于纽约市中央公园西部的顶层豪华公寓里，她的母亲是家族枕垫生意的继承人，她的父亲是精美瑞士针织品的进口商。作为监护人的她的表哥是上西区左翼政治家，一位“当红”的好莱坞编剧和剧作家。她的姐姐在哥伦比亚大学法律系就读（她说，那里的激进学生多为托洛茨基主义者，主流学生是普通的共产主义者）。然后，在第二次世界大战前夕，父母将她带回家之前，她在巴黎当了一个夏天的记者（“这就是为什么我会在这里。”她告诉他们，但没人听）。然后，她到拉德克里夫来学习政治学，之后，她又参加了这个糟糕的、无聊的聚会。这里有一位憔悴的年轻人站在他的房门口，听着自己唱片机里的爵士乐。

她问道：“你为什么不出来加入我们？”他回答：“我喜欢待在这里，我这里有一些很棒的音乐。”

“毕克斯·比德贝克，你有他的唱片吗？”

“他是我的最爱。”

就这样，诺尔马回忆道，她被克劳德“基督般”的样子吸引了。可能是埃尔·格雷科笔下的基督——伸展四肢越过了门框，但诺尔马在绝大部分时间的品位都不错。当时，再过 24 小时，香农就要去微分分析室了。这就是他们相爱的大致场景，时间短暂到可能使诺尔马来不及衡量逃课的成本，也难以发现香农性格中的其他部分，除了他给人普遍留下的第一印象——古怪的天才。这使他第一次怦然心动，20 多岁的恋爱，成为香农在结婚前全部的浪漫史。诺尔马自由而不受拘束，她与他离开盖洛德后的一切相反，正是他久违的感觉。她写道："我们用彼此间私密的幼稚语言交流，他热爱语言，并一遍又一遍地重复'布尔'的声音。"他为她写诗，带着一些顽皮，诗全都以 e. e. 卡明斯的风格保持小写。她说她是第三代无神论者。他回答道："不然呢？"

他们难舍难分地恋爱了，由此诺尔马陷入了"麻烦"，她不得不每天早晨偷偷摸摸地赶回她在拉德克里夫的宿舍。一开始，诺尔马觉得香农"十分可爱，非常可亲，又风趣幽默，讨人喜欢"，与他在一起充满了乐趣与愉悦，每月、每天、每夜，都妙不可言。香农被爆米花砸中脸的时候是 1939 年 10 月，到 1940 年 1 月 10 日，他们结婚了。他们结婚的地点是波士顿的一家法院，庄严肃穆，公正和平。他们在新罕布什尔州度了蜜月，蜜月里唯一的不快是一位反犹太人的酒店管理员拒绝给他们安排房间（诺尔马是犹太人，克劳德显然看起来也像是犹太人）。

香农似乎被快速推进的刺激愉快地冲昏了头。他写信给布什道："我没有像你所预测的那样娶一位女科学家，而是娶了一位作家。她教我法语，当然，我们之间不仅使用法语。"

同年春天，他戴上帽子、身穿学位袍来庆祝自己同时获得了硕士和博士学位。在布什的帮助下，他获得了国家研究奖学金，将前往著名的普林斯顿高等研究院做为期一年的进修研究。当被问及如何获得如此负有盛名的奖学金时，他觉得这非常不值得一提：“我递交了申请，就拿到了。你去申请这些项目，然后告诉他们你有多了不起、多聪明，这就可以了。”诺尔马放弃了她在拉德克里夫的学业，追随他，这对于那个年代的妻子来说并非不同寻常的决定，但这也导致他们之间日渐产生摩擦。在她自己的左翼政治与写作中，她的智慧与野心足以与丈夫匹敌，但它们被搁置了。

在去普林斯顿之前，这对夫妻在诺尔马童年时的家乡纽约市曼哈顿区逗留了一个短暂的夏天。1940 年夏是克劳德第二次受邀前往贝尔实验室。他这次来到这里时，已不再是一年级的研究生，而是获奖的博士，并且有范内瓦·布什作为他的名誉保护人。他迈进了可能是当时世界上最重要的技术公司，这里也可能是当时美国最先进的通信思想的摇篮。

倘若香农愿意，他就可以继续在学术道路上顺风顺水地走下去，拿奖学金，获奖，取得教席，享受终身教授的福利。但是香农已经证实了，他是那种在学术之外也可以立足的数学家，他的工作可能远不止大学教授。香农最重要的导师布什了解这一点，也相应地朝这个方向培养香农。

当然范内瓦·布什是应用数学界泰斗的这一身份，对香农也是有所助益的。他可能没有以自己的名义极力推荐香农，但是他知道香农的特长所在，并善加引导，使他在大学之外也能有不错的发展。以同样的方式，布什的才能将他引向美国的重要地位。毫无疑问，布什的经历为他的导师生涯增色：布什聘请香农从事微分分析仪工作；布什鼓励香农学习数学逻辑和理论遗传学；1938年，布什让香农研究微缩平面快速选择器，这是一种“光传感读取系统，能够快速读取微缩胶卷信息”——这与香农那时的研究领域相去甚远，是另一个迫使香农在不熟悉的领域锻炼数学能力的机遇。布什也有爱捣鼓小发明的天性，他对香农的锻炼，正像一名发明家所做的：这里发现一个新问题，那里发现一个新的研究领域，最终香农被训练成一名一流的应用数学家。

在香农被录取进入高等研究所、离开贝尔实验室之前，他写信给布什寻求职业建议。布什强调：“我脑海中唯一重要的一点是，你是一名应用数学家，所以你的（研究）领域应该非常广泛，而非仅仅聚焦于纯数学领域。”

但布什并不是唯一了解香农的真正潜力并非纯数学的人。贝尔实验室数学组组长桑顿·C. 弗赖伊也注意到了这一点。弗赖伊评价他是“一位非常仔细、严谨的人”，这是对一个人呆板拘谨的美化说法。在国家大气研究中心工作室，弗赖伊“面对大气中心员工西式的、非正式的穿衣风格时都会皱眉”，虽然“这并不会影响他对他们工作的尊重”。弗赖伊的举止言行反映出他是一名俄亥俄州木匠的孩子。1920年，他成功地逃离了家族生意的束缚，并获得了数学、物理学和天文学三方面的博士学位。

运气与技能的结合帮助弗赖伊凭借所学获得了西方电气公司

的工作，它是美国电话电报公司（AT&T）的设备制造商，是全国领先的工程公司。在西方电气公司工作的研究主管哈罗德·阿诺德面试他时，弗赖伊面对问题事先毫无准备。阿诺德想知道弗赖伊对业内最有影响力的通信工程师有多少了解。弗赖伊后来回忆起他在面试中的糟糕表现："他问我有没有读过海维赛德的研究论文？我从未听说过海维赛德……他问我有没有听说过坎贝尔，我也从来没有听说过坎贝尔。他问我是否听说过莫利纳，我还说没有。他问我的一切，我都没听说过。"但这位过于拘谨的年轻人的一些品质还是给阿诺德留下了深刻的印象，他孤注一掷，给了弗赖伊这份工作。他表现出色，很快，他在西方电气公司和美国电话电报的研究部门独立出来，并组建了贝尔实验室，他成为实验室数学研究组的领导。

贝尔实验室"是设想与设计未来的地方，这里曾经期许的未来就是我们的现在"。这是乔恩·格特尼在《创意工厂》(*The Idea Factory*）中所描述的他眼中的贝尔实验室的历史。其他评价也有类似的含义，如"皇冠上的宝石""国家的智慧乌托邦"。到香农加入贝尔实验室的时候，这个混合着技术、才干、文化和规模的地方，已经由一个美国电话电报公司的研究开发部门转变为探索与发现的重镇。在这里，发明与创意以前所未有的速度和难以想象的种类飞速发展，用格特尼的话来说："思索贝尔实验室里发生了什么……就是思索大型人类组织能够完成什么。"

它的创始人是在更早的时代喜欢捣鼓发明的人：亚历山大·格雷厄姆·贝尔。美国专利第 174465 号的拥有者："通过电报传输人声和其他声音的方法与装置……通过制造起伏的电波来模拟类似说话或发出声响时空气的震动。"它们为贝尔赢得了"电话发明者"的头衔，使他得到全球的认可以及可观的财富。他成立了美国电话电报公司，他的目标非常宏伟——将贝尔的发明转化为全国电话、电线与信号传送器的网络。结果，在 10 年内，电话由贝尔实验室的陈列品变为 150 000 个美国家庭的实用品。1915 年，电话网络成为人类工程的奇迹，跨越各大洲的网络使全球通信瞬间发生，而由海岸的一边到另一边的物理旅程，仍要耗费将近一周的时间。

1925 年，贝尔实验室作为独立实体从美国电话电报公司独立出来，由美国电话电报公司和西方电气公司共同监管。美国电话电报公司的董事长华特·基佛德观察到，贝尔实验室虽然名义上是公司的一部分，但能够"进行成规模的科学研究，而其水平是在美国，甚至全球的其他机构尚且达不到的"。换句话说，贝尔实验室的目标不仅是让通话更清晰、便捷，而且在于规划未来，使每一种形式的通信都能够依赖机器实现。

因此，所谓的基础研究成为贝尔实验室的命脉。如果说谷歌的"20% 时间"（这一实践是为了解放谷歌雇员 1/5 的时间，以用于蓝天计划①）好像西海岸的放纵，那么相比起来，贝尔实验室的研究运营更像是肆意纵情了。它的员工们拥有非同寻常的研究自由。有人说，贝尔实验室的研究员可能被告知："某天，基础物理或化学

① 蓝天计划是指谷歌员工每周可以花费一天时间来研究自己感兴趣的项目。——译者注

问题可能将如何影响通信。”可能有朝一日，贝尔实验室的研究员将被鼓励思索几十年后的发展，想象科技如何从根本上改变日常生活，探索贝尔实验室怎样才能“将你、我、所有人以及我们的新机器全部联系在一起”。一位贝尔实验室的后辈员工总结道：“我刚到这里的时候看到的是哲学，看吧，你现在所做的对于未来 10 年、20 年来说可能根本不重要，那么没关系，总有一天它会起作用的。”

非同寻常的研究自由是每位科学家的梦想，以自己舒服的方式工作吸引了一大群令人惊叹的思想巨匠。伯纳德·巴尼·奥利弗是贝尔实验室的一名研究员，后来他成立了惠普公司。他回忆道：“你知道的，我在这里可以任意获取全世界电气工程领域的信息。我所需要的，就是拿起电话或者直接询问某人，然后我就能得到答案。”

在数十年的光阴里，贝尔实验室的研究员发明了传真机、激光、触摸式拨号键和太阳能电池。他们设计了第一款长途电话，它能够同步传递声音和图像。在战争期间，他们建造了火箭筒，发现了铀的破坏力，并建立了一条安全通信线路——它使富兰克林·罗斯福能够与温斯顿·丘吉尔交流。1947 年，贝尔实验室的研究员约翰·巴丁、威廉·肖克利和瓦尔特·布拉顿发明了晶体管，这是现代电子学的基础。这三位后来都获得了诺贝尔奖。20 世纪，贝尔实验室的科学家们先后 6 次获得了诺贝尔奖。

一个工业实验室雇用优秀的博士研究各种工程问题是一回事，而他们获得诺贝尔奖呢？这简直是遥不可及的梦想。即使带着怀旧的色彩，桑顿·弗赖伊的评价也不为过，回想贝尔实验室，他称其为“仙境公司”。

看看克林顿·戴维森，他既是诺贝尔奖获得者，又是贝尔实验室的研究员。被称为“戴维”的他是“像幽灵一样行动缓慢的……几乎光谱般的存在”。戴维森来自美国西南部，他的身体虚弱，而且很安静，他凭着自己的能力在贝尔实验室里占据一席之地。正如格特尼所描述的：“他被允许只做科学家，不用扮演任何管理者的角色，他进行独立研究，或者有时候，他也与其他一两名研究员合作，他只探索引发他研究兴趣的项目。”重要的是，“他似乎并不关心这些研究如何（是否）能够帮助美国电话电报公司发展”。

贝尔实验室既不是大学，也不是慈善机构。但戴维森仍被允许利用公司的资金进行无数次试验，其中的许多研究甚至要触及公司账目红线。戴维森的诺贝尔奖（他因通过电子衍射镍晶体而证明电子以波动形式运动而获奖）确实为实验室赢得了声誉，但这并未为公司增加收益。这样有才华的人能够主导他选择的学术事业，被贝尔实验室的管理层认为很有价值，即使他的研究成果的确切的用途尚不清楚。

基础研究的严格投资控制意味着在任何时候，贝尔实验室的人员名单上只会有几个像戴维森这样的人。当然，这种自由本身也是一种负担，一种焦虑。在贝尔实验室里大放异彩的思想家面对一系列几乎是无止境的问题，选择了“适合”自己的那些——这些问题最有可能实现技术或理论层面的突破，它们打开了广阔的视野，而不是走进了死胡同。选择研究问题既靠直觉又靠学识，这是科学中难以被约束的核心艺术。

克劳德·香农就是其中大放异彩的一位。在组成香农生活情境的研究机构里，很难想象还有什么地方，能比20世纪40年代的贝尔实验室更符合香农多样的研究热情和独特的工作方式。“几乎从去的第一天起，我有做任何想做的事情的自由。”香农回忆道，“他们从来没有要求我去做什么。”

弗赖伊并非只是单纯地将香农招聘到贝尔实验室，他还将他分配到数学组，亲自教导他，以确保他引进的人才不被浪费。弗赖伊对数学在工业中扮演着重要角色秉承着强烈的信念，并且，他既是一名有远见的人又是一个异类。在《贝尔系统科技期刊》（*Bell System Technical Journal*）中发表的一篇长篇论文中，弗赖伊通过深刻的思考，指出显而易见的一点，在所有颇具启发性的大学数学教学中，数学家几乎都缺乏工业训练，他们渴望构建事物而非单纯思索事物本身。“虽然美国在纯数学领域取得了令人瞩目的领先地位，”弗赖伊写道，“但是没有一所学校能为想要将数学运用到工业领域，而非单纯以研究数学本身为目的的学生提供相应的数学训练。”

当代，众所周知，具备高水平数学能力（量化能力）的人能够找到高收入的工作。但现实并非总是如此，尤其对于20世纪初期的数学精英们来说。当时数学界所认定的最高水平在实际应用中几乎毫无作用。抽象问题的解决方法受到追捧，因而数学家们都在寻找深奥谜题的解决方法，如黎曼猜想、庞加莱猜想、柯拉兹猜想以及费马大定理。这些都是数学界最伟大的谜题，而几十年过去了，它们仍旧无解的情况使数学家们跃跃欲试。它们被认真对待，如果有任何人思考这些问题，无论解决方法是否有实际目标或应用价值，它们都变成了事后的参照。

弗赖伊自己是一名数学博士，他比任何人都懂得这一点——“典型的数学家”：

> 他并不会从事工业项目的研发。他是梦想家，对能赚到的物或钱并不感兴趣。他是完美主义者，不愿意妥协。他理想化到不切实际的程度。他拥有如此广阔的视野，却不能将视线聚焦于眼前。

这一切导致许多研究生除了拥有对数学的热爱，在解题方法上受到了良好的训练外，并没有其他用处。那么，一个工业实验室对数学家的价值就好像一条鱼对自行车的价值，除非……

弗赖伊的直觉是，并非所有的数学家都想写论文、追求终身教职。他也猜测到，合适的环境能够发挥他们的优势，使他们投身实际的事务中，解决“日常问题”，进行“具体的研发”。同时，他也是少数一群促使这种情况发生的人之一，想要将“工业数学家”培育成为全新的思想家。

他将他的理念融入数学组的核心。他的例子很简单，贝尔实验室的工程师们“对数学无知得可怜”，但是，假使应用得当，数学将帮助他们解决许多关于电话的复杂难题。与此同时，数学组收罗了各种实验室里颇有天赋却性格古怪、难以与其他员工相处得好的成员。“数学家们都是怪人，你是，我也是。这是事实。”弗赖伊告诉一名具有数学倾向的面试官，“所以遇到任何奇怪而你又不知道如何沟通的人，你就说：‘这家伙是个数学家，把他交给弗赖伊吧’。”

所以，在弗赖伊的领导下，数学组成为实验室内部的咨询机构，工程师、物理学家、化学家和其他人都可以寻求数学家的帮助，但他们也能自由选择内部“客户”。数学家们为他们提供建议与支持，而管理与工业项目中混乱的现实问题，则可以交给别人去做。正如贝尔实验室的亨利·波拉克所讲述的：“我们的原则是，任何事情我们都会做一次，但不会做两次。”

这给予数学组广泛的授权管理，尽管非常灵活，但在以松散文化而著称的贝尔实验室，它仍然存在。正如那个时代的一名研究员所提出的：“我们的工作是将我们的嗅觉探入每个人的工作之中。”用弗赖伊的话来说就是：“只要我们想，没有什么工作是我们不能涉及的。”抑或正如香农自己所回忆的：“我在数学研究组随心所欲，并没有那么强的项目指向，不像其他人试图尽可能快地做个人研究……我更喜欢这样研究自己的项目。”

为了获得独立，数学组充分了解了美国电话电报公司的工作方式。最早的员工需要爬电话杆，操作配电盘。他们掌握了配电的数学原理，并解决了棘手的网络问题。就像贝尔实验室里的其他员工一样，他们相互之间用姓氏称呼。随着时间的推移，他们的实践经验与所受的训练相结合，这使他们能够深入研究通信工程的数学基础。数学组终于成为行业内的佼佼者，弗赖伊的洞察力也为数学思维在大型私营企业中的运用树立了标杆。

香农某夏天在贝尔实验室的工作情况被解密了，记录尽管很少，但是我们还是知道了一些他的成就。香农在此期间的工作被记录在两则技术备忘录里，记录体现了数学技能是怎样帮助美国电话电报公司达成目标的。

香农的第一个成就是“颜色编码定理”。在一个像贝尔电话网络这样复杂的系统中，电线着色的问题是十分重要的事情。香农的任务是找到以下谜题的答案：

> 有大量继电器、开关和其他装置A、B……K待连接。连接线首先在电缆中，导线与A相连，从其中一点伸出与B相连，诸如此类，因而十分重要的是，为了区分不同的电线，所有从一根电缆中伸出的电线需要着上不同的颜色。其中可能会有任意数量的导线被连在相同的点上。例如，从A到B可能有4根电线，两根由B到C，3根由C到D，1根由A到D。由A到B的4根电线必须有不同的颜色，与那些由B到C、由A到D的都不相同，但是由C到D的3根电线可能与由A到B中的3根电线一致。同理，由A到D的电线可能与由B到C的电线相同。如果我们假设，不超过*m*根导线由任意点伸出，问题是最少需要多少种不同的颜色才能满足任意网络的需求。

如果这一问题给人以类似“两列火车同时由站台发车……”的感觉，那么这是因为这样的问题会引导人们找寻数学捷径。这就是香农在这里所追寻的：贝尔实验室的工程师们无须高水平的数学能力，通过变通的方法即能迅速、便捷地算出电话网络所需要的最少的颜色数量。香农的答案是，将网络电线的数量乘以1.5，所得出的最大整数将小于或等于你所需要的颜色数，这一答案触及根本，而且经过深思熟虑，得到了充分证明。即使算不上数学传奇，它也是非常有用的。同时，与基因代数或者关于符号逻辑学的思索不同的是，它能够立即付诸实践。

这非常重要。这篇论文阐述了作为成人的克劳德·香农所接受的正规教育，与作为男孩的克劳德·香农所接受的非正式启蒙混合在一起的方式。香农在幼年时期整日开心地摆弄老旧的收音机和临时电梯，这表明他在天性中脚踏实地、注重现实的一部分从未改变。不难想象，解决这种问题给香农带来了极大的乐趣，虽然它可能显得专业而狭隘。毕竟，这是一个复杂的谜题。这能触发一名年轻人作为电报工程师的珍贵记忆，这是他建造带刺铁丝网的升级版本。

香农的第二个成就是，“在订阅者发送的案例中使用拉卡托斯·希克曼继电器”，试图简化与节约贝尔用来连接电话的继电器。正是这项工作质疑了贝尔网络目前的继电器系统是最佳设计，带来了对有更好的办法使其运行的思考。换句话说，这是一种对电话系统的核心部分最大规模的修补。这使香农想到他在硕士论文（《结合常识与布尔代数方法的设计》）中所画出的电路的新选择，虽然他很快意识到，他的每一个设计都有自身的缺陷，但他也证明了这些设计比现有的系统要优越得多。

初到贝尔实验室的时候，香农有一个疑惑，工业实验室是否会限制他深入思考和想出新主意的能力。在经历了这年夏天的工作后，这些担忧被束之高阁。贝尔实验室给予了他广阔的空间，恰如他所希冀的专业环境。

“我非常开心。”香农在写给范内瓦·布什的信中写道，“当我发现实验室实际上在设计中使用了（我的）继电器代数，并在一些新电路设计中运用了它的时候。”这正如一名工匠，成功地在他的最新发明中按下开关。我们不难想象布什在读到这句话时会满意地微笑。

第 8 章　生活中的挣扎

夏天结束的时候，香农离开了贝尔实验室，于当年秋天到达了普林斯顿高等研究院，克劳德·香农迅速成为数学圈和工程学圈的新星。范内瓦·布什当然一直在帮助他，但也有其他人注意到了这位年轻的数学家。诺伯特·维纳那时候已不再是他父亲教育出来的天才，而是凭借自身努力，获得人们高度尊敬的数学家，他在 1940 年写道：我认为香农是“一个非常有才气而且十分聪明的人……他已经做出了颇具创新性的工作，无疑将来会成为一位人物”。

1940 年 9 月 27 日，普林斯顿高等研究院的奥斯卡·维布伦在写给桑顿·弗赖伊的便条中大加称赞香农。维布伦发现香农是罕见的天才，并将香农的一篇文章分享给奥林·弗林克，后者是数学拓扑学领域的代表人物。在麻省理工学院，香农也被视为表现突出的学生。10 月 21 日，H. B. 菲利普斯，麻省理工学院数学系主任，给一位同事发电报称：“香农先生是我们培育出的最出色的毕业生之一，他能够在感兴趣的领域做出一流的研究。”这封电报的收件人是马斯顿·莫尔斯，数学领域中莫尔斯理论的提出者，他同维纳和冯·诺依曼一样，也是数学领域的最高荣誉——博修奖的 7 位获奖者之一。

莫尔斯、菲利普斯、弗林克、弗赖伊、维布伦、布什，这个时候，香农已经积累了一群强大的支持者和赞助人。这些人都是数学领域的权威人士，虽然他没有明显表露出雄心勃勃、颇具才华的进取心，但他依旧赢得了他们的支持。他给那些鉴定原始潜力股的专家留下了印象，他们认为他是值得投资的。

穿梭于海岸之间，从一个精英机构到另一个精英机构，从一组导师到另一组导师，从一个基金到另一个基金——这些科学故事时常模糊了地域界线，香农的经历尤其如此。在这一点上，这位雄心勃勃的年轻科学家的旅程和壮志满怀的年轻公务员的曲折发展并无不同，正如本尼迪克特·安德森根据回忆所描述的：

> 他面前的是阶层而不是一个中心。他沿着一系列循环的弧形道路盘旋上升，他希望走的路越靠近顶端便越小、越牢固……这一路上并没有可靠的休憩场所，每次停歇都是短暂的。公务员最不想做的事情就是回家；对于他来说，家庭并没有任何实际价值。而且，在他盘旋前行的道路上，他遇到了同样热切的旅伴，他的公务员同僚，而他们是他在固定的地方或者家庭中几乎闻所未闻，也从未想要见到的。

香农在普林斯顿高等研究院的新伙伴是谁？他们来自哪里？

其中一位叫约翰·冯·诺依曼，他是一名出生于匈牙利犹太人家庭的奇才，在年仅 6 岁的时候就能够听懂古希腊玩笑的笑点，以及不用纸笔算出 93 726 784 除以 64 733 647 的商（或其他任意 8 位数字）。他是那种曾让老师敬畏的学生：在大学的一堂课上，他在笔记本上涂涂画画便解出了“数学界未解难题”。归功于冯·诺依曼，我们了解了大量博弈论（对战略决策的正式研究，正如著名的囚徒困境）的知识，学习了大量现代计算机的知识结构，以及众多关于量子力学的内容。香农称他是“我见过的最聪明的人”——这也是一种普遍看法。香农说：“在我还读研究生的时候，他已经是世界上最伟大的数学家之一了。”在后来的岁月里，他对冯·诺依曼最初追星般的敬仰，逐渐演化为更类似于在人工智能领域两个冲锋者平等的伙伴关系。

另一位叫赫尔曼·韦尔，他是从纳粹统治下逃出的难民，他既是数学家，又是物理哲学家。作为数学家，韦尔致力于调和量子力学与经典物理学理论的矛盾。作为哲学家，他认为爱因斯坦对空间、时间相对性的研究不仅是科学中的转折点，而且提供了人类意识与外部世界关系的新视角。爱因斯坦发表广义相对论后仅两年，韦尔就写出了对相对论哲学基础的决定性论述。他高兴地说：“这就好像阻碍我们与真理之间的墙轰然倒塌了，使我们更接近于领会所有物理现象的基础。”这是极少高度符合香农标准的见解，而且可能会震惊众人的是，香农会坐在韦尔办公室里，向他的新顾问力荐来年的研究计划。

韦尔大体上并不支持香农的遗传学研究（从这点来说，香农自身也并不重视），但香农能够顺畅地转向现代物理学，并且通过试图找出研究物理学家钻研的量子难题和他刚开始着手的通信数学难题的相似性，说服了韦尔。倘若通过电话或电报传输的信息的数学模型，与基本粒子运动的模型有共同之处呢？倘若任何信息的内容与任何粒子的路径，能够被描述为遵循概率的看似随机的过程，而非机械运动或随机的无意义之事，那么物理学家会将什么称为“随机的”过程呢？想想“股票价格的波动，酒鬼在人行道上‘随意地走’”，再想想单簧管独奏，这些事情都没有那么固定，但它们又不仅仅出于偶然：也许“情报”和电子在某方面十分相像，它们在可能的范围内肆意游走。这一点吸引了韦尔的注意。

早期迹象表明，传递消息的数学运算可能不仅能够设计出最高效的电话网络，而且可能会提供更基础的东西，那些最伟大的物理学家相信他们自身已经领悟了的东西。这仍然只是一个猜测，也可能是一种实用的类比，但是在韦尔的支持下，香农将他全部的精力投入“情报”问题，这一问题他最早在给布什的信中提到过。

当然，还有爱因斯坦。他曾见到自己的书被纳粹烧毁，也曾在一张纳粹的暗杀名单上看到自己的名字。同韦尔一样，他很早就逃离了德国，于1933年在普林斯顿安了家。有一些关于香农和爱因斯坦的故事，虽然不全是真的，但出于完整性考虑，我们都收录了进来。

诺尔马回忆道：“我为爱因斯坦倒了茶，他告诉我，我嫁给了一个特别聪明的人。”在另一次采访中，她详细地叙述了，爱因斯坦越过茶杯，看着她说道：“你丈夫是我遇到过的最聪明的人。”这则轶事常常被重复，但是几乎可以肯定地说，这件事从来没有发生过。一方面，1940 年，香农做了一些有趣而重要的工作，但它们没有足够吸引爱因斯坦的注意力。毕竟，物理学不是香农的研究领域。此外，与其他普林斯顿高等研究院的人不同，没有记录表明香农试图努力让世界上最有名、最受追捧的科学家成为自己的听众。香农并没有表现出想要引导爱因斯坦关注他这名刚刚毕业的博士生所从事的研究，这个场景也不符合我们对香农的一贯了解。（根据传记作家西尔维娅·娜萨的说法，相比之下，更明显的是约翰·纳什，在他还是年轻学生的时候，就坚持要同爱因斯坦见面，并与爱因斯坦散了一小时的步，以便阐述自己对“重力、摩擦力和辐射”的看法。在会面结束的时候，爱因斯坦说道：“你最好多学点儿物理学，年轻人。”）

另一方面，克劳德的朋友，同是杂耍爱好者的教授亚瑟·莱贝尔讲了一则更可信的故事，故事表明爱因斯坦比香农更实际：

> 故事是这样的：有一次香农在普林斯顿高等研究院给一群数学家上课，教室的后门打开了，阿尔伯特·爱因斯坦走了进来。爱因斯坦站着听了几分钟课，和后排的一个人耳语一番，然后离开了教室。课程结束后，克劳德匆匆忙忙地赶到教室后排，找到那个与爱因斯坦耳语的人，想要知道这名伟大的科学家对他的工作有哪些评论。那个人的回答是：“爱因斯坦问了洗手间怎么走。”

莱贝尔两次回忆香农都分享了这则故事，唯一的区别在于，在另一个版本中，爱因斯坦是要找茶点室。莱贝尔认为，这可能是更可信的说法。

除此之外，香农只记得，他经常在早晨上班的路上碰到爱因斯坦，“他通常会穿着卧室拖鞋，胳膊上挂着老旧的外套，慢慢地向前走。可以说，他看起来几乎像一个游客。然后我会在我的车里，向他挥手，他也会回应我。虽然他并不知道我到底是谁，但他也会向我回礼。可能他会认为我有点儿奇怪”。

除此之外，诺尔马的版本，足以改变一个人一生的、获得爱因斯坦赞誉的故事，似乎与香农被善意忽视的版本差距甚大。两个版本的关于爱因斯坦的故事，它们之间的冲突透露出诺尔马和香农是两类完全不同的人，随着他们对彼此更深入地了解，他们也越发沮丧，他们的性格是夸张与沉默、张扬与自我克制的对比。在结婚不到一年的时间里，似乎除了对爵士乐的热爱，他们就没有其他共同之处了。

实际上，普林斯顿高等研究院并不适合香农。对于一些人来说这里是学术忘忧之地，大家通常会在这里忘记找工作的烦恼，而面对学生、最后期限、发表成果的压力，这里被证明是令人萎靡不振而非自由解放的阵地。香农在普林斯顿高等研究院工作时，物理学家理查德·费曼正在那里攻克他的博士学位，他观察到最直接的惰性：“你的内心有一种内疚感，住着一只沮丧的蠕虫，你开始担心没有任何想法……你不与实验室里的人接触，也不需要回答学生们的问题。你什么都不需要做！”

幸运的是，香农只这样过了几个月，而不是一辈子。他从来没有像费曼所察觉到的、像生活中常见的那样停滞不前。这个宁静的地方以及他毫无义务的自由，使他养成与世隔绝的终身倾向。在大部分时间里，他都关上门，在记事本与单簧管之间自由切换，并且一直重复。他几乎没有特意从数学转向音乐，而只是改变自己在书桌旁椅子上的位置，播放一张爵士唱片，拿起他的单簧管伴奏。泰迪·格蕾丝，一位接地气的美国南方女低音歌手，是他的最爱：

掩去月亮，天上的聚光灯

掩去星星，因为我疯狂地陷入爱……

诺尔马也被孤立了。她想在罗格斯大学附近读完大学的计划未能实现。她与家人和朋友割裂开来，被困在一所令人昏昏欲睡的大学城里（尤其是在经历了纽约、巴黎、波士顿之后，这里的生活显得尤其乏味），她从来不想在 20 岁的时候成为家庭主妇，而她现在就是这样。她试图通过工作来弥补生活的空虚。她尽可能频繁地邀请研究所的教授们到家里来喝茶，同时她凭借流利的法语，如同被邀请来喝茶的许多因为战争而被赶出欧洲的学者一样，在国际联盟的经济部找到了一份工作。

但这还不够。没有什么能够刺激克劳德分享她对政治的热情："你知道我的兴趣所在，这就够了。"诺尔马越来越认为克劳德很悲观，但无论出于什么原因，他们的婚姻迅速走到了尽头，就像他们迅速开始的热恋一样。经历过最后的挣扎，诺尔马乘火车离开了普林斯顿，回到了曼哈顿。自婚姻正式结束后，她一路西行，开始了她真正的人生——前往美国加利福尼亚州，开始了她从小就梦想的剧本创作事业，参与政治党派的会议，与好莱坞同行结婚，后来她上了黑名单，自我放逐到欧洲。

为什么我们爱上了我们所爱的那个人？这是人类永恒的奥秘之一，也许唯一能超越这份神秘的，就是我们自说自话的爱情故事。我们不会知道，倘若克劳德能够预见他和诺尔马的感情结局，哪怕是预见其中的任何事情，他会是怎样的。我们唯一知道的是，他们迅速结婚，1940 年年末夫妻感情破裂，然后便离婚了。

但是我们也知道其他的一些东西，在香农这段令人担忧的个人生活中，他还经历了一些其他挣扎。1940 年 9 月 16 日，香农到达普林斯顿后不久，富兰克林 · D. 罗斯福签署了《选征兵制与训练法》(Selective Service and Training Act)，要求所有 26~35 岁的男性公民都登记征兵。1940 年 10 月 16 日，大规模征兵开始了。美国当时还没有参加第二次世界大战，但是罗斯福总统和他的顾问已经充分领教了集权主义，了解了它的严重性。签署这一法案时，富兰克林 · 罗斯福也向大家发出了警告："美国站在命运的十字路口。时间与距离都已经缩短。几个星期以来，我们见证了大国的衰落。我们不能继续漠视当前横行世界的暴力哲学。我们必须，也将会整合巨大的潜力，在战争中捍卫我们的海岸。"

这些凿凿之言对于 24 岁的香农和与他同龄的人来说，是被送往海外参战的切实可能性。这种切实可能的前景，在当时来说似乎仍旧遥远。但是在登记卡上签名迫使香农认识到了严酷的事实：他必须要把自己的研究放在一边，而改穿制服。实际上，这会浪费他的全部人生。

对于香农来说，这并不是他喜欢的前途。虽然没有迹象表明他曾想尽办法逃离征兵，但是我们都知道他最不情愿的事情就是被派到海外。用他自己的话来说就是：

> 事态发展得很快，我能够嗅到战争正在逼近。于我而言，为了战争全身心投入工作更加安全，反对选征兵制更加安全，我压根不明白为什么要征兵。我过去是一名意志脆弱的人，现在也一样……我一直在试图尽全力玩好游戏，但不仅如此，我想我很可能还能做出更大的贡献。

在另一次访谈中，他回忆道："你如果能使自己在其他方面更有用，就可以避免卷入战争。这对于我来说似乎是一个明智之举。"一位朋友指出，香农作为一个内向的人，不仅担心海外工作的危险性，而且担心集体军旅生活："他带着恐惧进行工作，担心自己可能必须入伍，这意味着他必须和很多人生活在一起。这是他所不能忍受的。他恐惧人群以及陌生人。"

于是香农求助于他在贝尔实验室的导师桑顿·弗赖伊，弗赖伊成功地为他安排了与国防研究委员会签署合约，从事数学分析。国防研究委员会的成员是一群数学与工程学名流，致力于研究香农所在专业领域的重要问题，其中包括将香农从美国中西部选拔出来的人——范内瓦·布什。

布什是国防研究委员会的发起人。他亲历了第一次世界大战期间，军队将领与民间科学家中断交流的现实，所以当他规划委员会的职责和组织架构时，他的态度强硬而坚定。1940 年 6 月 12 日，他将这份坚定带到了总统办公室，亲自将这份提案呈送到总统面前。富兰克林·罗斯福只花了 10 分钟就同意了。"有人抗议说，设立国防研究委员会的行径是规避伎俩。"布什后来写道，"一小群科学家和工程师在户外建立电台，霸占了开发新武器的权力与资金。事实上，确实如此。"

对于香农来说，国防研究委员会是另一种意义上的逃避，它将他从入伍的忧虑中解放出来。他和其他许多那一代的数学家一样，更愿意用他的头脑而不是他的身体为国奉献。

第 9 章　火力控制研究

战争将会打乱一代人原有的工作和生活，但是在这种可能的被中断的状态中，能够与一群国内最重要的工程师和数学家一同研究国防问题，则是一种幸运。香农似乎了解了这一点。这可能解释了他为什么试图在 1940 年 12 月初归还他在普林斯顿高等研究院所获得的奖学金。但是他价值 166.67 美元的支票被退了回来。奖学金办公室注意到，“军事训练或其他防御突发事件的需求”属于一个例外，香农只要能在战争结束后重新开始研究，就仍可以保留奖学金。

桑顿·弗赖伊联系了国防研究委员会的同事瓦伦·韦弗帮助香农寻找合适的项目，韦弗出生于 1894 年美国威斯康星州的农村，在威斯康星大学接受教育，1917 年加入陆军航空兵部队服役，在施罗普技术学院转了一圈后，又回到威斯康星大学执教，并成为该校数学系主任，桑顿·弗赖伊也是威斯康星大学数学系的一员。

韦弗与香农一样来自小镇，并热爱手工。当他不从事科学研究或基金审核时，他会待在家里，“砍木头，搬石头，做园艺，混迹在他的作坊里”。韦弗是一名害羞且内省的人，他从一辆小小的干电池汽车中发掘了自己对工程学的热情——那辆小汽车是他的圣诞礼物，几乎在收到它的同时，他就把它拆了：

> 我并不知道这种活动应当叫什么，我也不知道（或者说我也不关心）这么做是否能够养活自己。但是对于我来说十分确定的是，把东西拆开，并找出它们是如何被建造的，它们的工作原理是什么，这本身就令人兴奋、十分刺激，蕴含了巨大的乐趣。这很可能是我住在偏远的农村的一个很好的例子……没有一个人有明确的概念，“科学”这个词到底意味着什么。后来有人告诉我，这就是“工程学”；从那时起直到我读大学三年级时，我毫不犹豫地确信我想要成为一名工程师。

但他们的相似之处仅限于此。香农公开宣称自己是无神论者，而韦弗则十分虔诚，他将科学视为不言而喻的证明。韦弗写道：“我认为上帝在很多场合多次向众人展示了自己。实际上，他不断向当今的人类彰显自己的存在，科学的每一个新发现，都是上帝对他所建立的宇宙秩序的进一步‘启示’。”香农十分厌恶行政工作与各类官僚事务，而韦弗热衷此道。当香农考虑教授一门艰深的必修课的时候，韦弗十分欣赏。香农会持续攻克数学难题或研究问题，直到产生思想的火花为止，但韦弗不具备这样的特质。当深入地反思自己的优缺点时，韦弗说：“我拥有良好的吸纳信息的能力，掌握了组织活动的诀窍，具备与人共事的能力，乐于为人答疑，对激发我的想法充满热情。但是我缺乏一位优秀的研究员所需要的离奇而精彩的创造性灵感。因此，我意识到，要想成为一名数学教授，我的发展是会受到局限的。”

虽然有瓶颈，但韦弗也是一位非同寻常的思考者，他感兴趣的领域涉及方方面面，他在工程学、数学、机械、翻译、生物、自然科学和概率学方面都有论述和研究。但与许多他的同事不同的是，他相信科学与数学之外的世界，他避免了这一领域以及这些学者普遍存在的与外界隔绝的生活状态。“不要高估科学，不要认为科学就是一切，”他在 1966 年的一次演讲中告诫学生，“不要完全沉浸在科学里，这里没有人能在未来的 7 天里只做研究不读诗书。我希望这个房间里没有人在未来的 7 天里不听音乐——好音乐，现代音乐，某种音乐。”

他身体力行着自己的观点，在弗赖伊看来，他是一名享乐主义者，甚至只喝一口葡萄酒就能品鉴出它的品种、产地和年份。他终身都对路易斯 · 卡罗尔的《爱丽丝梦游仙境》保持热情。到 20 世纪 60 年代中期，他已经收集了这本书 42 种语言的 160 个版本，这些不同的版本促使他写出了一篇论文《不同语言中的爱丽丝》，这是有关翻译艺术对故事含义的影响的研究。

香农不具备韦弗的许多品质，韦弗是一名民粹主义者、一位哲学家，是科学与更广阔世界的临界者。但在当时，这些差异都不再重要了，他成了看到香农潜力的人，他认为香农有能力将这些潜力运用到战时项目中去。他授予香农 3 000 美元进行为期 10 个月的研究，这个项目被称作“火力控制中的数学研究”。香农将会留在普林斯顿完成这个项目的大部分工作。但他是与贝尔实验室的两位工程师拉尔夫 · 布莱克曼和亨德里克 · 博德合作完成的，这两个人将成为香农生命中非常重要的导师。

火力控制，基本上是对打击移动目标物的研究。目标物是任何敌人能够投掷出的、通过空气进行攻击的东西，包括飞机、火箭、弹道导弹等。先想象一把枪只能对目标物开一枪，再想象枪的大小是一栋两层小楼，它被置于海洋中一艘移动的海军军舰上，并试图以每小时350英里的速度射向敌人。这只是对火力控制挑战的粗略描述，具体如何设计机器，使其能够成功地解决这一难题则留给了贝尔实验室的数学组。精确确定垂直坐标、水平坐标、弹道速度、目标物的可能位置、从发射到撞击的时间，都需要机器在遭受攻击的状态下，精准无误地秒速计算。

“二战”早期的状况揭示了盟军的防御系统迫切需要升级。在希特勒和赫尔曼·戈林的领导下，被《凡尔赛条约》遣散的德国空军令人吃惊地重建了。他们进行了西班牙内战期间的格尔尼卡大破坏，发动了伦敦大轰炸。战争不断扩大，德军力量不断壮大，他们部署了部分世界上首批投入战斗的巡航舰与弹道导弹。

尽管如此，电话工程师能对上述威胁产生特别的见解吗？事实证明，他们的贡献很大。瓦伦·韦弗承认：“开始时，贝尔实验室的成员能够针对AA（防空）问题提出新的想法或者发明新技术的看法，这似乎令人好奇。”然而，韦弗继续说道，贝尔实验室团队简直太适合做这份工作了，其原因有二：“首先，这个团队在广泛而多样的电气技术方面有着长期和专业的经验；其次，火力控制预期问题与某些基础的通信工程问题，存在令人惊讶的紧密而切实的类比关系。”

在最基础的层面上，信息的速度和质量对于电话系统和火力控制系统而言都至关重要。电话能够抵达目标接收者，需要与噪声做斗争。而防空导弹要想击中目标也面临相同的概念性挑战：如何实现由 A 点到 B 点干扰的最小化？在导弹的案例中，如何在十几个其他变量中控制风力影响，或者如何控制影响移动目标物的因素？这两种问题都需要快速计算出概率，包括信息的可能结构，或在任何时刻判定目标物的可能位置，都需要高水准的数据判断。二者也都对将制造机器过程中精确的数学问题转化为实际行动提出了挑战。

当然，负责攻克这些难题的贝尔工程师们不能心存侥幸，虽然这些技术难题在很多方面存在共性，但它们带来的风险是完全不同的。在操纵高射炮的时候，几分之一的微小差异会造成是生还是死的严峻结果。尤其对于香农来说，火力控制工作呈现了他迄今为止最实在具体的科研成果，毕竟不像他对遗传学所做出的研究，要想击落飞机，任何抽象的研究都不可能达成目标。

通信与火力控制存在机械和概念上的相似之处。当贝尔实验室的一名工程师发现了通信技术中已存在的一个配件——电位计，能够作为高射炮的一部分被重新利用时，贝尔实验室便开始研究火力控制。电位计被用作电话或无线电接收器中响应电压变化的一种移动铰链。实验室中的一名年轻工程师戴维·帕金森也试验过在坐标纸上将电位计连接到钢笔上，使之能够绘制出机电系统的输出轨迹。一次，在做梦时，他想到这类事物能够帮助人们在任何地方击落飞机。

我梦见我和一支高射炮队在枪炮舱中……那里有一支枪，在我看来它有3英寸[①]长（实际上，我从未近距离接触过高射炮，只是掌握一些关于火炮的一般信息）。它不时进行射击，但令我印象深刻的是，每一发子弹都能击落一架飞机！在三四发炮弹之后，一名队员朝我微笑并让我靠近高射炮。当我靠近之后，他指向左耳轴暴露的一端。那里有一个控制电位计，与我的电平记录仪上的一模一样。一点儿也没错，一模一样。

第二天早上，回想自己的梦，帕金森意识到："如果我的电位计能够控制电平记录仪上的钢笔，那么我也可以依此类推，只要合理设计，电位计也能控制高射炮。"帕金森同他的上司讲述了自己的想法，他们一起到贝尔实验室着手试验这个想法，后来试验又被运用到了通信兵团。几年后建成的T–10指引仪正是帕金森做的那个梦的结晶，这一项目借鉴了贝尔实验室数年来关于通信研究的成果。为了打造指引仪，他们不仅使用了最熟悉的无线电和电话中的语言，而且使用了电话中的组件。后来，它被重新命名为M–9，并参与实战，超过1 500台M–9被生产出来，投入战场。利用M–9指引高射炮，击中敌方飞机所需的炮弹数量由数千枚降低至100枚。

———

许多人的努力使防空指引仪成为现实，香农也做出了贡献。"我认为英格兰倘若没有这些指引仪将会被彻底摧毁。"他在战争之后说道。虽然载人飞机，如果幸运，仍能躲避高射炮的袭击，"但是喷

① 1英寸=2.54厘米。——编者注

射推进式炸弹和V1导弹的飞行轨迹是完美的直线，它们能够以足够平稳的速度运行，所以能够被这些防控指引仪很好地检测到，指引仪能够在它们抵达英格兰之前，击中其中的95%。我想如果他们没有指引仪的话，英格兰就要沦陷了”。

香农的特别贡献集中在处理“平滑化”的问题上。机枪指引仪的初始原型偶尔也会出现数据误读的状况，导致枪支运行不稳定。平滑化就是在不延误任何计算的同时，清除这些数据程序。香农研究的成果有两方面，升级原先的T–10模型，以及提供整体平滑化的数据报告。前者从未被投入实战，后者在这一领域发挥了关键作用。

香农从这一切中获得了什么？技术史学家戴维·敏德尔如此描述：

> 贝尔实验室在战时的火力控制研究为技术提供了新的视角。这一视角将不同类型的机械（雷达、放大器、电动机、电脑）当作同类进行分析，这为信息理论、系统工程和古典控制理论奠定了基础。这些研究成果不仅生产出新的武器，而且提供了关于信号与系统的新角度。通过思想和人的传播，这种视野扩展为工程文化，巩固了信息时代的技术和概念基础。

换句话说，这些研究可能已经产生了即时效果，但是它们真正的价值在于举一反三。通过类比的方式实现科学突破由来已久。据说，伽利略对钟摆的研究始于意大利比萨的一座教堂，在那里，他盯着空气中摇曳的灯，数着自己的脉搏为它计时。当然，牛顿有他的苹果；爱因斯坦想象自己正在追逐光束；对于香农来说，它是追踪飞机可预测的逃生路线。这难道不是对概率性思维的严谨训练吗？如果通过那样的方式能够最准确地判断飞机的位置（这里的“位置”并不是指目标物在哪里，而是指它最有可能飞往哪里），那么是否还有哪些其他难以捉摸的目标物，我们能够以同样的方式瞄准呢？

在香农与其他两名实验室研究员关于这一论题共同完成的论文中，他们承认这一问题是“传播、操纵与情报利用的独特案例……输入数据……被认为是由一系列类似于及时记录天气、股票市场价格、生产统计数据等的事情组成的”。这种思想预见了香农后期工作中重要的洞察力：“情报”的来源虽然与导弹的轨迹、股票行情的走势、电报线中的脉冲以及细胞核中的指令迥然不同，但它们具有一些迄今尚未被发现的共通之处。

这些洞察力的价值仍待岁月去发掘。但当时来看，对香农产生重要影响的是他的工作吸引了国防研究委员会高层的关注。韦弗后来说道：“他为我们做出了惊人的贡献。”弗赖伊于1940年夏第一次见到香农，现在弗赖伊知道他是实践领域的明星。他并没有花费很长时间，就得到了贝尔实验室研究数学家的全职工作。

对于香农来说，此项工作简直是一根救命稻草，无论从专业上还是个人角度来讲，它都是如此。我们可以这样理解，这段时间所发生的一切使香农陷入人生低谷。战争的压力加上婚姻的破裂击垮了香农。韦弗回忆道：“有一段时间，他看起来好像随时可能紧张而情绪化地精神崩溃，桑顿·弗赖伊是拯救香农的第一功臣，他还为他提供了在贝尔实验室的工作。此外拯救他的，就是历史了。”

第10章　战时研究

> 这并不是科学家的战争，而是一场全民参与的战争。科学家们对共同目标的追求使他们抛弃了往日的专业竞赛，最大限度地共享成果、相互借鉴。
>
> ——范内瓦·布什

坐落于美国纽约市曼哈顿西村的贝尔实验室总部是一座多门类科学汇集地，包括化学实验室、大规模生产室，以及“测试电话、电缆、开关、电线、线圈和其他无数种重要部件的拥挤实验室”。现在，伴随大量战时项目的研发以及办公室里涌现出的无数张新面孔（包括许多穿着军装的人），哈德森边缘的13层楼显得尤其混乱。即使有数百名实验室员工前往珍珠港进行战时服役，贝尔实验室的内部人员也在大幅增加，在仅仅几年内就由4 600名员工增加为9 000余人。他们启动了超过1 000个研究项目，每个项目都是战争机器的一部分。工作节奏相应加快，格特尼写道：“‘做六休一’成为生活常态。”

贝尔实验室不是唯一感觉到战争压力的部门。海外冲突将压倒性的需求赋予国家的科学精英以及他们所处的研究机构。正如弗雷德·卡普兰在他的战时科学史著作中所解释的："这场战争将科学天才们充分利用到前所未有的、几近疯狂的程度。"有一些紧急问题亟待回答，科学家们全副武装来解决它们。卡普兰仅仅列举了几个问题：

> 对某种类型的目标物制造特定量的伤害需要炸弹释放多少吨的爆破力？轰炸机应当以何种队列飞行？飞机应当负重装甲还是应当去除武装以便更快地飞行？飞机轰炸时，反潜武器应当被扔至多深？关键目标物的周围应当安置多少架高射炮？简而言之，人们需要精确地判断这些新武器应当如何使用才能产生最大的军事效用。

整整一代的物理学家和数学家都在研究诸如此类的问题。

战时数学领域最有见地的调查，源于J. 巴克利·罗瑟。他是威斯康星大学的一名教授，采访了超过200名像他一样被强制为国家服务的数学家。罗瑟总结道，数学家的功能好像一剂催化剂，有助于加速研究和开发，否则研究就会非常依赖人工，并且十分缓慢。

> 许多科学家对他们必须解答的难题都表现出一样的看法，即给定的问题并不真正是数学问题，但由于迫切而紧急地需要答案，他们必须继续攻克……倘若没有有能力通过数学方式解答问题的人，那么提出问题的人必须通过做实验的方式反复试验。这样做的成本非常高。更糟糕的是，这会非常耗时，而每个人都希望战争能够早日结束。所以，尽管数学家们对大部分

给定的问题都嗤之以鼻，但他们仍旧秘密地进行这些研究，孜孜不倦地找出答案。

因此，成百上千名世界顶级数学家将自己的个人研究置于一边，不顾他们不同程度的骄傲，聚集在洛斯阿拉莫斯、布莱切利园、德克斯朵公园、兰德公司以及贝尔实验室。战时的合约使刚刚结束奖学金项目的克劳德·香农来到贝尔实验室，开始从事最先进的军事技术与思想的研究工作。

即使对于最谦虚的科学家来说，这也是令人兴奋的。像范内瓦·布什、詹姆斯·科南特、约翰·冯·诺依曼、J. R. 奥本海默等顶尖人物，战争揭开了他们工作的面纱。他们被邀请到权力部门，提供建议、辅助总统决策，负责操控价值数百万美元的人力物力。其中大部分人在与世隔绝的科学与工程学的世界里并不为人知晓，但是在历经苦难的战争政治中，他们的工作得到了广泛的公众认可。

香农并不是这样的。他当时的女朋友回忆道："他对欧洲发生的一切并不关心。"与许多同时代的人不同的是，香农对危险的政治世界毫无野心。即使到了贝尔实验室，他既没有特别争取关于战争的任务，也没有强调自己对火力控制的研究。这并不是因为缺乏途径（与他同时期一些不那么出名的研究人员可能如此）。他拥有范内瓦·布什这样一名值得信赖的导师，获得过无数奖学金，同时具有在众多颇具声望的研究机构工作的经验，这一切本来能够使香农在国防研究委员会或者科学研究发展局担任高级职位，而且这两个平台都可能会使他未来获得更高层次的公职。

但是他并没有这么做。甚至不如说，他对战争时期工作的态度恰恰相反，整个战时氛围的工作都充斥着苦涩。秘密、强度、苦差、强制的团队合作，这一切都以非常私人的方式限制了他。实际上，根据我们从时任克劳德女朋友处获取的一些回忆资料，他对战时的项目感到十分无聊与沮丧，而他唯一能够进行私人研究的时间都在深夜。“他说他讨厌这样，在白天打不起精神、总是迟到，他感到十分内疚……我牵着他的手，送他走到单位，这让他感觉好一些。”这足以说明为什么香农即使是在数十年后，都不情愿深入地谈论这段时间里的一切，哪怕是对他的家人和朋友。在之后的采访中，他带着略微失望的口吻，轻描淡写地说道：“那是战争中和战后忙碌的时刻，（我的研究）并不被认为是首要工作。”事实确实如此，即使是在贝尔实验室，这个曾经因为思想解放而著名的实验室里。

当然，也有其他一些东西，正如罗瑟所提出的，战争带来的数学问题不是真正意义上的数学问题，或者至少它们配不上那些被认为值得研究它们的人。从某种意义上来说，防务机构在科研上过度投资。罗瑟的一名同事认为：

> 直到他濒临死亡（确实是相当接近的）的时候，他从未在战争期间研究过任何数学问题。确实如此，这些难题大多平庸而乏味，就像数学一样。在那所机构中，我从未被要求使用哥德尔不完全性定理，或使用遍历性定理，或任何关键成果。有一次

要解开一道乏味的题目，我不得不使用正交多项式，我很高兴能够翻出塞戈（Szegö）的大部头著作，并温习了它的内容。但大多数时候我都在算我们的火箭能飞得多快，飞到哪里。在有些日子里，一些问题的难度简直是数学入门级程度。

这是一个颇为自傲的数学家的极端案例，但是从中我们能够想象出香农也有这种情绪，即使他不愿意写下来为后世所知。香农刚刚从普林斯顿高等研究院和麻省理工学院毕业，刚刚离开先进的研究领域，刚刚告别那些构筑其初期事业的激动人心的问题，也很可能会认为现在的工作是一种退步，即计算大型空投物在何处、何时、如何爆炸。

在他幸运的一生中，很明显，一个极大的打击是在他进入贝尔实验室进行全职研究时，这正是美国正式参与战争后不久，尽管那时候他并不知晓，他的战时研究成果日后将被证明不仅仅是一种避免战争打击的方法。他最重要的项目——保密系统和密码学，将引领他发现尖端计算机技术未来的发展。即便从事这些研究并非出自他的意愿，但这一切都已摆在他面前。直到后来，他才发现，战时的技术使他看到了技术进步的广阔前景，而这种进步正是以他自己的方式来推动实现的。

第 11 章　密码学研究

密码学是战争的白噪声：它无处不在，但只有最潜心钻研的人，才能学会它。它是战争武器中被理解得最少的元素。不同于核武器的可见性和对物理学强大威力的展示，密码学分析家的产物无法言说、神秘晦涩，在一代人乃至更长的时间里，它们都被当作高度机密。

在战争最开始的时候，如何发送和接收加密信息，以及破译敌方信息，吸引了数学、科学以及信息处理领域中最尖端人才的注意。为了破译密码而催生的技术是战争最大的成就之一。对破译密码的需求激起了信息处理的变革，一系列电脑代号，ENIGMA，ENIAC，MANIAC，TUNNY，BOMBE，COLOSSUS，SIGSALY 等，就是最好的证明。这场变革由神秘的情报局主持。

但是，人们通常不会这样讲述破译密码的故事。电影和神话相结合，将密码破译者打造成了足智多谋的孤狼，在孤独中潦草地书写密码。但正如科林·伯克在《这不全是魔法》（*It Wasn't All Magic*）一本美国安全局密码史的著作中，所描述的那样："将密码破译员描述成孤胆英雄，既不真实也毫无用处，密码分析和技术的胜利并不是如此容易……真实的密码破译员一直以来，都努力地从堆积如山的原始数据中发现玄机，弄懂其中的奥秘。”由于密码机构的秘密发展，他们的大多数文件也都是机密的，伯克的密码史著作于 1994 年完成，直到 2013 年才被解密，所以当时公众对密码分析员的真实工作不甚了解，而且现在仍然如此。

但是它一直存在，战争总是伴随着这种枯燥的嗡嗡声：通过人工或者使用机器将密码破译、编制，解密数不胜数的对话，将大量数据和文本分类。正如一则著名而悲惨的事件所表明的那样，信号情报之战既是一场编制密码的战争，又是一场破译密码的战争。在 1941 年 12 月 7 日早上，部队参谋长乔治·马歇尔有重要信息要传达给位于太平洋的指挥部：日本决定不再通过政治对话解决与美国的争端；它有可能发动战争。可是如何传达信息？一直以来，美国高级军事和政治领导人所使用的唯一的信息传达系统，都被认为是不够安全的。因此，他选择了相对较慢的无线电报来传递信息。不幸的是，当信息到达的时候，日本对珍珠港的袭击已经结束。几乎被毁灭的太平洋舰队给美国的密码编译员敲响了警钟。

同样，轴心国也曾派出最顶端的人才，采用最先进的技术尝试拦截和破译敌方对话。第三帝国国外情报局局长瓦尔特·施伦堡，在战争末期详细地描述了一次成功的对敌方信息的拦截和破译：

> 早在 1944 年，我们在荷兰的德方大型监听站窃听并破译了罗斯福和丘吉尔的电话谈话，利用这次谈话，我们直击要害。尽管谈话被加扰，但我们采用了一系列复杂装置，成功地译出了密码。谈话持续了将近 5 分钟，谈话暴露了英国正在加强的军事活动，从而证实了英国即将入侵德国，而在此之前已有大量

相关报道。如果这两位政治家知道谈话正被敌人偷听，那么罗斯福肯定不会这样结束与丘吉尔的通话：“好的，我们会尽全力的。现在，我要钓鱼去了。”

密码学既涉及软件问题，也涉及硬件问题。从原则上讲，任何东西都可以充当“软件”。众所周知的例子是，第二次世界大战期间，约有 500 名纳瓦霍印第安人被雇用来传递加密信息，因为他们的本族语言非常复杂，轴心国对此极不熟悉，因此他们得以躲避追踪。这就是密码学的精髓——用一系列字母或单词的替代物或标志来表示另一种字母或单词（或语言）。通过技术手段增加替代物的复杂程度可以增加密码的难度。先进的密码硬件使“二战”时期密码的复杂程度以指数级增长。例如，他们使每个字母都有不同的密码，不同的加密方式，从而使得整条信息更难被破译。

贝尔实验室加入密码战斗的原因是：国家需要强大的计算能力，以便更有效地编制信息，更迅速地破译敌方信息。“X 项目”（Project X）于 1940 年冬发起，是当时最具野心的语言加扰系统，随着美国加入战争，该项目更具紧迫性。X 项目，又称 SIGSALY（绿色大黄蜂）系统，包括“约 40 个机架真空管，它们为重约 45 吨的电子设备供电，占地 2 500 平方英尺[①]，需要 30 000 瓦特的动

① 1 平方英尺 =0.092 903 平方米。——编者注

力。”据估计，1943年，该系统的预算为5 000 000美元，相关工作人员达到30人。由于该系统的内部逻辑高度保密，直到1976年美国才向公众披露相关专利。人们通过该系统监听加密信息，很像在聆听“里姆斯基·科萨科夫令人叹为观止的小提琴演奏曲《野蜂飞舞》”。有人批评该系统输出的信息奇怪难懂，而SIGSALY的一名工程师威廉姆·班尼特随即回应道：“从安全角度考虑，我们接受这种失真。”

从某种意义上来讲，SIGSALY系统是对20世纪中期的计算机巨大的讽刺：它体积庞大，占据整个房间，需要不分昼夜地开着空调来降温，耗费大量电力，但输出信息寥寥无几。（这是一则众所周知的笑话：“工作人员时常说起该系统糟糕的转换率：要得到1毫瓦的信息需要输入30千瓦的电力，并且信息的质量很差。”）但从另一方面来讲，这些都不重要。安德鲁·霍奇斯在传记《艾伦·图灵传》中提到了一个显而易见的原因：“它在运转，这是最重要的。有了它，加密信息才得以首次跨越大西洋。”

SIGSALY的核心技术是声码器。它的创始人荷马·达德利后来被认为是工程天才，但他差点儿没当成工程师。他曾经立志当一名教师，还为此做了一些尝试，教过5~8年级的学生，后来又教过高中生。尽管以他的智慧管理课堂纪律并非难事，但他未能掌握其要领。像以前和此后的老师一样，达德利发现对于一名教师来说，真正的挑战是让青春期前的学生们维持课堂秩序，而他难以胜任这项

工作。所以他放弃了教学，转而加入西方电气公司的技术部学习电子工程，西方电气公司就是贝尔实验室的前身。这是一份更好的职业选择：40 年里，他致力于电话制造和语音合成，申请了 37 项专利。

那时的他完全不知道他最重大的成就会产生全球性的影响。达德利做出了一个假设，即人类的嗓音能够被机器模仿——从根本上来说，人声如果只是空气中的振动，就完全可以被机械模仿。为了验证假设，他制造了两个机器装置：一个用于对语音电子编码（被称为声音编码器，简称声码器），另一个用于保存程序、输出机器合成的语音（被称为“语音合成器”或“声控演示器”）。语音合成器在 1939 年世界博览会上初次亮相便引起了轰动，范内瓦·布什当时也在场，他这样回忆道：

> 近期的世博会展出了一个叫语音合成器的机器。一个女孩敲击按键，机器发出了可辨识的语音，整个过程的任何节点都没有人类的声带参与；这些按键将电子产生的振动合成语音，然后传到扬声器。贝尔实验室有一个反向机器，叫声码器，不过是使用麦克风而不是扬声器收集声音。对着麦克风讲话，相应的键就会移动。

达德利的发明后来被应用于军事领域。在将人声编码为数据方面，声码器成为 SIGSALY 的工程师的完美工具。密码编写程序的一大挑战，是信息中新引入的每个字母或单词都可能被敌人追踪；换言之，要传递的信息越少越好。由于声码器能够消耗尽可能少的能量来编码和重现元音与辅音，因此它大大减少了人声中的信息冗余，能够减少所需传递的信息量。换言之，只需编码必要信息，其余的则不需要，这减少了其他可能被敌方破译的信息量。如今我们有近乎无限的带宽，似乎难以理解上述一切，但在20世纪40年代这是至关重要的事情。如何冒最低的风险交流最多的信息是战时最紧急、最复杂的难题。尽管需要保密，贝尔实验室在当时还是赢得了许多奖项，其中包括1946年的“最佳信号处理技术奖”（Best Signal Processing Technology）。由于SIGSALY在当时还属于机密，颁奖礼上相关的到场者只听到了评委们评价SIGSALY至关重要。A. B. 克拉克是贝尔实验室重要的一员，也是当时国家安全局的研发主管，他借助加密电话发表了获奖感言。

有近30名员工致力于SIGSALY项目的各项工作，香农的工作是检验算法以保证信息的安全匹配，以及在接收端重现信息。由于SIGSALY属于绝密，所以尽管香农是项目组的成员，但他并未被告知捣鼓这些数据的目的。不过，在那里工作为他打开了通往新世界的大门，使他接触到编码语音、信息传输和密码学。当时，这些事只可能发生在贝尔实验室。正如香农所观察到的：“只有极少数实验室有用来加密的语音编码设备。”

香农后来意识到密码学是“一门非常实际的学科，即密码专家该如何工作以及该做些什么”。这意味着当脱离了SIGSALY项目后再研究加密技术时，香农写的东西更多的是面向“研究密码学的数学家或哲学家”，而不是面向亲身实践的密码编写员，所以相关实践者对此不太感兴趣。他自己也承认，自己的密码论文“不像我期待的那样……密码专家的反响并不热烈，虽然他们当中也有些人感兴趣”。

后来的作者可能会承认，香农以密码学为主题的论文“有一种，在我所能做的众多事情中，我能够为战争事业贡献什么的感觉”。正如在香农生活的其他方面，他在密码学领域最重要的研究为许多领域的关键概念奠定了精密严格的理论基础。在战争期间，香农接触到的日常密码工作看似重要，但它的主要目的是服务于一篇发表于 1945 年 9 月 1 日（即日本签署投降协议的前一天）的机密文件。这篇论文名为《密码学的数学理论——案例 20878》，包含了香农后来研究的重要思想基础，也首次提出了密码学中的一个关键概念——“一次性密码”。

一次性密码系统是贝尔实验室声码器的概念基础，虽然这一声码器最早设计于 1882 年。它要求消息在编码前已有解码钥匙，解码钥匙需加密，它是一组与消息大小一致的完全随机的符号，且密匙只能使用一次。在跨越了大半个世纪之后，克劳德·香农证明在这些严格（通常是不切实际的）条件下所构建的代码是无法破解的，这至少在理论上证明了，密码系统中的完全保密是可能的。敌方即便拥有无限计算的能力，也永远无法破解建立在此基础上的代码。

香农在密码学方面的研究被情报机构秘密发表，发表的载体也是秘密的，甚至连作者本人都不会被告知自己的著作得以收录。关于这群人，香农可能会这么说：“你可以说他们不是一群健谈的人，但他们是世界上最神秘的人。打个比方，你甚至很难找出谁是这个国家最重要的密码学专家。”5年内，这篇论文不能被更广泛的读者接触到。最终，这项工作真正的重要性不在于创造无法破解的密码，而在于那些尚不成熟的见解如何重新体现在香农革命性的信息论的核心之中：“它是一系列伟大的想法，循环反复地产生价值。”

第 12 章　与图灵的友谊

香农在密码学方面的研究还有另一层深远的意义，那就是将自己与数字时代的另一位巨人——图灵联系了起来。1942 年，图灵跟随英国政府发起的军事密码项目访问团来到美国。那时的他已经声名远播。在上小学时，他就在数学方面展现出了惊人的天赋，远远超过了同龄人；16 岁的他已经掌握了爱因斯坦的理论；23 岁时，他就被推选为剑桥大学国王学院的一员。1936 年，他设计出图灵机，这一里程碑式的思想实验为现代电脑的发明打下了理论基础。

除此之外，图灵还开始破解密码。他在这方面取得的成就使他成为世界上有重大历史意义的人物之一。是密码学将他带到了美国，认识了美国的同行，见到了那里的军事领袖，检测了美国机械的质量和安全性。他的工作从常规项目扩展到了 SIGSALY 上。如果英国领导人在接收端接听信息，那么图灵博士将不得不保证信息不会被破解。

项目的保密性，图灵和香农两人的声望，加上战时的气氛，使两人的会面带有一丝神秘的气氛。但实际上，他们的交往从不遮遮掩掩。图灵的传记中这样记载，安德鲁·霍奇斯、香农和图灵每天在众目睽睽下见面，在贝尔实验室简朴的自助餐厅一起喝茶。图灵有些羡慕香农，因为他的事业具有多面性："他（图灵）在这里见到的这个人可以称得上是学术、哲学工程师。倘若英国的系统允许，艾伦可能想成为像他那样的人。"对于香农来说，图灵高质量的想法令他赞叹不已。"我认为图灵有伟大的思想，他非常了不起。"香农后来这样说。

他们的谈话没有被记录下来，但是我们都知道他们所回避的话题。"我们一点儿也没谈到密码学……我认为在这方面我们一个字都没有交流过。"香农解释说。当被问及是否知道图灵的工作内容时，香农说自己只了解了大概："肯定不知道具体细节。我知道或者能够猜测到他在做哪些工作……但我不了解恩尼格玛密码机……我不知道它是什么，也不知道他是一个重要角色。"采访者进一步追问，香农对密码学满怀激情、经验丰富，他为什么没有进一步探索图灵机。香农的回答言简意赅："在战争时期人们不会问很多问题。"

香农和图灵声称互不关注对方的工作，这在某种程度上像两个密码破译员在机智地掩盖有关他们关系的痕迹。但这又完全合理，因为这两个人都不想让对方感到不适或被迫妥协。他们两个人的工作都是绝密的，接触到的信息即使不是只能用眼睛看的，也是仅限少数人知道的。所以他们在工作之余，一起喝茶或吃点心时，只聊工作之外的事也就不足为奇了。

另一个原因是，美国是否愿意与英国分享信息还是一个未知数。即使像图灵这样有地位和声望的人，想要获得美国的入境许可，也并不容易。令人意想不到的是，图灵到达美国后被官方扣留了："我在 11 月 12 日星期五那天到达纽约，但被移民局扣留在了埃利斯岛上，因为我没有带相关的命令或证件来证明我与英国外交部的关系，他们非常傲慢无礼。”

在这之前的几个月里，图灵申请加入贝尔实验室，被美国上将雷克斯·明克勒拒绝了。尽管最终他的申请得到通过，但这只是一个开始，图灵开始了与贝尔实验室和美国安全机构的持久战。图灵写道：

> 我仅仅想打个电话向贝尔实验室的波特报告一些情况，但这显然完全行不通……因为之前签的同意书规定，除了还原项目，我不能查看任何事物，但我错误地将语义理解为我在那里只能通过语音的方式接触保密文件……（我）立刻抗议这项禁止英国人参观语音加扰项目的规定。之后，黑斯廷斯上尉介入调查，并向科尔顿上将施加压力。从目前来看，情况不错。

与美方起冲突的不止图灵一个人，令人沮丧的原因也不局限于移民偏见和清除安全隐患。尽管签署《租借法案》（Lend-Lease Act）之后，英美盟军在战争中联合抗敌，但是在密码问题上他们时有分歧。

由于竞争系统、方式和个性不同，英美两国长久以来都对对方持怀疑态度。他们耗尽耐心，且自我膨胀。在某种程度上，英美之间的冲突是因为两国的战争机制有本质差别，以及他们之间的“不完全联盟”。在扩大军事用品的工业生产方面，无论是在规模上还是速度上，英国都赶不上美国。图灵直观地感受到了这些，在某种程度上，与图灵对美国人脑力的敬佩有限相反的是，图灵对美国人体力的尊重。例如，在参观过海军部队之后，他这样写道：“当谈论到与密码相关的事情时，美国人的话很不可信，对此我现在深信不疑。但是我认为，他们的密码装置值得好好利用。”

这种不信任是相互的。比如，当英国人对密码破解取得成就时，他们对美国人也是保密的。图灵也不清楚哪些信息可以对美国人讲，哪些不能说。由于图灵已经给美国人留下了傲慢无礼、令人不快的印象，所以在任务不明朗、不确定的情况下，他不愿意逢迎美国人。况且，他也不是天生的外交官，所以他不擅长处理这类问题。

但是，在某种程度上，英美双方的互不信任，以及香农与图灵彼此需要对工作进行保密，反而使他们俩可以畅所欲言。如果两人可以自由地谈论密码问题，那么两人之间的友谊会更加深厚。即使在战争之前，图灵和香农也有着类似的兴趣爱好，两人也都在钻研同类型的前沿问题。据香农回忆，在一起喝茶聊天时，“我们会谈一些数学方面的话题”。值得注意的是，两人已经有了思维机器这类想法，用香农的话来说就是，“创造能思考的电脑，以及可以用电脑做些什么，等等”。他还说：

> 我和图灵面临相同的困扰，因此，常常会谈论这些问题。他那时候已经开始写那篇很有名的关于图灵机的论文了。那时还不叫图灵机，这是后来人们对它的叫法。我们常常花费很长时间讨论一些概念，探讨人类的大脑中有什么。比如，大脑是如何

构建的，是如何工作的，计算机能做什么，人类能不能用电脑完成大脑的工作，等等。我还跟他说过几次我对信息论的看法，他很感兴趣。

早期两人深陷于电脑计算的前景中，两人无比着迷于弈棋机的创造。1977 年，香农接受了弗赖伊德里克－威廉·哈格迈尔的采访，在采访中他说：

1942 年……可以说，计算机刚刚出现。宾夕法尼亚大学有几台电子数值积分计算机（ENIAC），那是最早的计算机……现在看来，它们运算速度慢、外形笨重、体积有几个房间那么大，计算功能和现在 10 美元一个的小型计算器差不多。但在那时我们知道，如果能使计算机的价格更低廉、运作的时间更长，比如连续工作 10 分钟以上，计算机就有无限潜力。这令我们激动不已。

那时我们拥有梦想，图灵和我曾探讨用计算机完全模拟人脑的可能性。我们想知道能否真正使计算机模拟人脑，甚至比人脑更先进。那时候可能看起来更容易实现，我们都认为在不远的将来，10 年或 15 年后它就能实现。但事实上，已经过去 30 年了，它也没有实现。

香农骨子里是一个喜欢安静的人。他很少参加科学界的活动，密友就更稀少了。认识他的人，如许多闻名世界的科学家、数学家和思想家，都认为香农时常像一个局外人，即使在和杰出人士共同出席会议的时候，他也不会主动交谈。他从不追随名人参会，只应邀参加过少数会议。还有除电话外，他不喜欢其他任何联络方式。所有这些都是为了说明，除了他和图灵交谈的内容本身，他和图灵之间热切的关系同样意义非凡。在贝尔实验室的短短几个月里，香农能赢得图灵的信任和友情，这充分说明两人对对方都评价颇高。用香农的话来说，图灵是“一个让人印象十分深刻的人”。图灵还曾邀请香农到家里做客，这对喜欢独处的两个人来说都是一件稀罕事。

回到英国之后，图灵和香农在“二战”后见了最后一次面。1950 年，香农去伦敦参加会议，并抽时间去拜访了图灵，还参观了他的实验室。香农回忆道：

> 图灵的实验室位于曼彻斯特大学，在去实验室的路上……他想制作一台用来下象棋的计算机……我对此同样十分感兴趣，那时他已经在编程了。他的实验室里有一间办公室，楼下放着一台计算机，它就是现代计算机的雏形。

两人谈论了图灵在编程上所做的工作，尽管 10 年过去了，香农依然记得图灵的一项发明：

> 我问他在干什么，他说在研究如何更好地得到电脑的反馈，以便了解电脑内部正在发生什么。那时他已经发明了这个神奇的指令。那些天，他们一直在研究各种指令，想从中找到最合适的一个。

我问他，这个神奇的指令是什么？他说，这个指令就是给“警笛”（hooter）添加一个脉冲，给它安一个脉搏。我来解释一下，“hooter”在英国指的是警笛，添加脉冲意味着掌握了它的脉搏。

这个疯狂的指令好在哪里？可以这么说，如果将指令添加到某回路中，那么执行指令时会产生脉冲，你能听到的频率就等同于指令在回路中流转的时间。依此类推，你可以将指令放到更大的回路中。你能听到这一切，全是“嘘嘘嘘嘘嘘嘘”（boo boo boo boo boo boo）的声音。按照图灵的说法，你很快能听懂这些声音，然后能知道回路中是否发生拖延或其他问题，而且能了解其运行情况，这些在以前都是无从知晓的。

总的来说，这是一次愉快的拜访，是信息时代的两个开创者在战后的重聚，这也是他们最后一次见面。4年后，图灵被指控犯有“严重猥亵罪”（当时人们认为同性恋是一种犯罪），并死于氰化物中毒。他的死亡被定性为自杀，尽管至今这仍存在争议。

第 13 章　贝尔实验室的三人组

数学的古老艺术……并不崇尚速度，而更重视耐心、技巧，且更重要的是协作和即兴创作的天赋，这也是优秀爵士乐的特点。

——加雷斯·库克

与诺尔马的婚姻结束后，香农恢复了单身。他净身出户，只有一所位于格林尼治镇的小公寓和一份任务繁重的工作。大多数时候，他都独自度过夜晚，这可以说是他一生中最随心所欲的一段时间。他的作息毫无规律，音乐的声音被调得很大，他享受着纽约市的爵士风情。他在大半夜出门去喧闹的餐馆吃晚餐，或者去华盛顿广场公园的象棋俱乐部闲逛。他搭乘 A 号列车去哈莱姆区跳吉特巴舞，欣赏在阿波罗剧院举行的演出。他去镇里的游泳池游泳，在哈德孙河沿岸的场地打网球。有一次，他被球网绊了一下，摔得很严重，不得不去医院缝针。

他家位于西十一街 51 号 3 楼，是一个小型的纽约工作室。他楼下的住户，玛利亚·莫尔顿这样回忆道："去浴室要经过卧室，房子很旧，那是一所寄宿公寓……但是那里很浪漫。"大概能猜到，香农家里一团糟，又脏又乱，中间的桌子上放着一些香农从大件乐器上拆下来随手丢在上边的乐器零件。“冬天很冷，香农就找来自己的旧钢琴，把它劈了当柴火烧，以此取暖。”家里的冰箱几乎是空的。唱片机和单簧管是他仅有的值得骄傲的财产了，这使他的生活看上去没有那么清苦。香农的公寓正对着街道，同一栋公寓楼上还住着克洛德·列维-施特劳斯，一名伟大的人类学家。列维-施特劳斯后来发现他的前邻居对他的工作产生了很大的影响，虽然他们同处一个屋檐下却鲜有交流。

尽管住在公寓的临时管家弗雷迪认为香农很孤僻且有些不合群，但香农对他的邻居玛利亚很友好，还同她约会。两个人初次见面，是因为玛利亚终于忍受不了他超大音量的音乐而去敲他的门。她上门抱怨，反而催生了两个人的友情和爱情。

玛利亚鼓励香农振作精神，收拾整齐，去市区逛逛。“这首歌不错！”开车去市区的路上，当收音机里传出熟悉的音乐时，他会这么说。他为她读诗，从詹姆斯·乔伊斯到 T. S. 艾略特，后者是他最喜欢的作家。在玛利亚的记忆中，香农时常在晚上全神贯注地研究数学问题，有时在餐馆吃饭吃到一半时，他会在纸巾上零零散散地写一些方程式。他很少对战争或政治发表看法，但对数学和爵士乐有独到的见解。她回忆道：“他会研究他喜欢的音乐和我喜欢的音乐有什么共性。”他一度对威廉姆·谢尔顿的身体类型及个性理论感兴趣，对照着他的理论研究自己为什么骨瘦如柴（用谢尔顿的话说是清瘦）。

贝尔实验室的同事中仅有几位和香农成为密友。其中一位叫巴尼·奥利弗，他个子高高的，有温和的笑容和随和的性格，喜欢喝苏格兰威士忌、讲故事。奥利弗性格平易近人，但他有超高的智商。一名同事回忆道："巴尼的智力属于天才级别，他的智商有 180。"毫不夸张地说，他的兴趣爱好几乎上至天文，下至地理。如果时机合适，他就会成为寻找星际生物运动的领导人之一。汤姆·珀金斯是著名的凯鹏华盈风险投资公司的联合创始人之一，他对奥利弗印象深刻，因为不论主题有多么晦涩，他都能轻而易举地抓住重点。珀金斯说："如果他对发明与海豚沟通的装置能产生兴趣，他就会连续几个月研究它。"他是"独眼巨人计划"的智囊，这是一项"独创性的宏伟项目，尽管最终它没有完成"。该计划本打算将分布在 36 平方千米土地上的 1 000 个长度为 100 米的卫星天线连接起来，以此放大电波频率，达到追踪星际生物的目的。

奥利弗在地球上的追求同样野心勃勃。他的成就包括发明了"世界第一台可编程台式计算机"、手持计算器以及第一代惠普电脑。另外与众不同的一点是，在香农的观点还未被广泛认同的时候，他是为数不多的支持者之一。他在后来回忆时很骄傲地说："我们成了好朋友，我可以说是他很多理论的助推器。他时常征求我的建议，所以在公众知道信息论之前，我对此已经有所了解。"或许奥利弗的话有些许夸耀的成分，但考虑到香农很少让人知晓他的想法，他能与奥利弗谈工作已经很不错了。

约翰·皮尔斯是香农在贝尔实验室的另一位朋友，工作之余两人经常在一起。在实验室里，皮尔斯"以其智慧和活跃的思维赢得了众人的仰慕"。他和香农有很多相似之处，外形上都是高高瘦瘦的，对不感兴趣的东西很快就会厌倦。这种厌倦也发展到了对不感兴趣的人身上。乔·格特尼曾写道："皮尔斯常常会突然中途加入或退出谈话，抑或饭局。”这都源于他思维敏捷。早在读书的时候，他的工程学教授就对他大为欣赏，课程上到一半的时候，就将他提拔为老师。在实验室里，皮尔斯同样很有声望。他的发明本领在贝尔实验室是最强的。

香农和皮尔斯是智力上的伙伴，也只有拥有同等智力的人，才能采用这样的方式合作。在贝尔实验室工作期间，他们交流观点，一起写文章，互相分享数不清的书。皮尔斯在演讲时讲过一个故事，从中可以看出他们俩的合作关系：

> 有一次，我跟克劳德·香农闲聊，他和我提到了一个系统，发明这个系统的人不在贝尔实验室工作。他说的时候我没有注意听，但是他讲的一些内容在我脑海里挥之不去。那天晚些时候，我发现了这个新系统的优点。第二天，我去和克劳德说这个新系统很棒。他很赞同我说的那些优点，但是他发现我描述的系统和他所说的根本不是同一个。由于我听的时候漫不经心，后来又加上了自己的想法，最终我发明了一个新系统。

皮尔斯在很多场合都和香农说“你应该详细记录这个或那个想法”。对此，据说香农带着他特有的漫不经心，回答道：“‘应该’是什么意思？”

奥利弗、皮尔斯和香农，这个三人组中的每个人的高智商使他们自己有足够的安全感，同时又因彼此的陪伴而深感慰藉。他们对新兴的数字通信颇为着迷，并一起写了一篇文章，解释它在精度和可靠性方面的优势。一个同辈人这样描述贝尔实验室的这三位神童：

贝尔实验室同时有3名公认的天才，分别是因信息论而闻名的克劳德·香农，因通信卫星而闻名的约翰·皮尔斯和因行波管放大器而闻名的巴尼。很显然，他们3个人的智商高到令人难以忍受的程度（原文如此）。他们太聪明，能力太强，而且智力水平明显高于实验室里的其他人。也只有贝尔实验室这样有威望的实验室才能同时容纳这样的3个人。

但有记载表明香农还没有到“让人顶礼膜拜的程度”，因为他很没有耐心。他的同事们认为他很友好，但是为人疏离。玛利亚说，香农曾说过实验室常规的生活令他抓狂。“我觉得他受不了实验室里的工作，”她说，“我真是这样认为的，他必须做自己很感兴趣的工作，追求自己想要的东西。”

香农与同事间的距离似乎有一部分是因为对信息的处理速度不同造成的。布罗克韦·麦克米伦是香农隔壁办公室的同事，用他的话说：“我们通常会争论数学问题，香农对此总是很没有耐心。他解决问题的方式与大多数人都不一样，与大多数同事也不一样……很明显，大多数同事都跟不上他的论证思维。”在其他人看来，香农沉默寡言，而在麦克米伦看来，这是一种对周围人的失望：“他对不如自己聪明的人很没有耐心。”

这显得他很着急，很可能在团队中显得太过着急了。戴维·斯莱皮恩是香农在实验室中的另一名同事，他观察到香农“在很多方面都很古怪……但他并不是一个不友好的人”。对跟不上他节奏的同事，香农只会说不用理会他们的话。麦克米伦这样对格特尼说：“他从不屑于争辩，如果别人不相信他，他就忽略他们。”

乔治·亨利·刘易斯曾说过“天才很难描述自己的思考过程”。这句话完全符合香农，他既难以向他人解释自己的想法，又不屑于这样去做。在工作中，他喜欢独自一人，尽可能少地与他人接触。莫尔顿回忆道：“他极其讳莫如深。”罗伯特·费诺是香农后来的同事，他说“香农是那种不会听别人聊工作的人”。这一点从他很少和别人一起发文章，便可以略见一斑。

像香农这样对外界漠不关心的天才有很多，但即使在贝尔实验室，香农也是最孤傲的那个人。“你很少会在别的部门发现他的身影……你要是去找他，他会和你交谈，没人找他，他就自己待着。”麦克米伦如是说。斯莱皮恩将香农的疏离描述得更传神：“如果不当科学家，以他的智慧，他就是世界上最出色的骗子。”（他女儿后来说：“我的父亲会把这句话当作对他的高度赞扬。”）

香农即使和关系不错的同事，也不够亲密。其中的另一个原因是，香农喜欢在夜间工作。晚上他在家里做自己的项目。在读研究生期间，这个项目就已经在他脑海里成形。关于何时产生了有关这个项目的想法，在不同的时间场合，他的说法不一。但不管是什么时候产生这个想法的，直到 1941 年在纽约的时候，他才认真地将这些想法写下来。现在，这个家伙既可以平衡在贝尔实验室的工作，又能从事他高度欣赏的理论工作，而这是战争曾阻碍他所做的事情。后来在回忆那段时光时，他还记得灵感闪现的瞬间。灵感不会一直存在，常常来得很突然。“有时候这些灵感……我记得有一次

我半夜醒了，突然有了一个想法，然后就工作了一整夜。”

想象一下香农工作时的样子，你能看到一个瘦削的人，用铅笔敲打着膝盖，在大半夜工作。但是，他不是为了赶在截止日期前完成工作，而更像是沉浸在一个已经困扰了他好几年的难题中。玛利亚说：“他有时候会很安静，非常安静，但他仍会在餐巾纸上写写画画。连续这样两三天后，他会抬起头说：‘你怎么这么安静？’”

纸巾装饰了桌面，上面记录了他一连串的想法，且体现在林林总总的方程式中。在8年的时间里——他涂写、修改、删减、朗读这些错综复杂的方程式。他很了解，所有的这些努力可能都是无用功。有时，他会听音乐或抽烟稍事休息，也可能会睡眼惺忪地睡着，白天再继续工作。但更多时候，他彻夜不眠。回到书桌前，他能感觉到或许自己能研究出重要的研究成果，甚至比使他成名的硕士论文更重要。但是，那会是什么？

2

第 14 章　无尽的黑暗

“请重复。”

“请发得慢一点。”

“怎么样？”

“你接收的情况怎么样？”

“发得更慢一点。”

“请再慢一点。”

“现在接收得怎么样？”

“如果你能读出来，请告诉我。”

“你能读懂这个吗？”

“是的。”

“信号怎么样？”

“你能收到吗？”

“请发些什么过来。”

“请发 V 字母打头和 B 字母打头的单词。”

“信号怎么样？”

2 500 吨铜和铁被捆在一起，横跨 2 000 英里的海洋，花费了数百万英镑，并被布置在临近海岸的地方，这样做的目的是给上述你读到的只言片语的溅射成分搭建管道。那些文字代表了一整天的对话，它们通过横跨大西洋的海底电缆传输，于 1858 年夏末将欧洲与北美连接起来整整 28 天。第一个消息的内容是烟火、骑士和愉快的社评（《伦敦时报》宣布："大西洋干涸了。"），但很快噪声消耗了信号，线路一次中断了数小时。电缆淹没在水下 3 英里处，用吉卜林的话说："沉于黑暗之中，无尽的黑暗，那里有失明的白色水蛇。"当时，电缆正在那里分崩离析。

为了这 28 天零星的谈话，英美海军舰队五次出动，一英尺一英尺地解开电缆，它们冒着蒸汽，一路向东横跨大西洋。在第四次尝试中，舰队遭遇了史无前例的猛烈风暴。英国船只阿伽门农号（Agamemnon）是一艘既装有蒸汽又装有风帆的木船，它被困于大风之中，长达一星期之久，被吹得倾斜了 45 度，甲板上和船身装载的金属也难以使之保持平衡。船上的一名新闻记者写道，他已经感到十分眩晕和恶心："它不断打转儿，船上的人好像'一船活鳗鱼'。"四次航行都以失败告终，只有第五次航行取得了成功。

每次航行，船上都有一名重要的乘客，即本书中已经提到的一位科学家——威廉·汤姆森，他后来成为开尔文伯爵。那时他的模拟计算机还有 20 年才会问世。相对而言，他还没名气，也没有留海神般的胡子。但他是世界领先的信息有线传播专家之一，尽管他并没有使用那个称谓。他在跨大西洋项目中赢得了声誉，并被理事会投票选为科学顾问。他为每一次航行提供服务，哪怕他要冒生命危险，而且没有报酬。船上的一名澳大利亚记者第五次尝试捕捉他当时的心情。半夜，电线中的电流停止了，看起来又像是“啪”的一声断了。“灾难的想法似乎压倒了他，他的手剧烈地抖动，甚至难以去扶他的眼镜；他额前的血管肿胀起来，脸像死一般苍白……但他的思维仍然敏捷、镇定，他继续测试并等待。”很快，信号恢复了，开尔文伯爵大笑起来。一周之后，爱尔兰凯里郡的群山出现在东部地平线，电缆被拖到了爱尔兰海岸，与欧洲的网络联结在了一起。

一个月后，这一海底电缆成为海底无用的垃圾，这一切都毁于一次分歧。

即使在大西洋电缆被铺设之前，可以肯定的是，通过海底电缆（例如，穿越了英吉利海峡）发送的消息容易被延误和扭曲，通过水路传输信息极其困难。因为水，尤其是盐水，是一种天然的电导体，水下电缆容易发生电流流失。相比通过干燥电缆传递的信号，潮湿电缆发送的信号更难以辨认。

没有人比汤姆森更了解这个困境了。在很大程度上，这也是他要随着阿伽门农号出海以查看电缆铺设的原因。以最后一次航行往前推 3 年计算，他在格拉斯哥的实验使他认为远距离的电力传输符合“幻方法则”，即信息的到达时间随电缆长度的平方而增长。更进一步来说，传输的距离越长，信号衰弱的程度将越明显。如果都像这样，可靠的海底通信的唯一期望是架设最厚、最绝缘、最昂贵的电缆，以与感应设备进行匹配，在远端接收微弱的信号。

但在 1858 年，由于没有跨越海洋的电缆可用于测试，这些结论受到了很大的质疑。强大的利益诱惑促使跨大西洋项目的支持者忽略了汤姆森，因为财富开始取决于跨越海洋的即时通信（想象伦敦的股票交易员，能够通过对芝加哥货物价格的即时信息进行交易），而汤姆森发出了令人沮丧的警告，即可靠电缆的实际成本可能远大于其价值。不幸的是，汤姆森的主要怀疑者，也是他的同事，是跨大西洋项目的电气负责人。

O.E. 怀尔德曼 · 怀特豪斯博士是一名退休的外科医生，他也是一名业余电气实验员——这并不应该作为对他专业的亵渎来解读，19 世纪是崇尚绅士业余爱好者的伟大时代。然而，与汤姆森在大学中的声望不同的是，怀特豪斯坦率地发表了民粹主义宣言，称研究电力和通信“不再是哲学家的特权”。通过自己的研究，他抨击幻方法则是“学校里的谎言”，是为了使期刊的页面看起来优雅而设计的公式（它甚至看起来像是牛顿著名的引力平方反比定律），而它在实践中一无是处。汤姆森摆出了恰当的维多利亚时代的姿态做出回应，但是在他手头的怀特豪斯研究成果的副本上，他胡乱地写道：它的“每一点几乎都是谬误”。汤姆森的结论需要更坚固的电缆和更精细的信号检测，而怀特豪斯呼吁强大的动力。后来的作家总结了他的解决方法：“电力传输得越远，它所需要传送的反冲力便越大。”为了克服扭曲与延迟，只需要应用更大的动力，它的本质是极简的，而且比汤姆森的计划成本要低，这对于一个需要根据投资多少来决定是否进行的项目来说，拥有无法比拟的优势。

最后，它变为抽签和闹剧。汤姆森的“镜式电流计”被装在两端，这一装置是用于收集微弱的电信号的，但怀特豪斯一有机会就把它拆下来。电缆本身比他的稳健性标准要低很多。怀特豪斯在东部端口爱尔兰河岸的瓦伦蒂亚岛上，挂起了大型的 5 英尺长的火花线圈来推动信号，以 2 000 伏的强力将电力导入电线。

电缆被从船舱中拖进拖出，从甲板上拿上拿下，被解开又重新被卷起，掉到海床上，经历了 4 次断裂，一次又一次地被重新连接。到第一个信号被发送的时候，电缆已经经历了足够多的磨难。现在，在经受了怀特豪斯猛烈的电力冲击后，它的绝缘装置终于出了问题，仅仅几天后就再难支撑了。它在瓦伦蒂亚岛所接收的最后一条消息是：“48 个字。对，是对的。”这条著名的线路大部分所收发的信息就像这样，是关于通信的通信，这些电报特别像塞缪尔·贝克特的荒诞戏剧。

怀特豪斯违背公司的规定，将一段电缆拖至距离海岸 2 英里处，寻找错误的布线，以便将故障的责任推卸到失误上；在该信号项目最后的日子里，他因不服从而被解雇。一份事后议会调查报告迫使他面对自己的失败（虽然学者们已经争论过，从一开始就很劣质的电缆，注定终会失败）。一些报纸将整个跨大西洋电报项目视为骗局或投资诈骗。在接下来的 6 年里，利用船只实现跨大西洋通信远比过去的 400 年里要多得多。直到 1866 年，这一局面才得到改善。

90 年后，克劳德·香农和他的同事们还会思考这些教训吗？的确如此，当亚瑟·C. 克拉克中止了他的科幻小说，转而去写以跨大西洋电缆为开篇的通信史的时候，他正为了香农在贝尔实验室的老板约翰·皮尔斯专注于此，后者“威逼”他进入这个项目。特别是，在通信科学的细节被忘记了很久之后，在跨大西洋电报的特殊问题被包容性地解决之后，电报的惨败帮助后来者细化了 3 个持久的教训。这些教训仍是通信科学的核心问题。

首先，通信是一场抗噪之战。噪声是指在电话线之间的干扰，或指中断无线电传输的静电干扰，或指电报信号由于绝缘装置被破坏而在海洋中不断衰减。它是悄悄混进我们对话之中的不可测性，意外或故意地阻止了我们的交流。倘若距离较短，或借助相对简单的媒介，比如贝尔从隔壁房间给沃森打电话，或者从伦敦发往曼彻斯特的陆上电报，这些噪声都能够被应付。但伴随距离的增加，发送和存储消息的方式越来越多，噪声的问题也越发显著。而临时的解决方案，类似于汤姆森提出的更短距离倾听的方式或者怀特豪斯提出的更大规模输入的方式，都很特别。不同于源头到源头，它们之所以能够投入实践源于工程师们的偶然发现。在某种距离下或者在特定的通信频道中，完美准确的消息看起来并不可能出现，通信永远与疑问关联在一起。几乎没有人认为解决噪声能有一个统一的答案，直到克劳德·香农的理论出现。

其次，强力有局限性。怀特豪斯应对电报噪声问题的方法：应用更多电力，放大信息，增强信号，仍旧是对噪声最直观的回应。它在 1858 年的失败毁掉了怀特豪斯的声誉，但这并不影响他的方法纲要。在最好的情况下，它仍旧昂贵且耗能；而在最坏的案例中，例如海底电缆，它可能会破坏通信媒介本身。

最后，做得更好的希望，在于调查物理的实体世界与信息的隐形世界之间的界限。研究的对象是信息质量之间的关系，包括它们对噪声的敏感度、内容的密度、传输的速度和精确性，以及承载它们的物理媒介。汤姆森提出的幻方法则是最早阐述这一系列概念之间联系的规则。但这一法则只阐述了电流的运动，而不涉及它运载的信息的本质。科学怎样才能解释这一情况？它可以追踪电线中的电子速度，但是想要测量出它们所代表的信息或者相对精确地操纵这些信息，则要等到 20 世纪。信息很老，而关于信息的科学才刚开始搅动科学界。

第15章　从情报到信息

信息是被估测出来的，而非被说出来的，它蕴含在数十种方式之中，直到被人们掌握。信息是幕后呈现的。它出现在生理学家赫尔曼·冯·亥姆霍兹的研究中，他将青蛙的肌肉通电，第一次测算出信息在动物神经中的传播速度，这就好像汤姆森测算出信息在电线中的传播速度一样。它也出现在像鲁道夫·克劳修斯和路德维希·波尔兹曼这样的物理学家的研究中，他们试图率先找出量化无序熵的方法，而且他们几乎毫不怀疑，有一天信息能以同样的方法被量化。最重要的是，信息出现在网络中，部分源于第一次尝试联通大西洋两岸。在解决联通A点和B点的实际工程难题中，信息本身的属性逐渐被揭露出来。这些难题包括，我们处理一整天信息负载所需的最小的电线数量，我们加密最高机密的电话方式。

在克劳德·香农的童年时期，世界的通信网络已不再像汤姆森所生活的年代那样，仅仅是被动地作为电流的通道，即不再是电子管件。它们成为跨越大陆的机器，可以说是最复杂的机器。沿着电话线串联的真空管放大器增加了声音信号的电力，没有这种放大器，信号会在数千英里的传输中逐渐衰弱并直到消失。在香农出生的前一年，实际上，贝尔和沃森重启了他们之间的第一个电话，试图实现跨州通话，这次贝尔在纽约，而沃森在旧金山。到了香农成为年轻的摇摆通信冠军时，反馈系统已经能够自动管理电话网络放大器，保持声音信号的稳定，消除困扰早期通话的“咆哮”与“嗡鸣”式的噪声，即使在季节转换、气候变化影响到负载通信的敏感电线时，信号仍能稳定传输。在香农每年打电话的时候，他不太可能直接对操作员说话，更可能的情况是通过机器呼叫，这种机器是一种被贝尔实验室骄傲地称作“机械大脑”的自动化总机。在组装与精炼这些蔓生式机器的过程中，香农这一代科学家开始以同样的方式了解信息，这正如早期的科学家们在建造蒸汽机的过程中开始了解热量一样。

香农做了最后的整合，他定义了信息的概念，并有效地解决了噪声问题。正是香农将所有的线索融入新的科学。但是在贝尔实验室，他有两名重要的前辈，这两位工程师自他在安娜堡发现了他们的研究时起，便塑造了他的思维，他们是第一批发现信息对科学基础非常重要的人，香农也在自己的论文中说明了他们是这一领域的先驱。

其中一位是哈里·奈奎斯特。在他 18 岁的时候，他的家人离开了瑞典农场，加入了斯堪的纳维亚移民潮，迁移至中西部。他在瑞典从事了 4 年的建筑工作，以支付他的旅费。他在抵达美国的 10 年之后，获得了耶鲁大学的物理学博士学位，并在贝尔系统找到了一份科学家的工作。在贝尔的一生中，奈奎斯特负责最早的传真机

原型，他早在1918年就勾画出了“传真电报机”的设计。1924年，它便有了工作模型，这是一种可以扫描照片的机器。它利用机器自身的电流水平代表每个物件的光亮度，并通过电话线以脉冲的形式发送这些电流；在另一端，它被重新转换为照相底片，送至暗室。虽然这一模型令人印象深刻，但是市场对此并不感兴趣，尤其考虑到单张小幅照片需要7分钟才能完成传输。但是奈奎斯特对电报机（这项不那么引人注目的技术）的想法在同年成书被出版，如此创见终将在以后的岁月里得到证明。

到20世纪20年代，电报技术已经过时，数十年间，它不再是科技创新的前沿。激动人心的硬件开发集中在电话网络之中，甚至就像奈奎斯特所展示的那样，在传真电报中，这种技术可以利用连续信号，而电报只能以点和线来表示。然而贝尔系统仍旧运行着庞大的电报网络，资金与事业仍旧遭遇了与汤姆森曾面临的相同问题——如何通过网络，以最快的速度与最小的噪声传输信号。

奈奎斯特回忆道，工程师们已经明白，信息通过网络传递，无论是以电报、电话还是照片的形式，都会大幅升降波动。重现在纸上时，信号看起来就像波浪，不是平静起伏的正弦波，而是混乱的、像被大风蹂躏过的线条，似乎没有固定的模式。实际上，模式是存在的，即使是最无序的波动也能够被分解为大量平和的、正常的波动的总和，它们都以自身的频率涌到一起，直至变成一团混乱。（实际上，这与揭示潮汐波动是无数简单波动总和的数学原理是相同的，这对发明第一台模拟计算机大有裨益。）通过这样的方式，通信网络能够携带一定范围或者一“群”频率。而且，似乎更大范围的频率被施加在相互之间，需要更大的“频带宽度”以产生更有趣而复杂的波动以运载更丰富的信息。为了有效地进行电话通话，贝尔网络需要 200~3 200 赫兹的频宽，或者 3 000 赫兹的频宽。电报所需的频宽较少，而电视至少需要其 2 000 倍以上。

奈奎斯特展示了，任意通信频道的频宽如何为“情报”限定数量上限，这使得给定速度的情报得以通过频道。但是这种对智力的限制意味着连续信号（如电话线上的消息）与离散信号（如点和线，或者我们还可以添加 0 或 1 的信号）之间的区别远不如它看起来那么明确。连续信号的振幅仍旧平稳地变化，但你也可以通过一系列样本或不连续的时间片断来重现它们，而且在限定频宽的约束下，没有人能够区分差异。实际上，这一结果表明了贝尔实验室在使用相同的线路传送电报和电话信号时，两者之间是如何实现互不干扰的。就像一名电气工程学教授所写的，根本的是，它表明“技术通信的世界本质上是离散的或‘数字的’”。

奈奎斯特对信息通信思想最重要的贡献被记录在 1924 年的一篇论文中，但在当时这篇论文并未受到关注，这篇论文曾在费城工程师技术会议上宣读。论文毫无野心的标题是《使用不同当前值数字作为代码的理论可能性》，论文内容只有 4 段。结果这 4 段内容成为破冰之作，解释了通道的物理特性与其传播信息的速度之间的关系。这是超越汤姆森的一步，它传递的是情报而非电力。

用奈奎斯特的话来说：“传递情报的速度意味着在给定的传输时长中，能够表示不同字母和数字等信息的字符数。”这远不如之前那么清晰，但这是第一次有人尝试以有意义的方式探寻如何科学地对待信息通信。此外，以下是奈奎斯特列出的方程式，它表示电报传递情报的速度：

$$W = k \log m$$

W 表示情报的速度，m 表示系统可以传输的“当前值”的数量。当前值是指电报系统所需配发的离散信号；而当前值的数量类似字母表中可能的字母数。如果系统只能表达“开”和“关”，它有两个当前值；如果它能够传达“负电流”、“关”和“正电流”，那么它有 3 个当前值；如果它能够表示“强负”、“负”、“关”、“正”和“强正”，那么它有 5 个当前值。[①] 最后，k 是指系统每秒可以发送的当前值数量。

换句话说，奈奎斯特表明了电报传递情报的速度取决于两个因素：信号传送的速度和词汇中“字母”的数量。可能存在的“字母”数和当前值越多，实际需要通过电线传递的数值就越少。在极端的案例中，假设一个单一字符代表了整段的内容，另一个单一字符代表了前一文段的内容；如果这样，我们就能够用领先几百倍的速度将这些文段情报传递给你。这是奈奎斯特令人惊奇的结论：一个电报系统所能拥有的“字母”数越多，它传递的消息就越快。或者可以反过来看，我们能选择的可能当前值越多，每个信号中的情报或者每秒钟的通信密度就越大。同样，我们所假设的字符能够表示这段话中的全部 1 262 个字符，但这只是因为它已经从数百万、数百万的字符字典中被挑选出来了，每个都代表了它自身的整段内容。[②]

① 即使有三个、五个或者更多的当前值，这样的系统仍是数字的，它从一个数值到另一个仍然是独立的阶段（如数字时钟），而不是连续扫描（如模拟时钟）。数字系统通常是二进制的（它们还有两个值，正如香农对开关电路的讨论），但它们也不一定是二进制的。

② 当然，不可能保持并记住这样一个词库，意味着必须以广泛地积累符号和当前值为代价。虽然字母语言缺乏密度与效率，但它能够使人轻松理解。同样，有一点是，在电报系统中建立更多当前值付出的代价，要远超更快地传递消息所节约下来的费用。

奈奎斯特关于当前值的简短研究，为情报与选择之间的联系提供了第一个启示，但也仅限于此。奈奎斯特对更高效的工程系统的兴趣要超过思索情报的本质；更重要的是，他被期望研究出更实用的结果。因而，在向他的同事们建议在他们的电报网络中加入更多的当前值之后，他就转而研究其他项目了。在留下“所有的通信系统都像电报一样具有数字化的本质”这样耐人寻味的建议后，他也没有继续对通信本身进行概括和推演。同时，他定义情报的方式，即“不同的字母、数字等”，仍令人困惑。那么，在字母与数字的背后究竟是什么？

情报减去含义即为信息。这样一种名称上的变化不能透露它们之间的数学关系。但在这种情况下，重新命名有它的作用。这是一种类似许多分界方式的随意划分，存在于新兴科学的兴起与成熟之间。

香农说：阅读拉尔夫·哈特利的作品“对我的一生有重要的影响”。这种影响不仅仅是对他的调查或者研究：香农一生中花费了许多时间使用哈特利建立的概念工具进行研究，对于他来说，他的绝大部分的公众知名度，即“克劳德·香农——信息论之父”，正是建立在延续了哈特利的思想的基础上，而他继续的深度是哈特利或者任何其他人所难以想象的。除了晦涩的逻辑学家乔治·布尔，没有人更了解香农的想法。在1939年的信件中，香农第一次提出他后来花费9年才完成的关于通信的研究，他使用了奈奎斯特的“情报”

一词。到他完成研究的时候，他使用了哈特利的新鲜用语“信息”。虽然像香农这样的工程师并不需要别人的提醒和指点，但正是哈特利使“含义与信息无关”的概念愈加清晰。

在哈特利被评为罗德学者从牛津大学毕业后，他被安排参与另一项连接大西洋两端的工程。他带领贝尔系统团队为第一台跨大西洋语音电话设计接收器，这种电话由无线电波而非电线传输。这一次，障碍不是源于物理层面，而是源于政治。1915 年，一切就绪，工程师准备测试机器，但当时欧洲正处在战争之中。贝尔系统的工程师不得不向法国当局申请使用欧洲大陆最高的无线电天线，这是重要的军事资产之一。最后，美国人获得了宝贵的几分钟来使用埃菲尔铁塔顶端的天线，但这也足够了。哈特利的接收器大获成功，在塔顶听到了从弗吉尼亚州发出的人声。

从一开始，哈特利对通信网络的兴趣就比奈奎斯特更复杂，他想找寻一种能够通过任意媒介传递信息的单一框架，这是一种能够使用同样的标准比较电报、无线电与电视的方式。哈特利在 1927 年的论文将奈奎斯特的研究带到了更高的抽象层次，比任何其他人的研究都要更接近目标。哈特利在意大利莫湖科学会议上宣读了这篇论文，将这种抽象简单地称作“信息传递”，以使其易于被接受。

一群德高望重的科学家聚集在阿尔卑斯山脚下的会场内。出席会议的有量子物理学的两名创始人尼尔斯·玻尔和维尔纳·海森堡，后来建造了世界上第一座核反应堆的恩里科·费米——该核反应堆就在芝加哥大学体育场的露天座位下，以及哈特利。哈特利竭尽全力地向大家介绍了公司关于信息的研究。他在开场时要求听众思考一种思想实验，想象一种具有 3 个当前值的电报系统：负、关和正。

不同于允许一位受过训练的操作员使用他的电报匙选择当前值，我们将电报匙链接到任意设备上，比如“将一个球滚进3个口袋中的一个”。将球滚下坡道，发送一个随机信号，并按照我们的意愿多次重复。我们已经发送了一条消息，这样做有意义吗？

哈特利回答道：这取决于我们所指的“意义”是什么。如果电线有声音，信号也没有失真，那么我们已经向接收器发出了一系列清晰可读的符号，实际上，它比通过错误的线路人为地传递消息要清楚得多。但不管它再怎么清晰，这则消息都可能是混乱的，“原因在于只有有限数量的可能顺序被赋予了特定含义”，而序列的随机选择更有可能被排除在特定的范围之外。我们任意定义一些顺序有含义，如点点点点，点，点划点点，点划点点，划划划，而另一些顺序无意义，如点点点点，点，点划划点，划划划。[①] 只有当我们提前约定好符号的含义，一切才有意义。一切通信皆如此，无论是电线发送的电波，代表象征单词的字母，还是代表象征事物的单词。

对于哈特利来说，约定符号词汇的含义取决于“心理因素”，这是一个肮脏的词组。一些符号相对固定（如莫尔斯密码），但是很多其他符号会根据语言、性格、情绪、语调、时间等因素而变化，其中没有精确性可言。倘若跟随奈奎斯特的脚步，信息的数量与从大量符号中进行选择有关，那么第一个要求是确定符号的数量，而不是受心理学的影响。信息科学需要弄清楚我们称为乱码的

---

① 从莫尔斯电码解码，第一个序列是“hello”（你好），第二个为“helpo”。然而，由于我们语言的冗余，接收器可能将“helpo”界定为错字或传输错误——事实证明对于香农来说，这种想法将十分有用。

信息，以及我们称为有意义的信息。因此，哈特利在一段关键的文段中解释了我们如何能够开始不是从心理层面，而是从物理层面认定信息：“在预估物理系统传输信息的能力时，我们应该忽略‘对其进行诠释’这一问题，而使每一选择完全随机，并将结果置于‘接收器选择某符号而非其他符号’的可能性上。”

通过这样的方法，哈特利使已经渗入美国电话电报公司的思想正式化，毕竟，这是关于传输而非诠释的业务。在通过电报控制滚球的理想试验中，唯一的要求是使符号进入渠道，而另一端的人能够将它们区分开来。

测量信息的真正尺度不在于我们所发送的信号，而在于我们能够发送而没有发送的信号。发送信息是指从可能的信号池中进行选择，并且“在每次选择时都会消除所有可能被选择的其他信号”。选择的目的在于排除替代方案。哈特利观察到，当信息恰巧有意义时，这一点最明确。“例如，在‘苹果是红色的’这句话中，第一个单词（apples）从总体上排除了其他种类水果以及其他物体的可能性；第二个单词（are）使我们关注到苹果的一些属性或状况；而第三个（red）排除了其他可能的颜色。”这种消除的压延法对于任何消息来说都适用。信号的信息值取决于在选择的过程中被排除的替代方案的数量。大词汇库中的信号比小词汇库中的信号要承载更多的信息，而信息衡量了选择的自由。

如此，哈特利关于选择的想法是针对奈奎斯特当前值观点的深刻回应。但奈奎斯特关于电报的研究被哈特利证明适用于一切通信形式，因此，奈奎斯特的观点成为哈特利观点的一部分。放在更大的情景中来看，对那些离散的消息，即每次只发送一个符号，只有

3 种变量控制了信息的数量：每秒所发送的符号数 k，可能符号集合的规模 s，以及消息的长度 n。给定这些数量，并且将信息的传输量称作 H，我们得出了以下公式：

$$H = k \log s^n$$

如果我们从一组符号中随机选择，可能的消息数量就如消息的长度一般呈指数倍增长。例如，在我们 26 个字母的字母表中，有 676 种可能的双字母字符串（或 26^2），但是三字母字符串（或 26^3）则会达到 17 576 种之多。哈特利同他的前辈奈奎斯特一样，发现了这种不便性。倘若信息数随着每个额外符号的增加呈线性增长而非指数倍增长，那么信息的测量尺度将更可行。这样，在两则消息都使用相同字母表的情况下，一封拥有 20 个字母电报的信息量，可以说是一封拥有 10 个字母电报信息量的 2 倍。这就解释了哈特利公式（和奈奎斯特公式）中对数的作用，即将指数变化转化为线性变化。对于哈特利来说，这是关于“实用工程价值”的问题。①

工程价值正是他所追寻的，尽管努力探索信息听起来更像是哲学家或语言学家所做的事情。信息的本质是什么？当我们发送消息的时候究竟发生了什么？会不会存在消息中的信息你根本无法理解的情况？这些本身都是十分值得探索的问题。但是在人类世代的交流中，这些问题是急迫而严峻的，因为答案突然会变得异常宝贵。

① 只要测量标尺内在一致，根据人类的需求设计一种新型测量标尺是完全妥当的。相比之下，为什么单纯的摄氏度温度比华氏温度应用范围要广泛？并没有自然而然的理由能够说明它，这仅仅是因为许多人认为将水的冰点定为 0 摄氏度、沸点定为 100 摄氏度，并且根据它们确定中间的度数十分方便。同理，选择将信息看作根据消息的长度而进行指数倍增长还是线性增长，也仅仅出于方便性考虑，这就是为什么香农将信息的对数标尺定义为“更接近于我们直觉的恰当判断”。

在大型海底电缆中，在跨越大洲的无线电通话中，通过电话线传输图像，使之隔空传递，我们突然具备的交流技能已经超越了我们本身对通信的理解。无论出现的是灾难，例如燃烧的电缆，或者仅造成了障碍，如第一台电视机闪烁而模糊的荧幕，对信息的无知都让我们付出了代价。

那时，哈特利最接近信息的本质。不仅如此，他的工作反映出人们开始意识到，阐释信息的含义已经扩张了工程师的权力。例如，他们可以切断连续的信号，将人声变为数字样本；同时，通过这样的方式，包含任何内容的信息，无论是连续的还是离散的，都能保持在同样的标准。举例来说，一幅画里能有多少信息？我们可以用对待电报的方式想象一幅画。正如我们能够将电报转化为独立的点划字符串一样，我们也能够将图像转化为独立数量的方块，哈特利将其称为“基础区域”，也就是后来我们所熟知的图像元素或像素点。正如电报操作员从特定数量的符号组中进行选择一样，每个基础区域都通过有限数量的亮度选择进行定义。亮度集合越大，基础区域的数量越大，图像所包含的信息就越多。这就解释了为什么彩色图像比黑白图像承载了更多信息，因为每个像素的选择都来自更大范围的符号库。

方块与亮度所表示的图像既可能是“最后的晚餐”，也可能是“一只狗的早餐”，但是信息对此毫不关心。这样，即使图画也可以被量化，这就洞悉了信息激进的功利主义前提——这几乎是浮士德式的交换，但如果接受了这些前提，我们就会隐隐约约地初步意识到每条信息的背后都是一致的。

如果需要花大力气一些人才能达到对信息含义的无动于衷，那么机器毫不费力地就能实现这一点。所以，对信息的普通测量能够允许我们以相同的方程式表达机器的局限与人类消息的内容。如何使机器与信息都适用？例如，测量信息能够帮助我们解锁媒介频宽、消息中的信息以及发送信息的时间三者之间的联系。正如哈特利所言，这 3 个量之间总是存在交换与平衡。要想消息更快地传递，这就要求更大的频宽或者更简化的信息。如果要节约频宽，代价就是更少的信息或者更长的传输时间。这就解释了为什么在 20 世纪 20 年代，通过电话线传递图像所花费的时间如此之长——电话线由于复杂原因，频宽有限。将信息、频宽以及时间视为 3 个精确、可交换的量，能够显示出哪一种传输消息的理念是“在物理可能性范围内”的，而哪一种是没有必要尝试的。

最后，信息更加清晰也可能会导致噪声更清楚。噪声可能比静电的爆裂声或者大西洋下某处系列电脉冲丢失更精确，它也是可以被测量的。哈特利只尝试向这个目标迈出了一小步，但是他充分解释了一种被称作“码间干扰”的失真。如果有效消息的标尺是接收器能够将符号区分开来，那么特别令人烦恼的错误是，符号模糊导致难以被解读，正如过度急切的操作员发送了大量电报脉冲，导致它们重叠在了一起一样。如果能够进行信息测量，我们就不仅能够计算出在给定频宽上传递消息所需要的时间，而且能计算出每秒钟能够传输的符号数量，以防止其到达得太快而无法区分。

这些大概就是香农在开始研究时，信息通信理论发展的状况。从 19 世纪起，我们开始了解的那些情况（即如果我们能够通过某种方式测算出消息，我们就能够在一定的距离外更顺畅地对话）已经成长为一门新的科学。信息的每一小步发展都在向更抽象的方向迈进，信息曾是电线中的电流，是电报发出的一系列字符，是在符号间做出的选择。它的每一次迭代往复，都在脱离实体的外衣。

香农在他位于西村的单身公寓以及贝尔实验室的研究室中，对这些内容进行了长达10年的研究，但似乎信息科学已经停滞不前了。哈特利本人当时仍在贝尔实验室工作，但当香农加入的时候，他已经近乎退休了，所以二人难以有效地合作。当香农终于见到哈特利的时候，发觉他与在学校中令他着迷的哈特利相去甚远。香农记得：

> 他在某些方面非常聪明，但是在有些方面又执迷不悟。他执着地坚信爱因斯坦的理论是错的，牛顿经典力学能够被拯救。正如其他人在20世纪20年代所做的一样，他花费所有的时间试图改变场景来解释被相对论解释了的事情。但当整个科学界终于认识到爱因斯坦是正确的之后，他仍旧认为爱因斯坦错了。

所以贝尔实验室的约翰·皮尔斯说，从哈特利到香农，信息科学“似乎得到了充分的休憩”。这可能是在谴责哈特利对相对论的固执态度，抑或是在谴责战争——这场战争在飞机追踪自动炸弹、数字电话、编制密码、破解密码与计算方面投入了太多，但是它导致很少有科学家愿意花时间或者有动力回头想想，了解通信在总体上有哪些发展；抑或他们仅仅在谴责一个事实，即继哈特利之后的下一个决定性进步只能等待天才与时间来完成。从事后来看，我们能够发现倘若下一步十分明显，就定然不会耗费20年的光阴却毫无进展；倘若下一步十分明显，香农的成就定不会如此惊人。

皮尔斯说道：“信息论的到来就好比一记炸弹。”

第 16 章　信息论炸弹

通信的根本问题在于将选择过的信息从一个点精确地或者近乎精确地在另一个点重现。通常，这些信息是有意义的……这些通信的语义学方面与工程问题并无关联。

从一开始，《通信的数学理论》就表明，香农已经消化了信息科学先驱者最前沿的成果。奈奎斯特曾使用“情报”这个模糊的概念，哈特利曾努力地解释撇开心理学和语义学的价值，而到香农的时代，他已经理所当然地认为含义是可以被忽略的。同样，他也乐于接受用信息来衡量选择的自由，他认为信息之所以有趣，是因为它们被“从一组可能的集合中挑选出来”。他同意这样的观点，即如果我们事先规定，两堆卡片的信息量就是一堆卡片的 2 倍（而非一堆卡片的平方），或者两个电子信道可以加载的信息量是一个信道上的 2 倍，那么这更符合我们的直觉判断。

这便是香农的任务了。他接下来的所作所为充分展现了他的野心。每一个通信系统（而不仅是 1948 年的系统，不仅是人工完成的系统，而是每一个可能的系统）都能够被简化为最简本质。

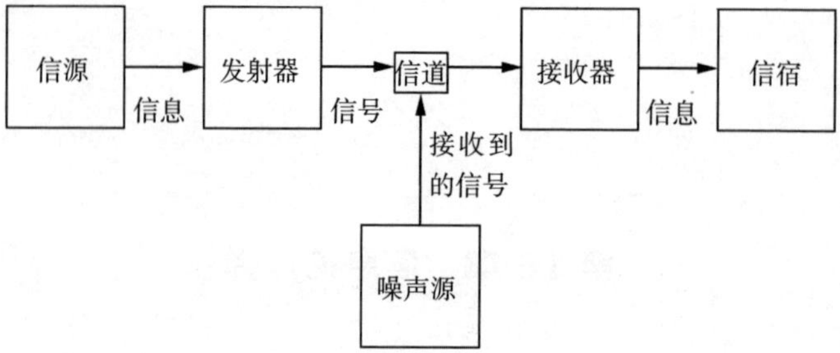

- 信源生成信息。
- 发射器将信息转码成能够发射的信号。
- 信道是信号通过的媒介。
- 噪声源代表了信号在被接收的过程中遭到的扭曲与破坏。
- 接收器解码消息，与发射器原理相反。
- 信宿是信息的接收者。

这种精简模式的妙处在于它的普遍适用性。信息对于一则故事来说无意义，却能将它播放出来，包括人的信息、电路中的信息、神经元中的信息、血液中的信息。你对着电话听筒讲话（信源）；电话将你声音的声压编码成电信号（发射器）；信号通过电线（信道）；附近的电线会干扰信号（噪声）；信号被解码回声音（接收器）；声音到达另一个人的耳中（信宿）。

在细胞中，DNA 链指导蛋白质的生成（信源）；它通过编码转录储存在信使 RNA 链中（发射器）；信使 RNA 携带代码到细胞的蛋白质合成处（信道）；RNA 编码中的一个“字母”随机地在“点突变”（噪声）中切换；每 3 个“字母”代码被翻译成氨基酸 – 蛋白质的构件（接收器）；氨基酸被结合到蛋白质链中。DNA 由此得到复制（信宿）。

战争期间，盟军总部计划攻击敌方海滩（信源）；参谋人员将计划变成书面命令（发射器）；命令的副本通过无线电、信使或者信鸽（信道）被发送到前线；总部故意将信息加密，使其看起来尽可能随机（一种人为的“噪声”）；一个副本到达前线的盟军手中，他们通过密钥移除加密并将其转化为战斗计划，而另一个副本则被敌方拦截，地方的密码分析人员破解代码（接收器）。总部下达命令与敌方拦截命令成为战争发展走向（信宿）的战略和对策。

上述 6 个步骤的适用范围非常广泛，甚至可以被应用到尚未被发现的信息中。对于香农而言，这些信息也正在做准备。它们使人类声音可以变为电磁波，从卫星和互联网不间断的数字搅动中被弹开，就好像被写入 DNA 的代码一样。虽然距离分子的发现还有 5 年的时间，但香农可以说是第一个将人类基因视为信息载体的人，这一充满想象的飞跃消除了机械、电子和生物信息之间的界限。

将通信行为分解为这些通用的步骤，使香农能够专注于拆解开来的每一步，反过来思考，当从源头上选择信息的时候，我们会做些什么，或者如何在信道中消除噪声。将发射器想象成一个独特的概念盒子被证明是非常关键的：正如我们所看到的，为待传输的消息编码成为香农最具革命性成果的关键。如果我们联想到香农的思想常常在进行类比时表现得无可比拟（比如，他体现在早些时候的布尔的逻辑和开关盒子），我们就可以发现这个通用结构是如何作为一种工具，为这个充满希望的类比带来现实的可能的。

首先，香农认为，信息科学仍然未能发现对信息至关重要的东西——概率的本质。当奈奎斯特和哈特利将之定义为从一组符号集合中进行选择时，他们认为每次选择都具有同等可能性，并且独立于之前所选择的所有符号。香农反驳道，并不是所有的选择都是这样的。他后来解释道，我们可以从一个问题出发，即“你可能拥有的最简单的信源是什么，或者你试图发送的最简单的东西是什么。我可能会想到抛硬币”。一枚均衡的硬币正反面落地的机会各占50%，最简单的选择可能是正面或反面，是或否，1 或 0，这是可能存在的最基本的消息。这种消息实际上符合哈特利的思维方式，也是真实衡量信息的基准。

新生科学需要新的计量单位，或者至少要证明他们一直谈论的概念最终能否被数字捕捉。香农研究的信息科学的新单位要表达选择的基本情况。由于它是在 0 或 1 之间的选择，所以它是“二进制数字”。在香农的全部设计中，仅有有限的部分是他允许与其他人进行合作的，这包括他在午餐时提出与贝尔实验室的同事们商讨一个更简洁的名字。二进制符号“binit”和二进制数字“bigit”在经过考量后被放弃了，最终赢得大家认可的方案是由一名在贝尔实验室工作的普林斯顿大学的教授约翰·图基提出的“比特”（bit）。

比特是在两个等概率的可能性之中进行选择后所产生的信息量。所以“一台拥有两种稳定状态的设备……能够存储 1 比特信息”。这种设备的位元（包括具有两种位置的开关，具有正反两面的硬币，以及具有两种状态的数字）不在选择的结果之中，而在可能选择的数量以及进行选择的概率之中。两台这样的器件能够代表全部4种选择，并且可被称作存储2比特。因为香农的标准是呈对数出现的（以2为基础，换句话说，就是“倒过来”将2赋予给定数字的权力），每当可供选择的数量平方之后，比特的数量将增加1倍：

比特	选择
1	2
2	4
4	16
8	256
16	65 536

有些选择正是如此，但并非所有的硬币都有不同的两面，并非所有的选择都有相同的概率，并非所有的信息都有同等可能。

所以想象另一个极端的例子，假如一枚硬币的两面都是头像，那么无论你抛多少次，它能够赋予你任何信息吗？香农坚持它不能提供任何信息。它不能告诉你尚不知道的情况，因为它不具备任何不确定性。

信息到底衡量了什么？它衡量了我们所克服的不确定性。它衡量了我们学习新事物的可能性，或者更具体地说，当一件事物承载了关于其他事物的信息（正如计数器能够告诉我们一个物理量，或一本书能够告诉我们人生），它所涵盖的信息数量反映了未知情况的减少。能够解析最大程度的不确定性的消息，即以最公平的方式从最广泛的符号集合中选择出的包含最丰富的信息。但当一切都充满确定性的时候，并不能产生信息，因为没有什么可以传达。

“你是否发誓你所说的都是事实，全部的事实，只有事实？”在法庭宣誓的历史上，回答“是的”有多少次？因为能够想象到的只有一个答案，这个答案几乎不能为我们提供任何新的信息，我们早在宣誓人回答之前就能猜测到他们的答案。在大多数的人类仪式中，在一切我们被预先安排好预期答复的场合（比如，你是否接受这个男人？……），情况大抵相同。当我们将意义与信息分离开，我们会发现一些最有意义的话，它们也正是提供最少信息的话语。

我们可能会试图关注一些特殊的情况，如誓言被拒绝或者新娘离开了宣誓台。但是用香农的话来说，紧要关头的信息量并不仅存在于一个特定的选择之中，而是基于从给定的选择中学习新事物的可能性。硬币的头像面比较重，但抛硬币时也可能会出现不是头像的那一面，不过考虑到总体来说抛硬币的可能性十分好预测，这类行为能够提供的信息十分贫乏。

尽管如此，最有趣的案例还是处于完全的不确定性和完全的可预测性这两个极端之间，诚如各种各样的硬币，正反面重量并不相同，因此它带来了广泛的可能性。现实生活中每条发出与接收到的信息就像不同重量的硬币，紧要的信息量随着硬币正反面重量的变化而变化。在这里，香农用“抛硬币”事件（判断给定正反面的可能性，这里称作 p，有 0、50%、100% 三种情况）展示了利益攸关的信息量：

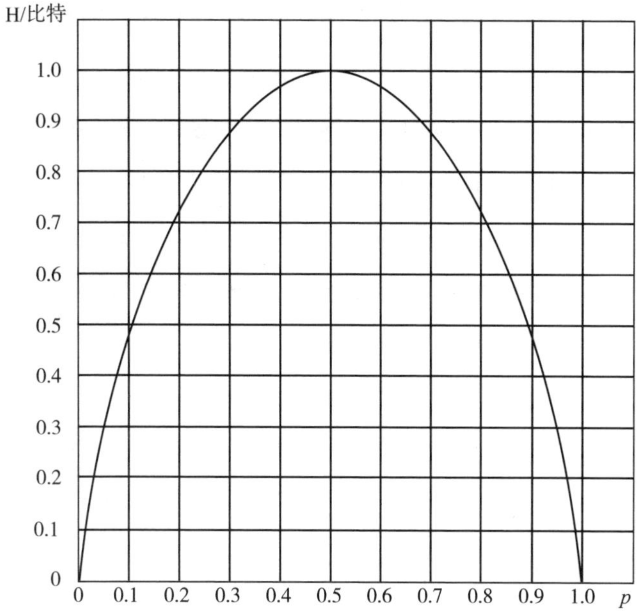

正反面各为 50% 概率的案例提供了 1 比特的最大值，但随着某面出现概率的增加，抛硬币事件变得越来越可测，意外的情况不断降低，直到结果变得完全可测，这一行为不再能为我们提供任何信息。正反面各为 50% 概率的特殊案例仍是受哈特利定律影响的，但是现在非常明确的是，哈特利的理论被香农的理论取而代之，后者的理论对一切概率的情况皆可适用。最后，衡量信息的真实标尺取决于这些概率：

$$H = -p \log p - q \log q$$

在这一公式中，p 和 q 分别是两种结果的概率（硬币的任一面或者能被传输的任一符号），两者的数值加起来刚好为 100%。（当待传输的符号可能超过两个的时候，我们要在方程式中植入更多概率值。）消息中的比特数（H）与不确定性紧密相关：当概率值越接近的时候，不确定性便越大，结果更可能令人吃惊。而当正反面出现的概率差距更大的时候，不确定的可能性也不断下降。因此，把 H 看作衡量硬币“平均意外”的标尺，假如硬币出现头像的概率为 70%，那么抛起这枚硬币所传递的消息值为 0.9 比特。

现在，这一切的目标仅在于找出每条可能的信息中所蕴含的精确比特值，在比抛硬币更复杂的情况下，每种可能性出现的概率更多样，想要确定某种概率也更加困难。香农的观点是迫使他的同事们从概率与不确定性的角度思索信息。这相比于奈奎斯特和哈特利的传统理论是巨大的突破，也帮助奠定了香农研究的其他部分的基础，虽然香农一如往常，将这当作一件微不足道的事情。他说道：“我不认为这有什么困难的。”

不管是否困难，这都是新突破。它揭示了传播信息和消除噪声的新可能。由此，我们能够将不利的情况向有利于自身的情况转化。

实际上，对于大量信息来说，符号与正反面重量均匀的硬币并不相同。以重要且可预见的方式来看，正在发送的信号取决于刚刚发送的信号，信号与信号之间存在一种“作用力”。想象这样一幅画面，哈特利展示出，如何通过测量每个“微分面积”的密度来衡量信息的内容。但是除了静止的电视，在类似任何事物的图像中，密度并非在像素周围随机散射，而每个像素都具备作用力。较亮的像素更可能出现在较亮的像素周围，而较暗的像素则会靠近较暗的像素。香农建议道，我们还可以想象电报信息的最简单的例子。（直

到现在，认为电报是最基础的离散通信模型且适用于简化与学习的看法，已经十分普遍。即使电报越来越陈旧，它在之后的信息论论文中也仍然具有实效。）倘若将字母缩减至 3 位基础的莫尔斯字符，点、划和空格，无论这则信息是什么，点后可以是点、划或者空格，划后可以是点、划、空格，但空格后只能是点或者划，空格后永远不可能是空格，选择符号也不可能是完全自由的。诚然，一个掌控电报钥匙的随机机器可能会违反规则，无意间接二连三地发送空格，但是几乎所有令工程师们感兴趣的信息都含有其隐形规则，它并不是那么随意的。由此，香农教会了工程师们如何充分利用这一事实。

这是香农在 1939 年向普林斯顿的赫尔曼·韦尔提起的“直觉”，他耗费了近 10 年的光阴将其构建为理论，即信息是随机的。它既不是完全不可预测的，也不是完全能够确定的。这就是为什么随机过程的经典模型看上去如醉汉走路般踉踉跄跄。他没有体面地走直线，因而我们不能完全预测他的线路。每一个趔趄看来都是运气使然，但观察足够长的时间我们就可以发现，他的踉踉跄跄有据可循，如果感兴趣，我们可以通过计算得出他踉跄的模式。假以时日，我们就能够在道路上合理地判断出他最有可能踩踏的点；我们倘若对醉汉的一般走路行为做出一些假设，就更可能得出准确的预估结果。例如，他们往往向灯柱倾斜。

值得注意的是，正如香农所表明的，这种模型也描述了信息和语言的行为。每当我们交流的时候，无所不在的规则会限制我们选择下一个字母或者下一个“pineapple”（菠萝）[①] 的自由。因为这些规

---

① 因为你不清楚这些规则，你已经知道“pineapple”（菠萝）为通信故障。考虑上下文，此处唯一适用的很可能是“word”（单词）。

则使某些模式更可行，而另一些几乎不可能，因此像英语这样的语言远没有完全的不确定性和最大信息，在本书中“th”组合已经出现了 6 449 次，而“tk”组合只出现了 1 次。从信息论专家的角度来看，我们的语言是可测的，可测到近乎到无聊的程度。

为了证明这一点，香农进行了一个巧妙而非正式的乱码试验。通过这个试验，他展示了如何利用随机过程，从头开始构建类似于英语的东西。香农以完全的随机性开始，他翻到一本书的任一页码，将他的手指放到一则条目上，然后参照含有 27 个符号的“字母表”（26 个字母加上 1 个空格）写下这些对应的字母。他将之称作“零次近似”（zero-order approximation），以下是得出的情况：

XFOML RXKHRJFFJUJ ZLPWCFWKCYJ FFJEYVKCQSGHYD QPAAMKBZAACIBZLHJQD.

每个字母都有相同的概率，字母间不存在相互作用力。这是打印出来的静态等价物。它体现了倘若我们的语言完全不确定会是什么样子，因而它完全是信息化的。

但对于英语来讲，它确实存在一定的确定性。首先，我们知道一些字母比另一些字母更可能出现。在香农之前一个世纪，塞缪尔·莫尔斯（受到一些实验性排字机盒中铁字符膛线的启发）通过他的电报代码萌生了关于字母组合频次的想法，他通过简洁的单一点来表示字母“E”，而通过相对繁复的“划划点划”来表示字母“Q”。莫尔斯大体上是对的。到了香农的时代，我们已经得知，字母“E”在英语文本中出现的概率为 12%，而字母“Q”的概率仅为 1%。

香农一只手拿着字母频次表，另一只手拿着随机字母手册，重申了每个字母的概率。以下是“一次近似”：

OCRO HLI RGWR NMIELWIS EU LL NBNESEBYA TH EEI ALHENHTTPA OOBTTVA NAH BRL.

但这还不仅如此。我们知道在一行英语文本中插入任意字母的自由，会受到之前出现的字符的限制。字母“K”常常出现在字母“C”之后，但不可能出现在字母“T”之后。字母“Q”后一般为字母“U”。香农有“双字母组合”频次表，但相比于重复繁杂的过程，他选择了未经过加工的方案，他坚信他的观点仍然有效。为了构建一个合理的双字母频次文本，“随机打开一本书，任意选择页面上出现的字母，将这一字母记录下来。然后翻到另一页，从头开始再次寻找这一字母，记录下它之后的第二个字母。再次翻到某页，找到刚刚记录的第二个字母，并将其之后的下一个字母记录下来，依此类推”。如果一切顺利的话，这些文本的结果就会反映出，在英语中一个字母后跟随另一个字母的概率。这就是“二次近似”：

ON IE ANTSOUTINYS ARE T INCTORE ST BE S DEAMY ACHIN D ILONASIVE TUCOOWE AT TEASONARE FUSO TIZIN ANDY TOBE SEACE CTISBE.

从无到有，随机的过程任意制造了 5 个英文单词（如果我们将省略号也算在内，那么包含 ACHIN 在内，有 6 个字母）。“三次近似”，使用同样的方法搜索三字母组合，使得我们更接近正常的英语：

IN NO IST LAT WHEY CRATICT FROURE BIRS GROCID PONDENOME OF DEMONSTURES OF THE REPTAGIN IS REGOACTIONAOF CRE.

更可能出现在一起的，不仅是 2 个或 3 个字母的组合，而且包括整个字母串，换句话说，它们就是单词。下列“一次近似单词”利用了全部单词的频次：

REPRESENTING AND SPEEDILY IS AN GOOD APT OR COME CAN DIFFERENT NATURAL HERE HE THE A IN CAME THE TO OF TO EXPERT GRAY COME TO FURNISHES THE LINE MESSAGE HAD BE THESE.

更进一步来看，我们选择的下一个单词也严格受到上一个单词的限制。最终，香农推出了“二次近似单词”，随机选择一个单词，翻手上的书，直到他找到下一个，然后记录这个词之后出现的单词：

THE HEAD AND IN FRONTAL ATTACK ON AN ENGLISH WRITER THAT THE CHARACTER OF THIS POINT IS THERE-FORE ANOTHER METHOD FOR THE LETTERS THAT THE

TIME OF WHO EVER TOLD THE PROBLEM FOR AN UNEXPECTED.

香农骄傲地说，“这 10 个单词‘attack on an English writer that the character of this’连在一起毫无意义。”①

从一团乱麻到通顺，这些段落越来越接近通畅的文本。这不是被书写出来的，而是自主生成的，唯一的人为干预是预先设定了运行规则。香农问道：我们如何能够使之成为英语？方法即制定更严格的规则。我们可以通过使自身更可预测，或者减少信息量来实现这一点。这些随机过程只是当我们说了一些句子，或者发送了任何信息时，我们所做出的不假思索的选择、模型。

事实证明，世界上有一些看起来最幼稚的问题，比如“为什么苹果不向上掉落”，也恰恰是最有科学价值的。倘若这些看似荒唐而有揭示性的问题被汇聚成名言录，那么无疑应该将“香农之问”纳入其中：“为什么没有人说 XFOML RXKHRJFFJUJ②？”调查这个问题，我们就会发现，“言论自由”大体来说只是我们的幻想，

① 在一篇写于一年之后的未公开发表的夸张诙谐文章中，香农想象了倘若他的研究方法落到不法之徒手中会带来的恶果。一位邪恶的纳粹科学家哈根·克兰柯海特博士带着他的垃圾单词清除机模型逃离了德国，这是一种可怕的战争武器，“根据克劳德·香农博士的研究成果制造出来”。克兰柯海特机器利用了随机文本的原理，使宣传产业完全自动化。这种机器通过以近似人类语言的方式将具有鼓动性质的短语拼在一起，由此制造无穷无尽的令人泄气的声明。在一次试运行中，它拼出了类似的字样：“一位知名专栏作家在结婚的过程中被曝出丑闻”、“资本主义好战者是原子安全的薄弱环节”，以及“原子科学家被认为与某些宗教及种族主义群体有关”。值得注意的是，这些机器生成的短语与人类的鼓吹无法分割。

② 这段话表示符号独立且以相同概率出现，这在序言部分已有体现。——译者注

它来自我们对自由匮乏的认识。比我们更自由的通信器大概会说XFOML RXKHRJFFJUJ，当然，这里的“自由”是指不确定性和信息层面。但事实上，在我们说出一个词或写一行字之前，大部分可能的消息已经被消除了。或者，稍微修改一下偶然的顺序，香农的记事本上就恰好出现了这样一句话：行消息即是这些（THE LINE MESSAGE HAD TO BE THESE）。

不过，到底谁在乎字母的频次？

其中之一是密码分析师，香农是最好的密码分析师之一。他熟悉单字母、双字母组合以及三字母组合的频次，这些都是破解密码必不可少的工具包。在几乎任何代码中，某些符号会占据主导地位，这些符号可能代表一些最常见的字符。回想香农小时候最喜欢的《金甲虫》的故事，古怪的勒格朗先生通过破解一系列看似无解的密码，发现了被埋藏的宝藏：

53‡‡†305))6*;4826)4‡.)4‡);806*;48†8’60))85;]8*:‡*8†83
(88)5*†;46(;88*96*?;8)*‡(;485);5*†2:*‡(;4956*2(5*-4)8’8*; 40
69285);)6†8)4‡‡;1(‡9;48081;8:8‡1;48†85;4)485†528806*81
(‡9;48;(88;4(‡?34;48)4‡;161;:188;‡?;

正如所有优秀的密码破译者一样，他是由计算符号出现的频次开始的。符号“8”比任何其他符号出现的次数都要多，多达33次。

这个看似不起眼的事实就是破解一切的起点。使少年香农为之痴迷的是勒格朗先生如何解释这个起始点：

> 由于在英语中，最常出现的字母是e……在任意长度的句子中，一般e出现的次数都是最多的……
>
> 而现在我们最常见的符号是8，我们可以假设，它在字母表中就代表了e……
>
> 在英语中，“the”在所有的单词里最常见。因此，我们可以看出其中是不是有按照搭配的顺序重复出现的3个字符，其中的最后一位为8。如果我们发现这些字符重复出现，那么这种排列很可能表示的是单词“the”。经过检查，我们发现了超过7次“；48”这样的排列。因此，我们可以假设“；”代表“t”，“4”代表“h”，“8”代表“e”，最后这一点已经得到了很好的证实。由此，我们迈出了巨大的一步。

鉴于海盗有限的文化水平，密码实际上很容易被破解。更复杂的密码会采取一切手段来阻止频次的统计，包括在消息中切换代码，消除双元音和双辅音，单纯不使用字母“e”等。香农为罗斯福测试的密码以及为罗斯福工作的图灵机，都更复杂。但是最后，密码仍是可能被破译的，破解密码的根本也依旧如此，因为每条信息都基于人类通信的基本现实。它总是包括冗余的成分，通信使人变得可被预测。

这就是经验丰富的密码破译员的直觉，香农在信息理论中确立了这一点，即能够实现密码破译是因为我们的信息量并不多，远少于完全不确定的情况。可以肯定的是，香农在信息理论方面的突破，不是由他在密码学方面的研究而驱动的，他对信息的思考要早于他对密码的思考。实际上，在他知道他要作为密码破译员为美国政府服务数年之前，他就开始了对信息的研究。同时，他对信息以及对密码的研究都是由单一源开始的，即他对消息未经检测的可统计属性的兴趣，以及他对掌握这种本质可能会拓展人类通信能力的直觉。他后来解释道："我写（信息论论文），某种程度上是为了证明我（在密码学上）花费的时间是合理的，至少在我脑海里是这样的……但它们存在密切的联系。我的意思是它们是非常相近的事物……人们有时候试图隐藏信息，而其他时候又试图传递信息。"

用香农的话来说，信息的冗余特征使得破解密码成为可能。密码史学家戴维·卡恩曾经这样解释道："大体上，冗余是指在信息传递的过程中，实际传递的信号会超出实际需要的信号。"信息解决了我们的不确定性，而冗余就是信息中不能给我们提供新信息的部分。无论何时只要我们能够猜测出下一步会发生什么，我们都会面临冗余。字母也可以是冗余的，因为字母"Q"之后几乎总是跟随字母"U"，而字母"U"不能向我们传递关于自身的信息。我们通常可以摒弃它以及其他更多字母。正如香农所说的："MST PPL HV LTTL DFFCLTY N RDNG THS SNTNC（它的意思是，大部分人在阅读这句话的时候都毫无难度。）[①]"

单词可以是冗余的，"the"的出现几乎永远是出于语法需要，

---

① 这段话完整版应为"Most people have little difficulty in reading this sentence." 去除冗余单词后变为"MST PPL HV LTTL DFFCLTY N RDNG THS SNTNC"。——译者注

是否有该词并不影响我们的理解。用密码藏宝的海盗倘若更聪明，就应当去掉消息中冗余的词语“the”或者“；48”，很显然勒格朗先生就是由此入手破解密码的。全部的信息也可以是冗余的，在那些关于抛硬币的例子里，我们事先不知道答案，但是我们如果一直说，就说不出新的信息了。在香农对信息的理解中，冗余的符号包括每一个字母、单词或句子，只要它们不影响所传递的信息的含义。

当他的近似文本变得越来越像英文，它们也就变得越来越冗余。倘若这种冗余超出我们检查自由与否的规则，这也是由相互交流的实际情况所决定的。每种人类语言都高度冗余。根据信息论专家冷静的观点，我们所说的大部分内容，无论是惯例还是语法，乃至习惯，可能都没有实际意义。在香农的信息论中，他认为世界上英语的文本量在毫不影响信息内容的情况下，可以减半。他说：“当我们书写英文的时候，写下的一半词语都受到语言结构的限制，而另一半则是自由选择的结果。”后来，他对冗余成分的预估上升到80%，只有20%的单词承载了实际信息。

香农指出，我们应该庆幸语言的冗余度没有更高，否则我们就不会有填字游戏了。在零冗余的状态下，RXKHRJFFJUJ可以成为一个单词，“在该种语言中，或者在任意两维字母组成的填字游戏中，任何字母序列都是合理的”。当冗余程度变高的时候，可能存在的次序就变少了，潜在交叉点的数量也变少了。倘若英语变得更冗余，那么我们几乎不能用它制作字谜了。在另一方面，香农猜测到，倘若英语没这么冗余，填字游戏就会发展为三维空间的游戏。

香农判断我们的语言冗余度会增长，他跳出“密码学中已知的某种结果”，模糊地写出密码。他留下的线索提醒了大家，他关于密码编写的重要成果《保密系统的通信理论》直到 1948 年仍是绝密的。香农可以更公开地讨论其他的可参考源，其中一个是关于雷蒙德·钱德勒的。

一天晚上，香农拿起一本钱德勒的侦探小说《午街取货》，快速翻到任意页——在那段时间里他常常这么做。他的任务是将文本一个字母一个字母地拼出来，而他助理的任务则是猜测下一个可能的单词，直至她猜对。当他们拼到“A S-M-A-L-L O-B-L-O-N-G R-E-AD-I-N-G L-A-M-P O-N T-H-E D”时，她立刻精准地猜到接下来的字母为 E-S-K。

这里的关键不在于助理精准的预测能力，任何英语读者在相同的情形下都能具有这样的洞察力，读相同句子的时候受到同样无声的规则束缚。当阅读者读到 D 的时候，她已经明晰 E-S-K 是必须遵循的规则，倘若我们使用的语言允许我们一旦达意即刻停止，那么我们读到 D 足够了。冗余更是如此，当一段话开头为“一个小小的椭圆形的阅读灯在”（a small oblong reading lamp on the），那么它之后只可能跟着两个字母，一个正如你猜测到的“D”，另一个就是“T”。在零冗余的语言中，助理有 1/26 的机会猜到下一个可能的字母，所以下一个字母能够提供很大的信息量。而在现实的语言交流中，她可供选择的范围更接近 1/2，字母承载了更少的信息。更进一步说，《牛津英语词典》罗列了 228 132 个单词，在词典编纂的 20 册中，香农拼出的短句之后极有可能是两个单词，“办公桌”（desk）或“桌子”（table）。一旦雷蒙德·钱德勒使用了“the”，他就把自己逼到了一个死角。这并不是说他有任何错误，我们在写作、说话或者唱歌的时候，都会使自己被限定在一定的范围内。

理解了冗余，我们就可以有意识地操纵它。这就好像早期的工程师试图利用蒸汽和热量玩把戏一样。

当然，几个世纪以来，人们一直在尝试利用冗余进行反复试验。当我们做速记的时候，起外号的时候，发明术语来压缩大段话语（“面朝正前方，船的左手边”）至某特定用语（“左转舵”）的时候，我们都会删除冗余的部分。而当我们强调“单词 Victor 中的 V”来使表意更明确的时候，当我们拐弯抹角地描述一些显而易见之事的时候，甚至当我们重复自己的话语的时候，我们都在制造冗余。但恰恰是香农将我们这些行为背后的概念完整地揭示了出来。

在信息时代的基础上——一旦电线和微芯片被分离，一旦码流 0 和 1 被分开，我们就会发现香农的两个基本通信定理。它们合在一起说明了我们处理冗余的两种方式：删减冗余或者制造冗余。

首先，发送一条信息可以有多快？香农表示，这取决于我们可以从中挤出多少冗余。最高效的消息实际上很像一串随机文本，每个新符号都尽可能多地提供信息，因而它足够令人难以预测。没有一个符号会是多余的。当然，我们想要接二连三地发出消息，无论是通过电报还是电视广播，确实一直都在“浪费”信号。所以我们通过给定的频道进行交流的速度取决于如何对消息进行编码，如何尽可能紧凑地包装、传输。香农第一定理证明，每个信源都有最大密度值。当每个符号都在告知新信息的时候，我们便达到了通信的极限。而且，由于我们已经拥有明确的信息衡量标尺比特，我们便能知道消息在到达精确的奇点前会被压缩到怎样的程度。单位比特和单位米以及单位克能够比肩而立，信息拥有物理单位，是一件非常美好的事情。这证明了通信的效率不仅取决于通话媒介的质量、电线的厚度或者无线电信号的频率范围，而且取决于信息本身可测量、可压缩的能力。

那么，接下来的工作即是源编码，由此我们可以建立可靠的系统，从源头上消除人为造成的冗余信息，并在目标端重建它们。香农与麻省理工学院的工程师罗伯特·费诺一起，在这一领域推进了重要的一步；在他的著名论文发表之后，香农又写了一篇百科全书式的文章，来阐释单纯的冗余删减编码是可行的。他说，这取决于消息的统计属性，即取决于电视屏幕上白色像素恰好在白色像素旁边的概率，或者取决于字母、两字母组合和三字母组合的频次，它们使随机生成的片段越来越趋近于英语。假设我们的语言只有 4 个字母：A、B、C 和 D。假设这种语言与其他语言一样，随着时间的推移而变得模式化。历久经年，一半的字母变成了 A，1/4 变成了 B，C 和 D 各占 1/8。如果我们想通过码流 0 和 1 的电波传输一则由这种语言构成的信息，那么我们所能使用的最优代码是什么？

也许我们可以选择明显的解决方案，使每个字母获得相同的比特数。对于由 4 个字母组成的语言，每个字母需要 2 比特：

A = 00

B = 01

C = 10

D = 11

但是我们还能做得更好。实际上，当传输速度成为如此有价值的商品（想想有什么事情是你不能用拨号调制解调器做的），我们必须做得更好。倘若能够记住这种特殊语言所表示的数据，我们就能做到。这仅仅是为了给最通用的字母配上最简单的比特，给最不常用的字母使用最繁复的字符串。换句话说，最“不令人吃惊的”字母被编码为最少数量的比特。香农建议，我们可以试试这种代码：

A = 0

B = 10

C = 110

D = 111[①]

为了证明这种代码更有效率，我们可以将每个字母的比特数乘以每个字母出现的概率，得出每个字母的平均比特：

$$(1/2)\times 1+(1/4)\times 2+(1/8)\times 3+(1/8)\times 3=1.75$$

① 为什么不用 11 表示 C？倘若这样做，我们几乎不可能准确地解码多符号信息。例如，1110，既可以表示“CB”，又可以表示“DA”。

使用第二种代码传递的消息不那么冗余，与设定每个字母为 2 比特相比，我们可以将更小的 1.75 用来表示理想值。事实证明，在这种四字母的语言中，1.75 是一个特殊数字，它也表示每个字母所传递的信息量（以比特为单位）。接下来，我们已经达到了极限。对于这种语言来说，我们不可能撰写出更高效的代码。它已经尽可能地信息密集化了，没有浪费一个数字。香农第一定理表明，无论对多么复杂的信源，如音频、视频、电视和网页等，甚至是更复杂的信源，我们都可以用类似的方法进行有效压缩。

这种由香农和费诺开创的代码，后来被费诺的学生戴维·霍夫曼以及许多研究人员进行了改进。这些代码非常重要，因为它们极大地拓展了信息传递的范围。如果我们不能压缩信息，一个音频文件就需要耗费数小时才能下载完，流式传输网络视频就会缓慢得令人难以置信，而存储几小时的电视节目将需要一整个书架的磁带，而非一小盒光盘。因为信息可以被压缩，视频文件可以被压缩到只有原大小的 1/20。这种更快、更便宜、更大量的通信取决于香农认识到的可预测性，这种可预测性使信息内容可以被削减。自香农之后，信号得以轻装上阵，快速传输。

然而，也有威胁信号的因素。每个信号都会受到噪声的影响。每条消息都可能被腐蚀、失真或扰乱。最宏大的消息、最复杂的传递距离、最远的脉冲，也恰恰是最容易失真的。不久之后（并不是在 1948 年，但的确是在香农及其贝尔实验室同事的有生之年），直到噪声问题得到解决，人类通信才到达了其雄心的巅峰。

这就是香农第二基本定理的任务所在。与他的第一定理不同的是，第一定理只是暂时将噪声从方程式中消除了，而第二定理假设了一个逼真的噪声世界，同时它向我们展示了，在这个世界中精确性与速度的范围。了解这些范围不仅需要调查我们想要表达什么，而且需要了解表达的方式，即发送信息的信道的质量——信道到底是电报线路还是光纤电缆。

香农的论文率先定义了信道容量的概念，即信道每秒所能精确传输的比特数。他证明了信道容量及其他两种特性（频宽，或者信道所能容纳的频率范围；信噪比）之间的精确关系。奈奎斯特和哈特利都探索了容量、复杂性以及速度之间的权衡关系，但正是香农用最精确可控的形式表达了这些关系。关于信道容量的突破性事实，不仅仅是它可以占据更大的比重或更小的比重。精确通信有一个硬上限，即比特每秒钟的"速度极限"。这一极限很快被命名为香农极限，一旦突破这一点，精确性就会受到影响。香农为之后的每代工程师都设立了一个目标点，这也是一种使其了解自己是否在做无用功的方式。从某种角度来说，他也给予了工程师们自汤姆森时代和跨大西洋电缆之后所追寻的方程式，这一方程式使信息和媒介被置于相同的规则之下。

这样的发现本已足够重大，但似乎接下来的这一步更堪称奇迹，令众人不可思议。在信道的速度限制下，我们能够尽可能地使消息精确化，无论出于什么目的，我们都能使之十分精准，不受噪声干扰。这是香农最深远的见识，在他想到这点之前，费诺称之为"不可思议的，没人想到的"。

一个世纪的常识都在告诉我们噪声是不可摆脱的。大体上，自从怀尔德曼·怀特豪斯烧毁了水下电缆起，降低噪声的手段几乎从未变化过。人们的常识认为，传递信息就像传输电力一样，最佳答案仍是既昂贵又不稳定地增加电力，像之前一样，为应对静电干扰而提高输入的声音，或者为提取更大的信号而毫无理性地加强信噪比。

香农对完全精确性[①]的承诺是史无前例的。对于工程学教授詹姆斯·马西来说，正是这一承诺使香农的理论成为“哥白尼式的”理论，哥白尼式的意义在于他站在了“显而易见”的对立面，彻底革新了我们对世界的认知。正如太阳“显然”围着地球转一样，关于噪声的最佳答案“显然”必须与通信的物理信道、马力和信号强度有关。香农提出了令人不安的反常识的观点：忽略物理信道，承认它的局限，我们可以通过控制信息来克服噪声。噪声的解决方案不在于我们说话的声音有多大，而在于我们怎样说出想表达的内容。

不景气的跨大西洋电报运营商是怎样试着对抗信号腐蚀的呢？他们仅仅是在不断地重复“请重复”“请说得慢一点”“对对”。实际上，香农表示，爱尔兰和纽芬兰困窘的电报员本质上是对的，他们已经在不知不觉中解决了问题。如果他们读过香农的文章，他们可能会说“请增加冗余的部分”。

从某种程度上来说，这已经十分明显了，在嘈杂的房间里两次诉说同样的事情是制造冗余的做法，其未经说明的假设是，同样的错误不可能连续两次出现在相同的地方。虽然，对于香农而言，它还不止如此。语言的可测性、我们对获取最大信息量先天的失误，实际上最有力地保护了我们免于出错。回想前面的内容，你读到语言的结构否定了我们完全自由选择“下一个字母和下一个菠萝”的

---

① 更准确地说，含有“小到不可分割的”程度的错误，是极小程度的我们可以接受的误码率。

权利。一旦你读到了“菠萝”，说真的，一旦你看到了“p”，你就知道有什么地方出错了。你已经发现了（很可能已经改正了）一个错误。你这样做是因为，即使没有掌握数据，你也已经先行掌握了英语的统计结构。直觉告诉你，单词“菠萝”能使句子和段落通顺的概率比中乐透的概率还低。语言的冗余为你修正了错误。另一方面，想象在“XFOML”式的语言中找到错误是多么困难，这种语言中每个字母出现的概率都是相同的。①

接下来，对于香农而言，关键仍在代码之中。他表示，我们必须能够编写出一种代码，在这种代码中，冗余就像是保护盾：这种代码不存在不可缺少的比特，因此代码的任意比特都能够吸收噪声的损害。当我们再次想要发送由字母A到D组成的消息，这次我们不再关心被压缩的信息，而是更关心能使之安全通过有噪声的信道。我们可以通过尝试用最懒的代码开始：

A = 00

B = 01

C = 10

D = 11

① 卡恩用一个有用的思想实验说明了这一点。想象任意4个字母组合的语言，从“aaaa”到“zzzz”，都有对应的表达，那么会有456 976个这样的组合，这足以说明英语字典中的每一个单词。但是倘若任一字母组合都是有效的，识别错误就变得更加困难。“含义可能为‘来’（come）的“Xfim”转变为“xfem”，即可能表示‘去’（go），不含冗余也不存在预警。”相反，普通语言不仅得益于上下文的冗余（这使得上文的“菠萝”根本不可能出现），而且得益于不含信息量的字母的冗余。莫尔斯电码中点的丢失会导致“individual”（个体）变为“endividual”，但这种错误很容易被发现。大部分英语单词发件人在无意中都可能出现类似的错误。

相比于静态大气干扰或者信道的物理损伤，噪声所制造的最糟糕的事情是伪造比特。发送者说的是“1”，而接受者却听到了“0”，反之亦然。所以，倘若我们使用这种代码，单一比特带来的错误可能是致命的。倘若只有一个比特代表 C 时，它出现了问题，C 就会在信道中消失，它也可能以 B 或者 D 的形式出现，而接收端并不够智能。这样两次故障就会导致“DAD”变为“CAB”。

但是正如人类语言直观地、自主地解决了同样的问题，我们可以通过增加比特解决这种故障。我们可以使用如下的代码：

A = 00000

B = 00111

C = 11100

D = 11011

现在任何字母即使对任意比特造成了损伤，也可以被识别而不至于被误会成其他字母。假使出现两个错误，事实可能就会变得模糊不清，比如 00011 既可能是出现了一个故障的 B，也可能是出现了两个故障的 A。但是要出现 3 个错误，才可能使一个字母完全变为另一个字母。新代码相比于老代码更能抵抗噪声，要比简单的重复更有效率。我们并未强制要求通信媒介做出任何改变，不需要在拥挤的房间里大声叫嚷，不需要将火花线圈绑在电报上，也不需要将电视信号向天空发射两次。我们只需要更智能的信号。

只要遵循信道对速度的限制，精确性就不会受到影响，任何量的噪声都不会影响声音的接收。是的，克服更多错误，呈现更多特征，要求更复杂的代码。所以可以将压缩代码和抵抗错误的优点结合起来，尽可能有效地缩减消息，增加必要的冗余以确保精确性。编码和解码仍然能够在效果和时间上明确成本。但是香农的证明是这样的：总会有一个答案，并且答案是数字的。在这里，香农完成了他 11 年前开始写论文、研究开关时的想法。1 和 0 能够运行一整套完整的逻辑。1 和 0 代表了信息的基本性质，是从一套两组之中做出的平等选择。现在一切变得明显，任何信息都可以被毫无错误地传送，只要被翻译为 1 和 0，我们就可以在任意距离与任何人交流任何复杂程度的事情。逻辑是数字的，信息也是数字的。

所以每条消息都与其他消息存在联系。“直到那时候，每个人都认为通信包括试图找到传递书面语言、口头语言、图片、视频以及各种事物的方法，这一切都要求不同的通信方式。”香农的同事罗伯特·加拉格尔说，“香农说不是这样的，你可以将它们都转化为二进制数字，然后你只要找到传递二进制数字的方法就可以了。”你可以将任何消息编码成一串比特流，这既高效又可靠，而无须知道它们的来源。正如信息论专家戴夫·福尼所说的：“比特是通用的接口。”

随着时间的推移，《贝尔系统科技期刊》一篇长达 77 页的论文所阐述的想法，将会催生一个数字的世界：卫星通过二进制代码与地球通信，光碟即使有污迹和划痕（因为存储容器只是另一个信道，而划痕只是其中的另一种噪声），仍可以播放音乐，世界上的信息被提炼存储在 2 英寸长的方盒里。

最后，虽然香农证明了代码必须存在，但他和其他人并不知道它们的形式是什么。一旦他的研究热情逐渐消退，随之而来的缺点必然会主导香农和他的理论，哪怕他创建了一个新的领域，并且一举解决了该领域的大部分问题。要发现这些代码需要多长时间？一旦发现了这种代码，它们会使得一切变得更实际，还是仅仅降低了胡乱应付的成本呢？这一项特殊的工作，充满了想象的语言、没有含义的消息、随机的文本以及宣称包含和解释了每个可能发送的信号的哲学，它能够不只是优雅的理论吗？每个工程师都可能会略带遗憾地质疑：它能够实际运作吗？

然而，从完全不同的角度来看，又出现了一系列其他问题。据说 1940 年，香农与普林斯顿高等研究院的冯·诺依曼的一次对话无意中被他人听到了，那时候香农正挣扎在失败婚姻的泥沼中，刚刚把他的理论串在一起。香农向这位伟大的科学家陈述了他对信息的理解，他认为“信息解决不确定性”的问题应当成为工作的核心；同时，他谦逊地向诺依曼请教了一个问题：他应当如何命名这种情形？冯·诺依曼立刻说：信息减少了“熵”。除了这是一个合适的、坚实的物理词语，他继续说：“最重要的是，没有人知道这个熵到底是什么，所以在辩论中，你总是具有优势。”

几乎可以肯定的是，这次对话根本没有发生过。但是伟大的科学往往会催生属于自己的传说，这个故事几乎与香农的论文是同时存在的。它不断在研讨会上、讲座中和书本里被提及，以至当香农出现在会议上或接受采访时，他不得不用惯常的大笑来回应它。这个故事被一再提及，正如我们在本书中再次说到它一样，这仅仅是因为信息和熵之间的关联性是如此具有暗示性。[①]一方面，它确实满足了香农论文研究的需要；另一方面，这种模糊的想法所暗示的事实比作者本人认为的更深刻。

没有人知道熵到底是什么。这种说法有点儿夸张，但是毕竟熵的含义包括了太多的内容，几乎和信息一样复杂，有些听起来很科学，而另一些则不然。它曾表示蒸汽机无力继续运作，也曾表示热力和能量的消耗，指封闭系统中的每一部分无法抗拒地退化为毫无价值的部分。它还有一种更简单粗暴，却更容易引起共鸣的解释是，表示趋于失序、混乱的状态，是与运行状态相悖的初始混乱。詹姆斯·格雷克将之简洁地概括为“有机体组织”。他继续说道：

> 我们整理邮箱，堆砌沙堡，解锁拼图谜题，从麦子里筛出谷糠，重新布局棋子，收集邮票，按字母顺序排列书，创造对称性，编写14行诗和奏鸣曲，收拾我们的房间……我们有条理（这不仅因为我们是人类，还因为我们是活生生的存在）。我们扰乱了均衡趋势。试图对这一过程进行热力学分析是可笑的，但是称我们一点点减少了熵，并不荒谬。一点点，一点点地减少了混乱。

① 香农在论文中清楚地解释了信息和熵的关联。但是早在1929年，匈牙利物理学家利奥·西拉德就首次提到了信息与物理学之间的联系。简而言之，西拉德解决了物理热力学中一个古老的难题，热力学第二定律说熵会持续增加，但是倘若我们想象一种微观而智能的生物，詹姆斯·克莱克·麦克斯韦称之为“妖”，它试图通过将热分子与冷分子分离来减少熵，那么熵还会持续增加吗？这是否会违背第二定律？西拉德说并不会，确定分子种类的行为将会消耗足够的能量，从而冲抵了麦克斯韦妖试图存储的部分。换句话说，学习关于粒子的信息会消耗能量。然而当香农在1948年撰写他的论文的时候，他并没有读过西拉德的文章。

在追求这些秩序的同时，我们为世界呈现了相对较少的信息量，因为我们削减了能够被解决的不确定性的数量。从这个角度来看，人类通信的可预见性意味着更大规模的可预测性。我们所有人都是可预测性设备。我们将自己看作信息的不竭制造者和消费者。但是根据“香农熵”来看，情况刚好相反，我们正在从世界中吸取信息。

然而，我们做得并不成功：热力消散；长远来看的无序的增加；物理学家告诉我们熵永远在增加。在最大熵的状态下，所有的可预测性都将会失败，每个粒子都变得难以预测。而一切作为整体变成最富有信息量的信息，这不是用眼睛能够看出来的。

一个悬而未决的问题是：将信息比作熵，是一种错位的或者说毫无结果的类比，还是在谈论世界时多少能够引起共鸣的用语，抑或信息本身是物理学家也能够欣赏的根本原则呢？当粒子由一种状态跃至另一种状态时，它们与开关、逻辑、0 和 1 的码流，以及肉眼无法分辨的戏法有相似之处吗？或者可以这样说，信息的特性是我们强加给世界的吗？它仅仅是消息与机器的副产品，还是它本身就一直存在于世界，只是被我们发现了呢？

这些问题只是在香农的理论被发布之后，一部分引人注目的问题。香农本人，甚至是在使用这个充满引诱性的术语或者比喻“熵”来称呼它们的时候，都对这些问题置之不理。他所指的熵是一种消息、传播、通信和代码的理论，这就足够了。“你知道我的兴趣所在。”

但是在他坚持这一点的时候，他违背了一个更久远的人类习惯——我们趋向于用工具的形象来重新构思宇宙。我们发明了钟表，由此发现世界是像发条一样运转的；我们发明了蒸汽机，由此发现世界是一台不断处理热量的机器；我们发明了信息网络，包括转换电路和数据传输，以及连接各大洲的50万英里的海底电缆，由此发现，世界以这样的形象而存在。

第 17 章　信息论史上的里程碑

他会活着看到“信息”由一种理论的名称变为一个时代的名称。《科学美国人》数十年后将香农 1948 年的论文称作“信息时代的大宪章”，这一名称的后半部分比前半部分更证明了他的影响力。一种对他典型的赞美是，“没有克劳德的付出，我们所知道的互联网就不可能被创造出来”。诸如此类的还有：“对文明的重大贡献”“解决不同科学领域问题的通用线索”“我每年都会再读一遍，始终充满着赞叹。我确信每次读它，我的智商都会得到提升”“我知道，技术思想史上没有比之更具天分的作品了”。

但是 1948 年，香农还没有收获这么多赞誉之声。当时，信息论的重要性只有少数通信工程师和数学家才能够理解，也仅仅刊登在技术期刊《贝尔系统科技期刊》上。这说明了香农的思想《通信的数学理论》中的力量和说服力走出了实验室，甚至工程领域，而赢得了广泛的关注，在不足 10 年的时间里它成为一种国际现象。颇具讽刺意味的是，香农曾试图阻止这一状况的发展，却发现一切都是徒劳的。

在香农论文出版后的几个月里，爆炸性的文字传遍了通信工程师们的社群。信息论专家 R. J. 麦克利斯写道：“当然，在 20 世纪

40年代，香农并不是在与世隔绝的状态下工作的，他的研究成果如此惊人，以致当时的通信领域专家都难以理解它们的重要性。”显然，这些成果将重塑这一领域。香农的论文迅速成为其他领域的开端，这在学术上相当于获得了雷鸣般的掌声。到11月，仅仅在香农第二部分成果发表的一个月之后，它就催生了两篇衍生论文，它们通过他早期的思想棱镜来探索脉冲编码调制的优势。从那之后，很快有5篇其他文章试图直接与香农的研究产生联系。

因此，从《贝尔科技系统期刊》数量不多但颇为忠实的读者群开始，信息论的新闻在数学世界和工程世界中激起千层浪。它尤其激起了一名读者瓦伦·韦弗的兴趣，他后来成为香农最重要的推广者。他是洛克菲勒基金会自然科学分会的会长，也是美国科学和数学研究的主要赞助者之一。

在桑顿·弗赖伊和范内瓦·布什的支持下，韦弗在更早的时候就与香农有了接触，他在战争期间给予了香农一份研究火力控制的工作。之后，他在香农的职业发展中扮演了更关键的角色，在他的助推下，著作《通信的数学理论》得以出版。这本书对信息理论发展的贡献是一篇技术期刊所不能及的。

香农和韦弗于1948年秋相遇，并一起讨论了这一理论。韦弗可能过度热情了，他预见了信息论可能会帮助计算机即时将苏联的文件翻译成英文，并对抗冷战。受此启发，他向洛克菲勒基金会的会长切斯特·巴纳德盛赞香农的研究。1949年年初，韦弗向巴纳德寄送了他对《通信的数学理论》通俗的解读。

近年的历史研究认为：“韦弗是在偶然间成为香农信息论的阐释者的。”确实是偶然，倘若不是伊利诺伊州立大学研究生院的院长路易斯·里德尔和该校通信研究所的所长韦尔伯·施拉姆两人的介入，韦弗的备忘录很可能仍在另一封被遗忘的跨学科的书信中或者成为某篇期刊上的未读文章。

20世纪初，里德尔一直在从事关于物理学和地缘政治丰富的交叉领域的研究。在第二次世界大战期间，他曾在著名的麻省理工学院辐射实验室工作，这个实验室更为人知的名称是辐射实验室。辐射实验室起初雄心勃勃，它的目标是努力完善大规模生产的雷达技术以击败德国空军对英国的轰炸。它也曾拥有神秘的起源，它的赞助者是实力雄厚的百万富翁金融家、律师、自学成才的物理学家阿尔弗雷德·李·鲁米斯，这个研究室最初完全依赖鲁米斯本人的资金运转。它研发出了主要用于识别德国U型潜艇的雷达系统，实验室的科学家和技术人员网络后来成为曼哈顿计划的核心成员。正如实验室主任李·杜布里奇之后的嘲讽，“雷达赢得了战争，而原子弹结束了它”。这便是斗士的物理世界。

韦弗因为公务到伊利诺伊州立大学香槟分校的时候碰到了里德尔，他要去调查洛克菲勒基金是否应该赞助这所大学的一个生物学项目。他将自己解读的香农论文的副本拿给里德尔看。而后，里德尔又将这一草稿传阅给了施拉姆，施拉姆是伊利诺伊州立大学最杰出的明星学者之一，他的传播研究所为传播学成为正式的学科奠定了基础。据说，首位传播学者施拉姆建立了当今世界著名的艾奥瓦作家工作室，它对于罗伯特·潘·沃伦和玛丽莲·罗宾逊这样的作家来说是家一般的存在。

从某种程度上来说，传播领域是施拉姆所做的一个颇具讽刺意味的选择。童年时期拙劣的扁桃体切除术导致他成为严重的口吃患者，这让他十分尴尬。作为高中毕业典礼上的学生代表，他选择了吹奏长笛而不是发表演讲。尽管说话困难，但他仍以最优异的成绩从玛丽埃塔学院毕业了，并成为美国大学优等生荣誉学会的一员。而后，他又在哈佛大学获得了硕士学位，在艾奥瓦大学完成了他美国文学的博士学位。在此期间，他还在艾奥瓦市著名的口吃诊所接受治疗。

施拉姆的众多学术分工包括负责伊利诺伊州立大学出版社，也包括在里德尔的鼓舞下出版了《通信的数学理论》，从而使普通大众有机会接触到这本著作。他与里德尔的目标人群是那些有经验的机构构建者。施拉姆的研究所为“传播学研究”这一新兴领域寻求任何形式的公信力。而对于里德尔而言，他知道伊利诺伊州立大学正在围绕是否购买电脑进行争辩，而由这所大学出版一卷以香农和韦弗为主的书，将完美地补充“媒体界的电脑制造者系列丛书”。

不管动机如何，这本书问世了。按照大学出版社公认的最低标准出版后，这本书带来了巨大的成功。1949 年被首次推出后，《通信的数学理论》在印刷的头 4 年里售出了 6 000 册；1990 年，它已经售出了超过 51 000 册，这使它成为大学出版社出版的最畅销的学术书之一。这本书最终包含一部分香农的作品和两部分韦弗的解释，第一部分是香农 1948 年的原版论文，第二部分和第三部分是韦弗尽可能地使用通俗的语言对香农的理论进行的解读。这本书的架构使韦弗无意中成为这一理论发展的关键贡献者。几十年来，评论家和观察者提及信息论时，都会说“香农 – 韦弗”理论，甚至更进一步将韦弗称作该理论的联合创始人之一。韦弗并没有放任这种不准确的说法。他很快纠正了这种说法，他告诉里德尔：“没有人比我自己更清楚地认识到，与香农相比，我自身的贡献是微不足道的。”

他只需要解决一个小争论：因为他所著的部分实际上是对香农研究的介绍，所以它们应当被放在书的前一部分：

> 首先，我要发表一则简短的声明（也许由我自己来说是最恰当的）以表达我的歉意，请原谅我微不足道的论述率先出现在书里。我在书里解释了这样排序的合理性，同时我也在此表达强烈的愿望，即希望所有人都能够被引导去研究这本书真正严肃而重要的部分。

但无论如何，无论是有意为之还是机缘巧合，施拉姆和里德尔的初衷最终都得以实现。1952 年，伊利诺伊州立大学成功地购买了第一台数字计算机，同时也获得了一份关于“传播学”研究的美国联邦大型合同。

《通信的数学理论》的出版是信息论史上决定性的时刻之一，而不仅意味着它在商业上的成功。甚至它的标题也传递着重要的消息，在一年的时间里，香农最初的“通信的一种数学理论”（A Mathematical Theory of Communication）成为权威版的“通信的数学理论”（The Mathematical Theory of Communication）。正如电气工程师和信息论专家罗伯特·加拉格尔所指出的，在这篇文章的基础上，它由技术期刊上几篇文章中的一篇变为一本书的核心部分，其中微妙的变化显示了其至高无上的地位。它代表了科学界越来越认识到香农的理论是独一无二的。

第 18 章　杜博的批评

科学发现的诅咒之一是它们常常被误解或者彻底摒弃。查尔斯·达尔文的地质学老师，著名的亚当·塞奇威克在《物种起源》出版后写信给他的学生："读你的书，我感受到的痛苦要大于喜悦。我非常赞同其中的某些部分，但也有些部分令我笑到浑身酸痛，还有的部分令我感到非常遗憾，我认为它们错得离谱、读来无益。"西尔维娅·娜萨曾经撰写过有关约翰·纳什获得诺贝尔奖的作品《博弈论》的文章，她评论他的观点："起初似乎太简单而并没有什么意思，太狭隘而没有广泛的实用性，而之后，非常明显的是，这一发现几乎是不可避免的。"科学革命总是伴有反对的声音。

香农的研究也遭受了冷言冷语。其中最主要也最有力的批评来自数学家乔瑟夫·L. 杜博。他在 3 岁的时候从美国中西部搬到纽约市，很早就被认为是十分聪明的孩子，他就读于纽约菲尔德斯顿文理学校。这所学校在当时非常独特，虽然学校的创始人十分激进地认为穷人应当接受最高水平的教育，但学校的学术声誉也吸引了富人。20 世纪，它培养出了像马文·明斯基这样的校友，他是人工智能的先驱，也是香农日后的同事；它也培养出了原子弹之父 J. 罗伯特·奥本海默。

在那之后，杜博离开了哈佛大学，据说这是因为他对那里数学课缓慢的进度感到失望。他同时选修了二年级和三年级的微积分课程，并表现突出。杜博与他的许多同学不同，他坚信自己将来要成为一名数学家。自他还是一名年轻的数学家时起，他的信心就已经体现在他所尝试的工作规模上了。他于1953年出版的关于概率论的书有800页，被认为是自19世纪以来这一领域最有影响力的著作。

他的信心也以另一种方式体现出来，杜博对任何在他看来不严谨的想法都会提出激烈的批评。这就导致他常常被看作在故意找麻烦。当被问到为什么一开始就对数学感兴趣的时候，他回答道：

> 我总是想弄明白我在做什么，我为什么要这样做，我常常是一个令人讨厌的人，因为当我听到或读到的东西与字面上的意思不符时，我总会提出反对意见。那个注意到皇帝并没有穿衣服且大声说出来的男孩，一直都是我的偶像。数学似乎匹配了我的哲学，这是一个错误，因为我忽略了数学是由人类创造的事实。

他是一位尖锐的评论家。朋友们回忆道，他的尖酸往往伴着幽默。有一次，他和一名同事罗伯特·考夫曼陷入了一场激烈的争论，即是否应该要求学生读古典文学。“罗伯特认为这非常重要，而杜博的观点则截然相反。罗伯特厌恶地说：‘哦，上帝啊！’乔则冷静地回复道：‘不必夸张，叫我教授就好。’”

最重要的是，杜博宣称应当忠于纯数学“纯粹而精深”的世界。倘若应用数学本身关注的是具体问题，那么纯数学则有其自身存在的价值。它的基本问题不是“我们应当如何加密电话通话”，而是“是否有无穷多的孪生素数”或者“是否所有为真的数学陈述都有证据”。这两派的分歧有深厚的渊源。历史学家卡尔·波耶将之追溯到了柏拉图，他认为纯计算适用于商人或者将军，他们“必须学习数字的艺术，否则他们就不知道如何管理自己的队伍”。但是哲学家必须研究高等数学，“因为他们必须从变化的海洋出发，探寻事物的本质”。几何学之父欧几里得是一位自命不凡的人，“有一则关于他的故事，当他的一名学生问他几何学的用途时，他让他的奴隶给了学生 3 便士，‘因为他必须学有所得’”。

更接近我们时代的 20 世纪的数学家 G. H. 哈代曾写过有关什么是纯数学的初稿。《一个数学家的辩白》是“数学本身的宣言”，它有针对性地从苏格拉底面对资本的论点中借鉴了标题。对于哈代来说，优雅是数学本身的目的。他坚持认为：“美是第一重考验，丑陋的数学在世界上没有永恒的位置。”那么，数学家就不应当是单纯解决实际问题的人。他应当“像画家或者诗人一样”，是一种模式的缔造者。倘若他的模式比其他人的更持久，那是因为这些模式是应运想法而生的。相比之下，普通的应用数学是“无趣”、“丑陋”、“微不足道”和“最基本的”。

正是那些纯数学家鄙视冯·诺依曼的博弈论研究，与其他事物相比，他们把它称作“仅是一时之热”和“下等之物”。同样的群体也会对纳什做出同样的评判，就像杜博反对克劳德·香农一样。

作为美国领先的概率理论家，杜博已经做好了批评香农研究的

工作。他的批评被发表在1949年的《数学评论》上。在简要地总结了香农论文的内容之后，他用一句话来讽刺这些内容，这句话多年来一直激怒着香农的支持者："文章中的讨论带有彻头彻尾的主观性，并未遵循数学的法则，而且也没有明示作者进行数学研究的动机是否崇高。"根据学术评论的权威评价标准，这是一种对作者的中伤，相当于黎明前的决斗。

近40年之后，采访者安东尼·利弗西奇再次提及杜博对香农的批判：

利弗西奇： 当《通信的数学理论》出版之后，某位数学家发表了义愤填膺的评论，指责您的数学研究具有欺骗性，因为他说，您的结论没有通过精确的数学法则证明。您认为这种观点愚蠢吗？或者您认为"我应当更努力地研究以回应他的批评吗"？

香农： 我不喜欢他的批评，他并没有认真阅读我的论文。你可以一行一行地列明每一步的推论，或者，你也可以假设读者能够明白你在说什么。我非常自信我是对的，不仅仅是依赖直觉，而且是经过了严谨的推论。我非常清楚我在做什么，书的结论非常正确。

香农通常觉得无须为自己辩解，换句话说，他肯定听到了杜博的批评。而且，香农完全意识到为了追求实用的目的，他必须忽略一些来自数学的干扰。重要的是，他在《通信的数学理论》中表明："在现有的分析中，偶然的自由伴随受限的过程出现，它们能够被证明一切都是为了实际利益。”这是有道理的，他的原始读者群是通信工程师，对于他们来说实用的研究动机与纯数学的研究动机同样重要。对于香农的支持者而言，杜博对他缺乏精确数学论证的批评有点儿像人们检验《蒙娜丽莎》画作后，指出它的木质相框有瑕疵。

讽刺的是，在杜博宣称这篇论文在遵循数学法则上有所欠缺时，工程师们却抱怨它数学性太强而实用性不足。正如数学家所罗门·格伦布所提出的："在香农论文面世的时候，一些通信数学家认为它过于数学化（一共有 23 条定理！），而且理论性太强，而一些数学家却批判它不够精确严谨。实际上，香农的直觉一直非常可靠，对真相有惊人的洞察力；并且，他给出了证明的提纲，其他数学家通过这些概要……能够精确地完成证明。”事后来看，这一难题可能并不是杜博对论文数学部分的误解，而是他不理解香农所运用的数学只是实现目的的手段。20 世纪 50 年代末，其他工程师和数学家跟随香农的脚步，补充了他的纲要，将他富有创造性且严谨的解释同时转化为纯数学的语言，以及数学性没那么强的工程师能够理解的语言。

杜博式的批评可能听起来刺耳，但是杜博这种身份的数学家读完了香农的论文，这种行为本身就体现了一种尊重的态度。1963 年，杜博和香农化解了他们的分歧。香农被美国数学学会邀请参加约西亚·威拉德·吉布斯讲座，这是该领域一大荣誉的标志。那天晚上的主持人，也是该学会的主席，在邀请谁来演讲这件事上一定发挥了作用，而他不是别人，正是乔瑟夫·L. 杜博。

第19章　维纳的控制论

一名作家认为，诺伯特·维纳是“美国的约翰·冯·诺依曼”，这种夸张的说法并不为过。

诺伯特·维纳出生于美国密苏里州的哥伦比亚，父母是犹太人，他的父亲一心一意地致力于将年幼的儿子塑造为一名天才。里奥·维纳拥有一家独特的个人图书馆，他还拥有独特的想法，在家中培养小诺伯特直至9岁。“我有充分的自由沉浸在父亲种类繁多、涉猎广泛的书籍之中。”诺伯特写道，“在某时期，我父亲对科学的兴趣涵盖了大部分能够想象到的研究对象。”

但是里奥的训练也是严厉的，甚至是残酷的，他剥夺了儿子正常的童年生活。在他的自传《昔日神童：我的童年与青年时代》里的一篇文章中，维纳回忆了他父亲的指示：

> 他会以一种简单的、对话式的口吻开始讨论，直到我犯第一个数学错误。然后那个温柔而又慈爱的父亲就会变成一名铁血复仇者……父亲大怒，我则泣不成声，我的母亲会尽己所能地保护我，但是她总是抗不过父亲。

有一次，医生要求小诺伯特停止阅读，因为他的视力已经再也不能承受额外的压力了。而里奥却决定，他的儿子哪怕不能阅读，也可以通过背诵的方式继续。即使医生的担心也不能阻止小诺伯特下定了决心的父亲，里奥自己会将内容讲授出来，而小诺伯特则需要记住每个单词和每种思想。

从纯粹的专业角度来说，高压式的教育带来了回报。维纳 11 岁的时候已经读完了高中课程。3 年之后，在他 14 岁的时候，维纳获得了塔夫茨大学的数学学位。从那之后，他在哈佛大学学习动物学，又在康纳尔大学学习哲学，最后回到哈佛大学拿到了数学逻辑学博士学位。那一年，他年仅 17 岁。他进入了数学的精英阶层，而他父亲期望儿子能实现的那种生活，也由此开始了。

尽管他在学术上获得了成功，但童年时的阴影仍清晰可见。作为一名年纪稍大一些的孩子，他身边的人比他年纪大得多，因而他遭受了冷酷无情的嘲笑与愚弄，这导致了伴随他终身的强烈的尴尬。他的样貌也使他容易成为被嘲笑的对象：他留着大胡子，戴眼镜，近视眼，皮肤红润，走路像鸭子一样，有着典型的刻板迂腐的学者形象。保罗·萨缪尔森沉思道："从任何角度来看，诺伯特·维纳都很另类。"汉斯·弗赖登塔尔回忆道：

> 从样貌和行为上来看，诺伯特·维纳都是一个怪诞的人，矮胖，而且近视，非常极端地杂糅了上述以及许多其他特质。他说话的语气充满了炫耀和蛮横。他是一名糟糕的听众……他会说很多语言，但哪一种都不好理解。他是一位出了名的糟糕讲师。

关于他的逸事遍布其他数学家的回忆之中，而且所有这些几乎都是人们背着维纳所写的第一手资料。有一则故事是这样的，维纳自以为到了家，笨拙地摸索出钥匙，却发现打不开门。他转向街道上玩耍的孩子们问道："你们能告诉我维纳家住在哪里吗？"一个小女孩回答道："爸爸，跟我走。妈妈派我来告诉你我们的新家在哪里。"

他对这一领域的贡献是广泛而深入的：量子力学、布朗运动、控制论、随机过程、谐波分析。他涉猎了几乎所有数学世界的领域。1948 年，他的简历上已经布满了闪闪发光的奖项和荣誉。维纳的合作伙伴与联系人名单也同样引人注目：范内瓦·布什、G. H. 哈代、伯特兰·罗素、保罗·莱维、库尔特·哥德尔……和克劳德·香农。

在麻省理工学院，香农选修了维纳的傅立叶分析课程。半个世纪之后，回想起他的研究生阶段，香农回忆维纳是"当我还是年轻学生时的偶像"。维纳在他 1956 年的回忆录中写道：香农似乎并没有对维纳表达过类似的印象，"在香农就读（于麻省理工学院）时期，他和我的接触相对较少"。尽管如此，他又补充道："从那以后，我们两个在不同的方向上平行发展，我们之间的科学联系大大拓宽、深化了。"

维纳是年长香农 22 岁的前辈，这也揭示了香农思想的先进程度以及他的研究的重要性。早在 1945 年，维纳就曾紧张于他们之中的哪一位会在信息论的竞赛中赢得声誉。他们的正式竞争始于1946年。

随着故事的发展，维纳对信息论所做的贡献的纲要手稿差点儿被人们遗忘了。维纳将这份手稿委托给一名研究生：沃尔特·皮茨，他将它放在由纽约中央车站到波士顿的一件行李之中。而皮茨忘了取回行李，当意识到这个错误后，他请求两位朋友去取这件行李。但他们忽视或者忘记了这个请求。直到5个月之后，手稿才被找到。它被贴上了“无人认领财产”的标签，被遗忘在寄放处。

维纳怒火中烧，这也是能够被理解的。他在给皮茨的信中写道：“发生了这样的事情，你的职业发展将与我再无关系。”他向一名行政人员抱怨这是“男孩子完全不负责任的行为”；他也向另一名教授说道：丢失了包裹，使他“错失了在某些重要工作上的优先机会”。他愤怒地说：“我的一名竞争者，贝尔美国电话电报公司的香农在我之前就发表了论文。”维纳的偏执并非没有由来，那个时候，香农已经在1947年哈佛大学和哥伦比亚大学的研讨会上汇报了他的研究细节。1947年4月，维纳和香农站在了同一个舞台上，这促使维纳写信给同事说：“这个贝尔人完全接受了我关于统计和通信工程的论文。”

维纳的贡献被记录在内容涉猎广泛的《控制论》一书中，它与香农的论文同年发表。如果说香农1948年的研究相对来说并未广为人知（至少起初是这样的），那么维纳控制论的概念则从一发表

便立刻引起了公众强烈的兴趣。“控制论”这个词是他从希腊语中的“舵手”一词中衍生出来的，它包含了“包括机器和动物在内的全部领域的控制和通信理论”。作为一本畅销书，这本书成功地俘获了非技术类读者。对这本书的溢美之词滔滔不绝，几乎达到了大部分作者终身追求的程度。约翰·普拉特在为《纽约时报》写的《一年书单，充实一生》中评论道：“《控制论》是20世纪最具影响力的书之一，被誉为‘开创性之作’，其重要性堪比伽利略、马尔萨斯、卢梭和穆勒的作品。”格雷戈里·贝特森是维纳最热心的支持者之一，他称控制论为“人类在过去的2 000年里智慧之树结出的最大硕果”。

维纳找到了一个十分令他满意的词语，称控制论是这一时代的“万用理论”。没有什么比维纳和香农对待宣传的态度而更令两者显得不同了。“从某种意义上讲，维纳做了很多努力推广控制论这一模糊的概念，它吸引了世界范围公众的关注，”斯坦福大学的托马斯·凯莱斯如是说，“但香农完全不是这样的个性。维纳喜欢向大众宣传，而香农一点儿也不在意。”

《控制论》的成功在数学家的小圈子中引起了一场优先权的辩论，他们想弄明白维纳或者香农在信息论上谁能居功。这也引起了一场争论，即维纳是否知道信息论意味着什么，因为在他的书中关于信息作为统计量的章节只占很小的一部分。

就成果本身而言，香农1948年的论文承认了维纳的思想，因为后者影响了他对通信的统计特征的观点。而随着对这一领域关注的增多，香农意识到，他在一些重要的方面与维纳并不相同。首先，香农坚持认为含义与信息的传输毫无关联，而这一点非常重要；而在维纳看来，信息是包含含义的。但是，他们的成果中最显著的差异可能在于对编码的分析，以及它能保护信息传输免受噪声干扰的能力，关于这一点，维纳并没有提及。受训练和兴趣的影响，香农作为一名工程师，以工程师的方式攻克了噪声的难题，他的《有噪离散信道的基础理论》正是通过编码使现代信息技术成为可能的起点。这是维纳的研究中所欠缺的关键部分，似乎这也是香农的支持者对维纳以信息论邀功嗤之以鼻的原因。正如后来的信息论专家塞尔吉奥·贝尔杜所说的："实际上，并没有证据表明维纳掌握了信息论的核心，即编码理论操作意义的概念。"

然而，20 世纪五六十年代，香农和维纳都更谨慎。两人都没有争论对方的观点，虽然他们常常参与同一个会议，在同样的期刊上发表文章，却并没有出现两者公然相互攻击的情况。但是到 20 世纪 80 年代，香农似乎得出了维纳并没有完全理解他的研究的结论："当我与诺伯特交谈的时候，如在 50 年代，我感到他一直不明白我在说什么。"在另一次采访中，香农则更直率："我不认为维纳与信息论有什么关系。他对我的观点并没有产生重要的影响，虽然我一度借鉴了他的用语。"鉴于香农一贯缺乏对这类交锋的兴趣，那些声明是很有说服力的。但在大多数情况下，他总是将争取声誉的行为留待他人。

相比于数学界长期存在争议的一般情况，比如戈特弗里德·莱布尼茨和艾萨克·牛顿关于微积分归属权的斗争，或者昂利·庞加莱和伯特兰·罗素对数学推理本质的争辩，遗憾的是，香农与维纳之间的竞争并没有像传记作家所期待的那样蔚为壮观，但这仍是香农故事中重要的一刻。香农给人的印象是一名无忧无虑的学者，是一名对自身的智力和声誉有着足够的自信，从而可以将他人的意见撇在一边的人。维纳的观点和贡献确实重要，但这不是因为香农担心谁能够或者谁不能够赢得声望。香农更关心的是他们的争论对信息论本身的实质影响，而非宣称信息论“所有权”的机会。说到底，声誉并没有精确性重要。

第 20 章　终身伴侣

1948 年，香农 32 岁了。数学界长期以来秉承的传统观念认为，30 岁是一道分水岭，年轻的数学家在这个年纪应当已经完成了最重要的工作。数学家对年龄的恐惧丝毫不亚于专业运动员。《约翰 · 纳什传》的作者西尔维娅 · 娜萨写道："对于大部分人来说，30 岁仅是青春期和成年期的直接分界线。但是数学家们一想到他们称数学为年轻人的游戏，就会觉得 30 岁无比令人沮丧。"这一标准在香农身上推迟了 2 年，但它还是来了。

大约 10 年的研究最终形成 77 页的信息论，而所有的付出都是值得的。香农因此赢得了小范围的名气，并使自己成为一名拥有深刻理论思想的人。他的研究对于其他人而言是一个跳板，这标志着他奠定了一个全新领域的基础。他在贝尔实验室严苛而独立的世界中为自己赢得了声誉。1948 年发生的事情，就足以改变香农，而数学也并不是重塑他人生的唯一因素。

约翰 · 皮尔斯除了在智力上与他长期竞争之外，平心而论，他

还在香农的生活中扮演了重要的角色——从某种意义上说，他是香农和他日后妻子的介绍人。香农后来的妻子是贝尔实验室的一名年轻的分析员。皮尔斯是贝蒂·穆尔的直接上司，1948 年香农在一次顺道拜访皮尔斯的过程中开始与她聊天。虽然香农是一名沉默寡言的人，但他还是鼓起勇气邀请贝蒂出去吃晚餐。这之后又有了第二顿、第三顿，直到他们每天都在一起吃晚餐。

他迷住了她。他们的性格里似乎都有一种讽刺的超然之感，他们认为世界常常充满了阴谋，这也让他们浅笑起来。他把他的时间分割为两个部分，他自己的在西村公寓的时间，以及属于她的在东十八街的时间。在那里，他们分享彼此的爱好——数学和音乐。她回忆道："我弹钢琴，他吹奏单簧管。我们下班回家，找到一些我们俩都可以演奏的乐谱，然后一起演奏。"

贝蒂·穆尔的母亲和姨妈由匈牙利移民到美国，因此她在童年时期一直说着匈牙利口音的英语。和许多移民一样，这个家庭努力奋斗，试图在这个移民国家找到立足之地，同时他们也遭受了大萧条的打击。她的父亲经历了一段时间的失业，最终在《纽约时报》谋得了一份后勤工作。她的母亲在皮草行业找到了更稳定的工作。

他们的经济状况总是非常紧张。当大萧条来临的时候，他们差点儿失去了自己的房子。新政的"屋主计划"帮助这个家庭赎回了房子，这让贝蒂永远铭记。用她女儿的话来说："母亲终身感谢罗斯福政府、新政以及罗斯福政府的保护措施。这让他们成功地保留了房子，并生存下来。"

贝蒂生于 1922 年 4 月 14 日，是家中的独生女。她小的时候，全家人住在斯塔顿岛，但后来他们搬到了曼哈顿。贝蒂在天主教学校上学，她很快补充道，这并不是因为父母特殊的信仰。她的母亲是天主教徒，他的父亲是新教圣公会教徒，他们为贝蒂选择天主教学校，是因为这是位于他们家周围的最近的公立学校。贝蒂是一名有天赋的学生，到了她要毕业的时候，好几所大学都给她寄来了录取通知书，并提供了奖学金。她是一名热切的阅读者，有着极其敏锐的思想，那些认识她的人都说她异乎寻常地精通文学，聪明耀眼。

她一心想上康奈尔大学，但是康奈尔大学提供的奖学金不能完全支付学费，父母拮据的经济状况意味着她不可能向他们寻求帮助。所以当一封来自新泽西女子学院的录取通知书为她提供全额奖学金以及一份工作邀请时，贝蒂哭了。现在她可以在家附近上大学了，甚至还可以攒一点儿钱寄给父母。正如她的女儿佩吉所回忆的："这改变了她的生活。"

贝蒂·穆尔在之后更名为罗格斯大学道格拉斯学院的新泽西女子大学学习数学。和那个时期的许多大学一样，它也处于大萧条之后的恢复期。入学率和经费都被削减了，校园里笼罩着经济不稳定的阴霾。到了穆尔读大学二年级的时候，经济问题已经变得不那么重要了。美国开战了，学校被动员起来支援战争："学校和教职人员组成了救援组织，卷起绷带，投入战争生产性行业。"

贝蒂是一名实事求是、聪明并富有幽默感的人。她选择的专业非常适应那个时代，而且她"有幸成绩很好"。她回忆道："那时候他们非常想找数学专业的人，尤其是女人，因为男人都去为战争服务了。"贝尔实验室正是一所在这个领域寻找各种有天赋的研究生的公司。他们为贝蒂提供了一个职位，她承认那是"我所获得的最好的工作”。

她开始在实验室的数学部工作，从事微波研究，然后又转移到快速发展的雷达组。她回忆道：“在那里工作真是令人着迷，而且想想这个世界一团糟，我们已经很幸运了。”她搬回了家和父母一起生活，并继续资助家庭；从某种程度上说，她对父母的供养一直持续到父母生命终结。

———

关于克劳德，她很早就知道他，她说“他很安静，有一种奇妙的幽默感”。在他们刚开始恋爱的时候，香农正因为信息论的研究逐渐赢得一些声誉，但是他冉冉升起的星途似乎并没有影响到他们早期的约会。他陷入与贝蒂的爱情之中，那时候距离他与诺尔马离婚已有 7 年了，和前一次一样，他们的关系发展得非常迅速。贝蒂和克劳德相识于 1948 年秋，而到 1949 年年初，克劳德就求婚了。根据贝蒂的回忆，求婚是以“不太正式”的方式进行的。她答应了，3 月 22 日，他们就结婚了。婚礼的规模很小，贝蒂说，出席的人仅包括“克劳德的姐姐凯瑟琳和皮尔斯”。克劳德和贝蒂很快搬到了新泽西州的莫里斯敦，靠近贝尔实验室在伯克利高地的新工厂。贝蒂和克劳德无论在工作中还是私下里都是伙伴。阿尔伯特·爱因斯坦有一句关于他妻子米列娃·玛丽克的名言：“我需要我的妻子，她帮我解决了一切数学难题。”克劳德的研究大部分都是他自己完成的，但不可否认的是贝蒂的帮助对他功不可没。她查阅文献，记录下他的想法，重要的是，她还编辑他的书面文字。他的妻子为克劳德带来的福利与爱因斯坦妻子带给爱因斯坦的一样，使他们能够沉浸在自己的研究中，而减少一些具体步骤的烦扰。就像爱因斯坦一样，香农也需要一名参谋，而贝蒂将这一角色诠释得十分完美。他的同事戴维·斯莱皮恩说："他并不精通数学，但他能够发明任何他需要的东西。"他的另一名同事罗伯特·加拉格尔进一步说道："他有不可思议的洞察力，能够看透事物本身。他会说'这样的情况应该是真的'，而且，通常他说的都对……倘若没有卓越的直觉，你就不可能开发出完整的新领域。"

这种直觉带来的困难在于，他会先得出解决方案，之后才去完善细节和中间环节。香农和直觉精准的前辈大师们一样，并不情愿去展示他的研究。于是贝蒂就利用自己数学上的优势，成为他的记录员，也成为他许多思想的第一读者。正如她所说的，她成为他独特的合作伙伴，因为这个内向的人"不愿意背离他的行为方式，与他人合作"。她会记下他的口述内容，并加以完善和编辑，添加历史文献引注。在后来的日子里，当香农忘记数学论文中这样或那样的文献的时候，她会介入并提醒他。正如贝蒂所说的："他的一些初稿甚至成稿，都是由我执笔写下来的，而非他自己的笔迹，这起初引起了人们的疑惑。"这种方式可能令人不解，但也被证明是当代伟大的数学合作之一：这样的合作取得了开创性的成果，并持续到克劳德生命终结。

第 21 章　信息狂热

除了关于《税制改革》、《如何站起来》以及《奥林，一个工业帝国》这样的文章，1953 年 12 月的《财富》杂志也使大众首次接触到“信息论”。在香农的论文被发表在《贝尔系统科技期刊》5 年之后，它已经能够在杂志中占据完整的版面，而杂志的读者群也远不止工程师和数学家。弗朗西斯·贝洛是《财富》杂志的编辑，成为香农在新闻界的拥护者。

贝洛的文章以强劲有力的文字开篇：

> 伟大的理论，如同伟大的交响乐、伟大的小说，是人类最自豪也最罕见的创造。科学理论的独特之处是什么？它为什么凌驾于其他创造之上？在某种意义上，这是因为它可以深刻而迅猛地改变人类对世界的看法。
>
> 20 世纪，人们的见解而非生活，已经被相对论和量子理论深深地改变了。在过去的 5 年里，一种新兴的理论似乎也产生了同样伟大的价值。这种新的理论尚未广为人知，可以被称为通信论或信息论。它是否能够经得住考验，成为和那些伟大理

论比肩的理论，正在国内外的各大实验室中逐步被证明。

虽然香农赞赏了这篇文章的初稿，将它称作“科学报道的佳作”，但是他也指出开头的两段并不恰当：“虽然我希望如此，但通信论和相对论、量子力学并不能相提并论。开篇的前两段应当以更谦和、更现实的观点来描述这一理论的重要性。”香农也敦促贝洛肯定诺伯特·维纳对控制论的研究，并保证贝尔实验室的其他研究人员得到应有的重视。

贝洛并未就此停笔，他继续写道：“毫不夸张地说，这是人类和平的进步。战争时期的安全更依赖于信息论的富有成效的应用，而非物理实力（炸弹或者发电厂）的展示，而后者基于爱因斯坦研究出的著名方程式。”

与爱因斯坦比肩，成为香农公共生活中一个永恒的部分。在贝洛的带领下，其他人也如此评价香农：“香农对通信的贡献正如爱因斯坦对物理学的贡献。”当盖洛德小镇为克劳德·香农建造了一座雕像时，当地报纸将他称为“盖洛德的儿子……他将永远被尊为通信数学理论界的‘爱因斯坦’”。威廉·庞德斯通的观察可能最令人难忘：“在贝尔实验室和麻省理工学院，有很多人将香农的洞察力与爱因斯坦的洞察力相提并论。也有人认为这种说法对香农来说并不公平。”尽管香农对此提出异议，同时代的人却对他们的共性印象深刻：他们都研究出了革命性的理论，都充满了精神上的游戏态度，兼具创造性的技术与遗世独立的品行，他们也都在被荣誉包围和通往精英学术界的生活中独善其身。

但是香农必须适应这些赞美。1954 年 6 月，贝洛的报道发表不久之后，他将香农列入美国最重要的20位科学家名单。他以这些问题开场：“什么样的人才能成为最杰出的科学家？他与其他人之间是否存在巨大的鸿沟？”贝洛采访了超过100位科学家，并将他的问卷调查寄给了更多科学家以寻求答案。

除了香农，最终的名单还包括26岁的看起来还像个孩子的分子生物学家，曾在英格兰剑桥大学卡文迪什实验室工作的詹姆斯·沃森。8年之后，34岁的沃森与弗朗西斯·克里克以及莫里斯·威尔金斯，共同因为发现了DNA中的双螺旋结构而获得了诺贝尔奖。贝洛记录的另一名科学家是36岁的神童物理学家理查德·费曼，他也在1965年因为对量子电动力学的研究而获得诺贝尔奖。实际上，贝洛挑选出的科学家中有超过1/4的人都获得了该项荣誉。

在《时代周刊》、《生命》以及一系列其他重要出版物的溢美之词中，香农已经成为科学界名流，而战后，“科学家”的身份本身就已经达到了文化声望的顶峰。

可以理解的是，新闻界对信息论这一新理论背后的人同这一理论本身一样感兴趣。香农对公众对他工作的认可表现出茫然的超脱感，他在接受欧姆尼的采访时是这样说的。

欧姆尼：你觉得你注定会成名吗？

香农：我不这么认为。我一直觉得我是非常学术化的人，但是科学家总的来说不会得到媒体、政治家、作家或者其他人的关注。我认为我关于开关的论文很不错，我也因此而获奖；我还认为我关于信息的论文非常好，我因此收获了各种赞誉、非常多的奖品和各种东西。

欧姆尼：你觉得名气是一种负担吗？

香农：也不尽然。会有像你这样的人来拜访我，浪费了我的整个下午，但这还不算太大的负担。

20 世纪 50 年代中期，香农的研究成果已经在大众媒体中盛行，并被应用于各种各样的领域，有时候人们甚至连信息领域究竟是什么都不知道，只是跟风地推崇。对于像信息论这样富有启发性的理论研究而言，盗用和滥用几乎难以避免，因为漫不经心的读者似乎只会关注那些醒目的标题，从大众传媒到地质学都是如此。通常情况下，抗拒冲突的香农可能只会笑一笑、耸耸肩，继续研究其他难题。总之，这是他大部分时候的反应，只有一个例外。

1955 年，无线电工程师学会信息理论分会的会长路易斯 · A. 德罗萨在他的分会简报上发表了一篇社论。德罗萨在《我们在哪一领域中受到了伤害？》中，真诚地询问了他从事信息论研究的同事：

> 信息论研究在无线电和有线通信之外的领域的拓展应用已经十分迅速，以至专业研究团队的兴趣常常受到质疑，这往往为我们带来了束缚……我们的兴趣应当被拓展到管理学、生物学、语言学理论等领域，还是应该被严格局限在无线电通信或有线通信领域？

香农自己拿着无线电工程师学会的期刊回应了这一问题，他给自己简短的声明取名为《潮流》。这篇 573 个字的声明是这样开头的："信息论在过去的几年中已经成为一种科学潮流。作为通信工程师的技术工具，它得到了大众和科学出版社超乎寻常的关注。”香农认为，这种关注度和受欢迎度至少部分源于信息论所涉及的这个时代最热门的领域，包括“计算机、控制论和自动化”等，同样也因为这一领域具有绝对的创新性。

接着，他继续说道：“可能，它的迅速膨胀使它的重要性已经超过了其实际成就。我们许多不同领域的同行科学家，受到鼓吹和科学分析新途径的吸引，正在他们自己的研究中运用这些观点……简而言之，信息论正在承受有些令人眩晕的广泛关注。”香农愿意承认，所有短暂的关注都是“令人愉快和激动的”。但是，

> 这同时也带来了一种危险。尽管我们认识到信息论确实是认识通信问题本质的重要工具，而且其重要性将持续增加，但是对于通信工程师来说或者更进一步，对于其他任何人来说，它并不是万能灵药。除了少数自然的秘密，它并不能一次解决很多问题。

“除了少数自然的秘密，它并不能一次解决很多问题。”对于面临大好前程的香农来说，这是非常了不起的声明。实际上，他最有鼓动信息论膨胀的动机，但香农及时拉住了缰绳。他继续说：“当我们意识到使用一些令人兴奋的词语，比如信息、熵、冗余并不能解决实际问题时，这有些虚假的繁荣太容易一夜崩塌了。”

香农提出了一些建议来代替这种狂热的激动：

> 其他领域的工作者应当认识到，这一学科的基本成就针对的是

一个非常具体的方向，这个方向与心理学、经济学以及其他社会科学并不必然相关。实际上，信息论必要的核心本质是数学的分支，是一个严格的演绎系统。对数学基础机器及其通信应用的透彻理解是将它应用到其他领域的先决条件。我个人认为，信息论的许多概念的实用性将会在其他领域得以证明，而实际上，它的一些结果已经充满希望了，但是建立这些应用并不是将专业术语翻译并引入新的领域那么简单，而是假设与实验论证的缓慢而乏味的过程。举例来说，假如人类在某种情况下，能够像理想的解码器一样工作，这只是一种实验而非数学事实，需要经受各种各样的实验环境的测试。

综上所述，香农建议他的同事们：

我们必须管理好自己领域内的事务。信息论的主题显然已经被广泛消费了，倘若不是过度消费的话。我们现在应当把注意力集中在能够维持的最高科学水平的研究和发展之上。研究而非阐释才是主旨，我们的临界阈限应当提高。作者应该尽最大的努力，而这只有通过他们自身及其同事们的认真仔细的批判才能实现。少量一流的研究论文要比大量缺乏构想的或者半成品的论文更有价值。后者并不能为他们的作者赢得声誉，只会浪费读者的时间。

罗伯特·加拉格尔观察到香农应对这一问题的方式："香农是一个非常温和的人，他认为每个人都有权坚持自己的道路。倘若某些人在谈话中说出了非常愚蠢的观点，香农也有办法使之听起来合理而不会让那个人显得愚蠢。”考虑到他一贯克制的习惯，《潮流》这篇声明有力地表明了他的心声。他受到感染并写下了这篇文章，以显示自己对信息论使用和滥用的真实而深层次的忧虑，同时他也担心，他并没有孕育出一个全新的科学领域，而只是膨胀了投机的泡沫。

贝蒂·香农承认香农可能比声明中写的更悲观：“他对人们到处使用信息论的方式感到有些恼火。人们压根不明白他在做什么。”罗伯特·费诺更进一步引用自己和香农的挫败感：“我不喜欢‘信息论’这个术语，克劳德也不喜欢。你看，这一术语‘信息论’意味着这是一种关于信息的理论，但事实并非如此。它是传播信息的理论，而非信息本身。很多人都不理解这一点。”

对于香农而言，信息论的应用倘若是有用的、能够提供信息的，则值得欢迎。但是宣扬它超乎寻常的重要性，试图将之定义为20世纪“解决所有神话的钥匙”，却是他所一贯所鄙视的“幻想出的普遍性”和“懒惰哲学”。真正的危险在于，他所提出的观点被如此广泛地应用而失去了全部的含义。这种危险可能是任何革命性科学思想的固有威胁。香农的研究打开了一个理论和隐喻的潘多拉盒子。《潮流》是他试图关闭盒子、严肃纪律的表现，他也至少想要提醒工程界，他所做出的开拓性努力（这也是使他成名的研究），只有在适当的范围内才能保持其价值。

第 22 章　服务于美国国家安全

这封信是这样开头的："亲爱的凯利博士，虽然我很清楚，您和贵公司已经在解决美国政府向您提出的许多问题上做出了爱国主义式的贡献，但我仍必须向您提出对于美国安全来说最急迫、最重要的个人请求。"信笺的抬头印着美国中央情报局官方字样，信件被送到贝尔实验室负责人的手中，这则消息刻意地模糊了理由：

> 为了解决我们当前面临的十分紧要的问题，我们迫切需要贵公司克劳德·E. 香农博士的帮助，最有权威的人告知，他是这一相关领域最优秀、最称职的科学家……倘若在您和香农博士都接受的基础上，他能基于这一目的提供服务，我将深表感谢。我完全知道，他的暂时离开将会给您的公司带来巨大的不便，您可能也知道，只有最强烈的需要才会使得我提出这样的请求。

20 世纪 50 年代初，香农已经是世界公认的密码学和密码分析方面的大师之一。至少和他的同行相比，他非常熟悉像 SIGSALY 这样的保密系统。

这封信来自当时最杰出的一名军官——美国中央情报局局长、前怀特·艾森豪威尔政府陆军参谋长、前驻苏联大使沃尔特·比德尔·史密斯。他也是第四任中情局领导，当时，这一头衔还没有如今的公众知名度。3天之后，这封信的副本从金曼·道格拉斯处寄到美国海军上尉约瑟夫·温格手中，连带一封小小的附件："我非常希望这封信能够实现其目的。"香农曾经的工作为美国中央情报局的目的指明了方向，而道格拉斯和温格参与的事实使之更加清晰。

金曼·道格拉斯出身于上流社会，他的生活由私立学校、专门会议室和加压作战室组成。他毕业于西尔中学和耶鲁大学，在第一次世界大战期间驾驶飞机，在第二次世界大战期间从事情报行动。道格拉斯是一名银行投资家，他娶了阿黛尔·玛丽·阿斯泰尔为妻，这名"'精灵舞者'在20世纪20年代和她的兄弟及舞伴在众多音乐喜剧中演出，俘获了纽约和伦敦许多观众的心"。他还两度服务于美国中央情报局，包括为当时的情报工作担任主任助理。

温格处于情报界的最高层。他是"首位意识到通信情报作用的海军军官"，他毕业于美国海军学院，后来成为一名海军少将，他改变了美国海军实施密码运算的思维方式，成为"一名集权密码学缔造者"。在第二次世界大战的太平洋战场中，他发现，仔细研究日方"消息的外在形式"，或者从呼号到通信习惯等看似微不足道的细节，与分析消息本身同样富有密码学方面的成效。1949年，通过对两次战争的经验积累和个人理解，他成为武装部队安全局的领导，这个单位是美国国家安全局（NSA）的前身。

一联系上香农，温格就将这一结果告知了道格拉斯，他写了一张字迹潦草的说明："我今天和香农通话了，他似乎能够被说服。

他说只有更多地了解问题，他才能做出判断，并确定他是否能做出贡献。我建议只要他同意，我们应当派一名特使去向他解释情况。”约翰·冯·诺依曼那一周也联系了香农，告知他请求（无论这一请求是什么）的重要性。把握香农的感觉十分重要，既要防止他被这一寻求咨询的举动吓住，也要防止他在了解全部情况之前就匆匆答应。

在中情局局长史密斯发出信件的一周之后，他收到了贝尔实验室梅文·凯利的答复：

> 虽然还有其他几种方法来征募香农博士为军事活动提供服务，但总体上我们的判断是，让他在其特定的领域进行独立研究，能够使他做出最大的贡献。您在信中提到的事情更加紧迫，因此我们乐意鼓励并将协助香农博士参与您提出的初步审查。

这封回信总结了香农在20世纪50年代早期的生活。信息论的应用蓬勃发展。各界对他的需求成倍增长，而香农正在尽最大努力控制事态的发展，而他努力失败的原因几乎总是因为外界的力量超出他的控制。香农采取了漠视的原则，他事业的核心是跟着直觉走，这往往要牺牲更大的声望或者有利可图的机会。

战争的结束为军方带来了一个棘手的难题，这个国家顶尖的科学家、数学家和工程师将退出公共服务。正如西尔维娅·娜萨

所写的那样，在战争开始，“从学术界抽离，进入军事的秘密世界，已经成为学术精英必经的仪式”。现在，虽然“如何为破解军事难题而留住这些最优秀的、最聪明的人才尚不得而知，但是像约翰·冯·诺依曼这种顶尖的人才，断然不会答应去做公务员”。熟悉数学世界上层圈子的人知道，一种解决方法是成立技术委员会，与各种国防机构分支保持密切的联系。对于香农来说，最熟悉的委员会是密码学特别顾问组（Special Cryptologic Advisory Group，简称SCAG）。

用美国国家安全局的话来说：“建立SCAG的根本目的，在于美国国家安全局聚集起一批在相关科学领域杰出的技术顾问，成立特别工作组，从而为解决密码学领域的特殊问题提供宝贵的意见和帮助。”正如其他大部分这类组织一样，SCAG是达成许多目的的手段。仍有许多棘手的技术难题需要真正实用的建议。委员会成员实际上是猎头，应政府高级官员的要求寻找并引进人才，对国家在各领域的意愿进行坦率的交流。第一届SCAG举办了一些会议，例如，关于通信情报的价值和重要性，对“二战”中的复杂情报难题进行案例研究，对情报机构本身的状态和目的进行研究，以及针对AFSA的一个代号为“SWEATER”的项目进行研究。这个委员会关注的领域，囊括了从技术到哲学的全部范畴。

一直到20世纪50年代中期，香农都被邀请为之提供服务，他定期前往华盛顿参加这类会议，服务于SCAG及后来的美国国家安全科学咨询委员会。这些会议往往持续数天，每天高层领导们都要从早到晚地开会，讨论他们最迫切的情报困境：“由于每份议程的大部分内容都必须用于美国国家安全局的简报，之后委员会才会考虑局里的难题，所以在议程中体现最迫切的问题才是最重要的事情。”另一个实践层面的原因是，SCAG 需要处理的一个最迫切的问题是这些人的日程很难统一。实际上，根据我们所能接触到的大量 SCAG 以及其他委员会的记录来看，最大的挑战是在同样的时间、同样的地点，将这群拥有最高科学成就的人聚集到一起。

按照这种机制组成的委员会是不健全的。用研究美国国家安全局的历史学家自己的话来说就是：“由于缺乏易达又安全的区域，一些顾问因为不能在会议中持有并查阅密码文件而受到阻碍，这多少会导致一些问题。延长关注时间，甚至只是间歇性的关注，并不能使他们从直观的概念中有所收获。”但是，委员会至少在广泛的范围里，保持了美国国家安全局对科学界的领导力。

香农所接触到的这种领导力，在两次大规模的情报失误中逐渐成熟。珍珠港事件的恐怖阴影仍烙印在他们的记忆中。而新近的朝鲜战争再次为美国的决策者们蒙上了一层阴影，尤其是 1950 年，美国又一次陷入战争。这就是说，香农正在交谈与工作的对象目睹了武装斗争，并将新一代美国人送上了血腥的战场。赌注是真实的，情报需求是多方面的。香农和冯·诺依曼这一级别的数学思想家，对于国防研究所技术与科学的健全发展来说是十分必要的外部保障。

直到从最近解密的文件中，我们才隐约得知香农在这段时间里为政府所做的工作，而仍有许多重要的细节尚属机密。香农自己对

所做的事情保持谨慎态度。数十年后，在接受罗伯特·普赖斯的采访时，他回避了这些问题：

普赖斯：有一段时间，你曾是美国国家安全局的委员会的一员，不是吗？

香农：我不认为我是委员，我可能曾是其中的一员，但我不认为我处于这么高的位置。

普赖斯：好吧，我得知，你曾和美国国家安全局打过交道。

香农：是的，这么说更合适……我曾在晚些时候参与过密码学的工作。我曾是一名顾问。我可能应该是吧……我也不知道……

普赖斯：你现在说的美国国家安全局，是指咨询委员会吗？

香农：呃，我被邀请……我想，我不知道有没有……这是很久以前的事情了，我们最好还是不要谈论这个了……

在一定程度上，这就是典型的香农，不会自我膨胀，不愿意深入那些没兴趣的话题。但是香农倾向于用讽刺和幽默的揶揄方式来回避这类问题。透露很多关于他曾经工作过的秘密环境，对于他来说，是一件让自己紧张而犹豫的事情。

香农有理由保持戒备，他接触过这个国家的高度机密和制度，并与美国国家安全机制的创始人及相关文本保持联系。他既明白这份工作的重要性，也知道保持特权信息秘密性的需求。这可不是无聊的闲话。香农的顾问同事约翰·冯·诺依曼，临终前在沃尔特·里德陆军医院里被穿着制服的军事人员日夜监管。尽管冯·诺依曼的思想令人印象深刻，但他也不能免于被外部渗透的可能，或者政府担心这种情况发生。还能有什么时候能比他在接受医学治疗、迷糊不清时，更容易成为被渗透从而套取宝贵的国家机密，更好的时机呢?

第 23 章　人造机器

> 机器能够思考吗？它会痛吗？我们可以说人体也是机器吗？无疑，人体和机器非常相似，但是机器绝对不会思考！我们这样说有什么实证根据吗？并没有，我们可以这样说人，说一切可以思考的东西；而我们也可以这样说布娃娃，毫无疑问，还有鬼神。
>
> ——路德维希 · 维特根斯坦

> 我是机器，你也是机器，我们都会思考，不是吗？
>
> ——克劳德 · 香农

如果香农在发表信息论之前就养成了独特的习惯，那么他不断积累的声誉使得他能够毫无保留地沉浸于这些癖好之中。1948 年后，贝尔实验室的管理层再也无法命令他，而这正是香农所期望的。贝尔实验室数学部主任亨利 · 波拉克代表一批贝尔实验室高层宣布，香农“已经拥有不再需要完成强制科研要求的特权了”。后来香农抵达了位于墨累山的办公室，常常在公共区域整日痴迷于棋类和16进制游戏。要是没有和同事在一起下棋，他一定是在贝尔实验室狭窄的甬道里骑独轮车，偶尔他也会玩杂要；有时候，他还会骑着弹簧单高跷在贝尔实验室园区内穿梭。我们能够想象，这样的行为对于给他发薪水的人来说是多么错愕。

他的同事们可能对此感到愤怒，但是在这一点上，香农这位传奇人物硬是将自己伪装成普通的员工。他在全职雇佣合同的要求下，尽可能地为自己设计了一个退休的角色。这意味着他可以闭门做研究，实际上，这在贝尔实验室的圈子里是违反惯例的；这也意味着他可以尽情研究私人项目。一张他在这段时间里递交给贝尔实验室的收据，记录了他购买的一系列五金产品，这可能是香农正在制造的机器的零部件，但这与美国电话电报公司的实际工作很难产生联系。

不过，这一切并没有引起贝尔实验室管理层的担忧。香农的研究水平毋庸置疑，因此没有人会严谨地问他如何保持这样活跃的思维。毕竟，“信息论之父”是私下完成了他的研究，并将这一理论引入了大众视线。谁会质疑他关起门来在忙些别的什么？

这种自由带来的令人好奇的副作用是，在这段时间里，香农成为一名难以持之以恒的通信研究者，恰在这个时候，他的信件量随着他名气的提升而增加。这些信在很长时间里都无人回复，它们数量太多、时间太久，以至香农把它们都装在了一个文件夹里，上面

标着“我已经耽误了太久而没有回复的信件”。用乔·格特尼的话来说：“这名科学家曾宣称，任何消息在任意嘈杂的信道里都可以近乎完美地传送出去，而他自己却是个例外。信件可以被寄到克劳德·香农的手上，但是之后它们就再也无法继续传递下去了。”

这些信件并不全部来自匿名的粉丝或者不知名的崇拜者，它们可能来自杰出的科学家、政府高级官员，甚至还有L.罗恩·哈伯德。

直到数十年后，我们才能够将它们判断为香农生活中的陌生来信。值得强调的是，的确，智力学与山达基教的创始人找到了香农，但香农并不是山达基教徒。哈伯德对香农的兴趣要远超出香农对他的兴趣。就其本人而言，香农给麻省理工学院的控制论首席研究员沃伦·麦克洛克写了一封信，询问麦克洛克是否能够见见他的“朋友”哈伯德。但似乎，对于香农而言哈伯德是一名科幻小说家而非新生的宗教狂想家。“如果你像我一样热衷《科学幻想》，你就会发现他是该领域最优秀的作者之一，”香农写道，“哈伯德也是一名催眠大师，最近在使用基于治疗目的的改良催眠技术从事一些十分有趣的工作……我保证你会发现哈伯德是一个很有意思的人，无论他的治疗是否有价值，他所涉猎的领域和你一样广泛。”

哈伯德后来给香农回信感谢他对自己研究的帮助，并承诺在《排除有害精神治疗法》出版后寄给他。在这之后，信息论之父和山达基教创始人就再无通信记录。正如威廉·庞德斯通所记录的：“至今哈伯德的山达基教，仍在它的出版物和网站中援引香农和信息论的术语。”

与香农桌上堆积的其他信件相比，他与哈伯德的通信显得相对沉静。除了科研同事之间最常见的寄送文章或书评之外，始终有人寻求香农对其私人研究的支持，或者那些对电话电报公司有偏执的人执意要联系贝尔实验室里最著名的人物。一封手写的信是这样开头的："亲爱的香农博士，我附上了《空间论》。我把它寄给了数位杰出的科学家，但迄今为止尚未得到回复……"有一位自定义为"创意丰富者"的人，来信要求香农辅助他"去完成并论证一个长达15年的研究，以探明并追寻生命、思想和能量"。

其中还有恐吓信：

> 亲爱的先生，你的机械机器人贝尔是一个机械怪物，但它是《圣经》中的神。你的机器人正在破坏《宪法》的5个修正案（第1、3、4、5、13条）。上帝许可了我来嘲笑你。通过让你的机器人欺骗你，你正在制造凌驾于美国总统和美国联邦调查局的叛徒。我要起诉纽约美国电话电报公司。如果你再不清醒，我就一定会这样做的。

香农对待这一切都保持着和善的态度，利用自己的魅力去化解严峻的质疑，或者毫不犹豫地直接忽略它们。也就是说，他并不打算利用他在科学界日益上升的地位，将他的领域拓展到其他领域。他也不准备承担教育公众正确认识科学问题的责任。他进一步封闭了自己，忽视这些信件、同事以及项目，将他的时间和注意力都投入难题和他感兴趣的事物上。香农是对的，信息论是一项艰苦的工作；而且现在，他发现自己被引领至新的领域，在他的同事看来，这些领域对于香农这种身份的人来说似乎荒诞不经。

香农曾经说过："我认为科学史已经表明，宝贵的成果往往来源于单纯的兴趣。”极端的兴趣可能会导致不求甚解的态度，倾向于尝试一切却又没有任何收获，但是香农的好奇心却不是这样的。他是那种，通常能自己发现问题，然后自己构建出合理答案的人。机器老鼠能够通过迷宫吗？自己造一个，来找到答案。机器能够自动关闭吗？自己造一个，训练它自己终止运行。其他人称为兴趣的东西，他会当作试验，通过简化问题来进行测试，建造模型将难题精炼到最简形式。他深信机器化的未来，迫切地希望探索它的边界，甚至愿意忍受某种程度的荒谬性来使之达成。当他写信给记者的时候，他正全神贯注于“大规模电子计算机的可能功能及其应用”。鉴于那样的未来（也就是我们的现在），他发明机器不单纯是出于业余爱好，而且是用试验进行证明的。

这种小发明的起点很温馨——给妻子的圣诞礼物。贝蒂·香农后来在一次采访中说道：“我出去给他买了美国最大号的‘建造者’（Erector）建构组合玩具。玩具价值50美元，每个人都以为我疯了！”香农后来补充道：“把它送给成年人！但是事实上，它非常有用，我用它尝试出不同的东西。”香农就像拿到新礼物的小孩子一样，对它非常痴迷，地下室里到处都是“建造者”的零件，他通宵组装。他的第一个想法是开始试验，组装一只机械龟在香农家里溜达，碰到墙壁就会换个方向继续溜达。但这只不幸的乌龟却促成了下一个发明，这个发明出乎意料地吸引了美国的关注——忒修斯，它是一只可以自动穿越迷宫的老鼠。正如一份报告所述，萌生发明出能够走出迷宫的机械老鼠的想法，源于香农试图走出伦敦汉普顿皇宫著名的花园迷宫——他花了20分钟走出来，而他认为自己还可以更快地走出来。后来就有了克劳德·香农最著名的照片，照片上是他和已经完成的忒修斯，以及迷宫，香农正用手将老鼠放下，置于迷宫墙内。乐观地看，这只老鼠以希腊英雄的名字命名，他曾杀死了人身牛头怪物弥诺陶洛斯，并逃出了可怕的迷宫；而现在，它只是一块儿 3 英寸长的木头老鼠，装有黄铜胡须和 3 个轮子。

正是香农关于开关的研究和他在美国电话电报公司的工作，启发了这一装置的内部结构。它装有 75 个电动机械继电器（这是美国电话电报公司用来连接一个又一个呼叫的开关），被套接在一起，使老鼠能够自动通行，这就像火车根据铁路轨道切换、随后行驶一样。贝蒂为最初的模型布了线。她后来对研究香农生平的人说："我们下班后回到家里，做了这些事情。"

忒修斯本身由一对磁铁推动，一个被装在老鼠肚子里，一个在迷宫下方自由移动。老鼠开始奔跑，碰到墙壁，它的"胡须"感知到障碍物，就会激活正确的继电器尝试新的道路，然后反复尝试，直到它完成目标——找到金属"奶酪"。继电器会"记住"正确的方向，经过反复试验，一旦老鼠成功地找到了迷宫的道路，它就能轻易地再次找到奶酪。与看起来相反，忒修斯大体上是这一尝试中被动的部分，迷宫本身掌握了信息，利用磁铁推动忒修斯。正如香农所指出的，从技术上来看，并不是老鼠走出了迷宫，而是迷宫促使老鼠找到了正确的路线。通过这样或那样的方式，系统能够自动学习。

当"忒修斯"被带到墨累山的时候，它成了贝尔实验室的一位"小名人"。这只老鼠为香农和贝尔实验室赢得了专利。贝尔实验室还委托香农和"忒修斯"拍了一部短片。这部长达 7 分钟的短片被人们记在了脑海里；香农利落地穿着深色西装，扎着浅红色领带，用一名大学教授的深思熟虑、按部就班的方式，解释老鼠如何走出迷宫以及他的装置。他说道："大家好，我是克劳德·香农，贝尔实验室的一名数学家。"他一边向观众深入地讲解看到的画面（画面上是老鼠正在迷宫中穿行），一边介绍系统背后的原理。抛开眼前的画面，在把老鼠和迷宫做进一步类比时，香农只提示了一点，即"忒修斯"寻路的动作对于机器大脑来说意味着怎样的可能性：

> 当然，解决问题并记住解决方案涉及一定程度的智力活动，这或许与人类大脑相似。"忒修斯"有一台小型计算机，它类似于大脑……倘若你想，我们可以将"忒修斯"的大脑部件放在这面小镜子背后。

香农解释道，"忒修斯"的大脑更基础和常见，类似于为电话开关和线路的精密网络提供动力的系统。"在贝尔实验室，我们关心的是如何改善你的电话系统。"香农借此为他的雇主打广告。那一刻出现的画面是电话拨号和开关启动，随之传来令人愉悦的背景音乐，这些都出自公关团队的精心制作。贝尔实验室和美国电话电报公司的高层考虑到自己的利益，禁止香农带着机器老鼠进入剧院、学校或者大学，避免他显得轻浮而无聊。因为在这件事情上，美国政府给予了他们巨额的资金和利润。

在视频结尾，香农改变了迷宫布局，并将"忒修斯"置于没有出口的方格之中。"像我们其他人一样，有时候我们也会发现自己处于这样的境地。"香农说道。老鼠不断移动、撞墙、移动、撞墙，然后发现自己被困住了。镜头切换至香农，他正在得意地笑，背景音乐提示，演示结束了。

外部世界对“忒修斯”产生了意想不到的兴趣，而它为香农和贝尔实验室赢得的名声也取悦了香农的老板。在贝尔实验室里流传着这么一个故事。亨利·波拉克描述了香农为美国电话电报公司董事会展示“忒修斯”时的情景：

> 我听说一名董事会的成员在展示结束时说：“这就是美国电话电报公司需要的那种原创思维！我建议让克劳德·香农成为董事会的一员。”他们花了大力气劝阻他萌生让克劳德·香农进入董事会的想法，最后，他们终于没有这么做，因为克劳德·香农并没有进入董事会足够的股份。

《时代周刊》以一篇名为《有记忆的老鼠》的文章描述了“忒修斯”的作用。“忒修斯”也进入了更严肃的领域。事实上，这只机械老鼠成为1951年梅西会议的主角，而这次大会是纽约跨学科科学家之间的会议。香农和许多人工智能、计算机领域的权威人士，以及人类学家玛格丽特·米德共同出席了会议。这么多领军人物讨论机械老鼠的重要性，因为“忒修斯”（或者，准确地说，应当是整体的老鼠—迷宫系统）是“人工智能”的一个工作案例而得到削减，对于许多令人尊敬的与会者来说，他们对这一领域的研究尚停留在理论层面。“忒修斯”是人工智能的产物。一名与会者指出，倘若金属奶酪被拿走了，老鼠只会单纯而徒劳地跑去寻找一块儿不再存在的奶酪。另一位与会者、社会科学家拉里·弗兰克回应道：“这一切都太人性化了。”

最后，编辑后的会议记录对“忒修斯”做出了充满怀疑的评价（在贬低它的过程中，人们很可能不知不觉地用“rat”代替了“mouse”[①]）：

> 入迷地观看香农的无知老鼠跑出迷宫，并不能衍生出机器与真老鼠之间的相似性；事实上，它们是非常不同的。然而，这一结构大体上对于一些学习者来说，理论家所认知的“忒修斯”和老鼠有机体是惊人相似的。

换句话说，“忒修斯”并不是真正智能的，但它为老鼠或者其他生物如何进行学习做出了示范。如果香农善意地眨了眨眼睛，那么这并不会被记录下来。

香农后来对他之前的一位老师说，“忒修斯”“生动地演示了机器通过反复试验解决问题，并记住解决方法的能力”。当香农被问到这种类型的智能是否能够被“创造”时，他回答说，是的，可以被创造。机器能够学习，它们能够以香农所展示出的有限的方式进行学习——犯错、找到其他的选择，并避免同样的错误。学习和记忆能够被设计并绘制出来，从某种角度来看，被写入机器的脚本看起来非常像人类大脑的简化版。机器能够模仿人类的观点并不新鲜，但是“忒修斯”使机器能够记忆并进行演绎的预言看起来无比真实。

---

① rat 和 mouse 都有老鼠的意思，其中 rat 贬低意味较浓。——译者注

多年来，香农发明了一系列形态和风格各异，具备或不具备思考能力的机器。有些是间接的社会评论机器——“终极机器”，摁下开关会弹出一只机械手，将其自身关闭。THROBAC（全称是“简约的罗马数字反向计算机”）是一个计算机，其键盘、处理过程和输出全都使用罗马数字，除了对那些能够破译诸如 CLXII 和 CXLII 的区别的人以外，它毫无用处。这些小玩意儿淘气狡黠，更像是个人爱好，但是香农仍然很重视这些发明创造。“设计游戏机首先是一个有趣的消遣，而不是严肃的科学研究。”他承认这一点，但是它具备“严肃的一面与重要的意义，至少有四五所大学和研究机构沿着这个方向成立了项目组”。

香农说：“我最大的梦想是有一天能够建造一台机器，它能够真正思考、学习、与人类沟通、熟练地控制周围的环境。”但他并不担心通常人们所恐惧的由机器运行的世界——人类退居二线、由机器人占主导地位的状况。香农的看法是相反的：“从长远来看，（机器）对于人类来说是福音，而关键在于更快地实现这一点……（如今）人类和机器有了更多的共情……我们必须互相靠拢，以便反复沟通。”

这句话与其他轶事伴随香农一生，它们源于香农在美国时尚杂志 *Vogue* 中的一篇题为《人造机器或率先与香农博士进行交谈》的人物专访，现在大部分人已经忘记了那篇文章。在那篇专访中，香农向作者布罗克·布鲁尔讲述了自动装置与其创造者之间的联系。（与《科学美国人》等杂志不同，*Vogue* 的特色在于插入了香农的照片，照片由著名的亨利·卡蒂尔–布雷松拍摄。这使香农加入了名流的行列，卡蒂尔–布雷松拍摄的其他场景包括甘地的葬礼、伊丽莎白女王的加冕仪式……）

当时，这篇专访就好像是狂人的沉思："克劳德·E.香农博士……创造了一台思维机器，并与之玩耍，他期望实现人机对话。对于他而言，为什么不呢？"在香农看来，人工智能的前景是可感知的事实，而不是对未来的幻想。他说，可以想象"由计算机控制的探测机器人"如何防止自己意外掉进月球上的洞穴（可以预想工作中的扫地机器人鲁姆巴会怎么做）。

> 你必须思索诸如机器在现实生活中乱跑这类难题。月球上的机器一定会保护自己不掉到洞里，而无须你告诫它不要这么做。我们会遇到的同样的问题是，总有一天机器人保姆会在有家具的房子里跑来跑去，收拾东西。

香农高兴地忽略了人工智能呈指数级扩张，以及机器人变得更先进而置人类于危险之中所带来的恐惧。事实上，他对技术进步的观点非常乐观，他认为机器应当被赋予越来越多的能力、责任和信息。在被问及他对机器人的研究的重点时，香农罗列了三个目标："首先，如何让电脑更好地了解现实世界；其次，除了将信息打印出来，它们如何才能更好地告诉我们它们所知道的一切；第三，我们如何使它们对现实世界做出反应。"

正如他后来用一种更乐观的态度对一名采访者所说的：

> 我相信有一天，我们会发明一些东西，它们不再是在生物进化的层面，而是创意的过程，由此，我们发明了比人类更聪明的机器，因此，我们变得不再有用。不仅如此，它们还会更持久，有可替换的部件，而且它们比我们要先进得多。有这么多关于人类系统的东西，这太可怕了。外科医生唯一能够帮助你的是将器官从你的身上切除，但他们并不会将更好的或者新的部分再放进去。

事实上，当涉及人类优于机器的时候，“思维是人类拿来抵抗的最后一件东西”。虽然香农没有预料到，在他的有生之年，电脑能够通过著名的无限制的图灵测试，无差别地模拟人类，但是 1984 年，他的确提出了一套更零散的人工智能目标。根据他的预测，到 2001 年，计算机科学家可能希望创造出打败世界冠军的象棋程序，写出被《纽约客》认可的诗文的诗歌程序，能够证明难以捉摸的黎曼假设的数学程序，以及“最重要的”，收益超过 50% 的选股程序。他有一半都说对了，1997 年，即香农去世的 4 年前，计算机的确打败了世界象棋冠军，电脑也确实管理着世界上大部分的股票交易。

然而，在香农为未来机器厌恶人类而欢欣鼓舞的时候，也有些人充满忧虑。有人写道：“支持人工智能的人是不会满足的。”香农半开玩笑地说道，一旦机器打败了我们的大师，写出了我们的诗歌，完成了我们的数学证明，管理了我们的财产，我们就需要做好“灭绝”的准备。“这些目标可能意味着逐步淘汰愚蠢的、熵增加的、好战的人类，转而支持更合乎逻辑的、节约能源的、友善的物种，即计算机。”

第 24 章　游戏之王

挤在美国费城共济会大厅的人，可能早已听说关于神秘的会下棋的机器的传言了，但是在 1826 年圣诞节后的第二天，对于大部分人来说，他们第一次见到了活生生的“自动象棋”。杰出的表演者约翰·马泽尔走上舞台，将观众的注意力吸引到他身边办公桌大小的盒子上，盒子上放着一个模特，身着“东方巫师”风格的长袍和头巾。

马泽尔在戏剧效果的渲染下打开了“土耳其人”的旁门，揭示了其中的齿轮和配件。当机器打败了它的第一个对手时，人们惊呆了。著名医生、作家塞拉斯·威尔·米切尔激动地观察道：“‘土耳其人’将会在此后的很多夜晚萦绕在你的脑海里，他带着东方式的沉默，转动着眼珠。自此以后，我们更了解他了，对他永远保持双腿交叉的样子、带着头巾的正脸以及左手的动作产生了神秘莫测的敬畏。”对此，似乎只有巫术才能进行合理地解释。

唯一的奥秘在于马泽尔如何做到这一切。实际上，“土耳其人”是一个骗局，在精心设计的装置中，这些齿轮和配件之后隐藏着一名人类棋手，像操纵傀儡一样引导着每局比赛。一些当时最杰出的棋手配合着“土耳其人”，这一深藏的秘密欺骗了观众长达数十年之久。除此之外，埃德加·爱伦·坡意识到要去调查这一现象，以确定他对一名“土耳其人”的管理者的怀疑：“在象棋比赛时我们从来看不到他，但在这之前或之后却常常看到他”。

但是爱伦·坡的“怀疑主义”只是少数人的观点，在19世纪的大部分时间里，人们相信这位巫师棋手和宣传中的一样优秀、可怕。“土耳其人”造成了一种持久的不安全感，因为它十分强大。在约翰·亨利的传说以及机器可能会战胜人类的恐惧之前，在科幻小说幻想出人工智能和奇点之前，世上就有了“土耳其人”，它号称是超越了其创造者的机器。当然，“土耳其人”只是一个骗局，而骗局注定不能长久。

香农愉快而乐观地认为能够制造出会思考的机器，这不仅是因为他制造了能够穿越迷宫、找到铁奶酪并记住这一路径的机械老鼠，还因为在20世纪40年代晚期和50年代早期，他的好奇心已经转移到是否能够编写出在棋局中战胜人类的电脑程序，以及如何编写出这样的程序。历史上关于这种机器的故事只是小商贩的骗局，这不要紧，香农认为电脑确实有可能实实在在地战胜人类。这项研究使香农确信，拥有正确程序的机器不仅能够模仿人的大脑，而且会超越大脑。

在香农一生各种突如其来又倏忽消散的兴趣当中，象棋是少数伴随他一生的爱好。有一则关于他的故事是香农总在贝尔实验室里下象棋，以至“至少一名主管有些担心这一状况”。他对象棋有着与生俱来的天赋，这传遍了贝尔实验室，因而许多人试图击败他。布洛科威·麦克米伦回忆道："我们中的大部分人与他对弈了不止一次。"

在一次前往俄罗斯的旅途中，香农想要与苏联国际象棋冠军、计算机工程师米哈伊尔·鲍特维尼克下一场友谊赛。鲍特维尼克想必已经与各种各样的大人物下了无数场棋，他虽然同意了这场比赛，但并没有给予足够重视。他全程都在吸烟，全场谁都看得出他的漫不经心。香农很快就在对弈中吃掉了他的马和兵。鲍特维尼克的注意力立刻被扳回到对弈上，其他人都感觉到这位俄罗斯冠军意识到，他的挑战者并不仅仅是另一个倒霉的名流。多年之后贝蒂仍然记得，"鲍特维尼克开始担心了"。

这场比赛持续的时间比任何人（包括惊讶的冠军本身）估计的都要长，但是很少有人会怀疑注定的结局。在走了 42 步之后，香农推倒了他的王，认输了。虽然鲍特维尼克赢了，但香农仍旧赢得了可以终生吹嘘的资本，与国际大师、连续 3 次夺得世界冠军的棋手的最后几步证明了香农的实力，实际上，这名冠军一直被认为是最具天赋的棋手之一。

（这次俄罗斯之行的另一件轶事，也体现了香农和贝蒂的幽默感。当香农大声抱怨酒店房门的门锁坏了之后，一名锁匠立刻出现，这让他们怀疑自己遭到了窃听。他们的下一个举动，是大声抱怨还没有收到他的著作的俄罗斯版的版税，于是，第二天支票就被寄到了。）

他对计算机下棋的研究，后来被认为是香农进入这一领域，一

举定义其局限性、发掘其可行性的例证。在香农发表论文《计算机下棋程序》的数十年之后，《字节》（*Byte*）杂志简洁地写道："在克劳德·香农之后，关于计算机下棋很少有新观点萌生。"这篇论文在没有原生读者和关注的情况下，将世界朝着可以实际工作的"土耳其人"拉近了重要的一步。香农谦虚地介绍了自己关于计算机下棋的想法："虽然它可能没有实际意义，但这一问题在理论上很有意思，希望令人满意的这一难题的解决方案，能够成为其他类似性质难题的参考，或许这样更有意义。"

香农想象了一些计算机下棋人工智能在未来的应用，包括拨打电话、翻译文本、编写曲谱等。正如他提示读者的那样，这些机器可能都在科技的未来出现，并且没人会怀疑它们的经济效用。虽然用途多种多样，但它们有一个重要的共同特点，它们并不是遵照"严格而不可改变的计算程序"运行的："这些难题的解决方案并不是单纯的对与错，而有一个连续的'有效'范围。"这样，象棋成为即将出现的人工智能的宝贵的测试案例。

在"深蓝"击败人类世界冠军的半个世纪之前，香农预测了国际象棋对于智能机器及其制造者而言的实用价值：

> 弈棋机是一个理想的开端，因为（1）无论是许可的操作（对弈）还是最终的结局（将死），问题十分明确；（2）它既没有简单到烦琐的程度，也没有难到无法得出满意的解决方案；（3）象棋被认为是需要"思考"才会娴熟的游戏，解决这一问题迫使我们要么承认机械思考的可能性，要么进一步限制我们对"思考"的定义；（4）象棋离散的结构，很好地融合了现代

计算机的数字本质。

香农相信，至少在国际象棋的领域里，电脑是具有内在优势的。其显而易见的处理速度远远超越了人脑，同时它具有无穷的计算能力。此外，人工智能不会感觉无聊或者疲惫，在它的人类对手转移注意力之后，仍旧能够钻研走位。在香农看来，计算机是“不会犯错的”，它们唯一的错误是“人类对手总是因为简单而明显的错误不断悔棋，从而造成程序故障”。这扩展到心理的错误：计算机不能忍受紧张或过于自信的情况，这两种类型的人类对手都会导致游戏终结的故障。机器人能够不带感情、自我投入地下象棋，这是一项客观冷静的游戏，每一步都是在单纯地重新计算概率和机会。

但是，香农强调：“这些必须与人类思维的灵活性、想象力、归纳与学习能力均衡。”香农认为，弈棋机的一大问题在于它不能在匆忙之中进行学习，而这对于高手对弈来说是至关重要的能力。在关于顶级选手以及他们对比赛态度的错误理解上，他引用了美国国际象棋大师鲁本·弗恩的话：“人们常常认为大师能够预见一切或者近乎所有的事情……一切都能被算出来，以至在皇后的车兵变为领先对手的王马兵时，可以得意地笑出来。当然，这一切都是纯粹的幻想。最好的方法是关注两步棋的主要走势，并研究不同走法所带来的变化。”

在掌握每种可能位置的概率后，弈棋机不仅会成为超级大师，而且是根本不同种类的棋手。从本质上讲，人类和计算机是在同一个棋盘上进行两种完全不同的游戏。

所以香农告诫人们：不要将计算机程序编得过于类人，“我们并不需要按照自己的印象来设计战略，而是应该根据计算机的能力和缺点来进行适配。计算机速度快、精确性强，但分析能力和识别能力弱”。应该根据计算机自身的优缺点进行编程，而不是模仿人类。论文接下来的内容是一系列计算机编程策略，规划了如何将机器变为了不起的棋手，香农在学术性较弱的《科学美国人》中进一步阐释了这些想法。

这是公认的广泛的调查，他研究了每一步棋可能的结果，思考了博弈论的方法，概述了机器如何评估走棋，并总结道：计算机可以被编程为完美的棋手，但这种结果也可能是非常不切实际的。从某种程度来说，这是科技的历史局限。香农计算出，如果当前计算机的目标是计算出自己和对手所有可能的走法，那么它在 10^{90} 年里也不会先走兵。

香农的象棋论文和他的信息论论文一样，成为这一新兴领域的路线图。他在有生之年看到了这些工作的成效。在弈棋机后，他又购买了机器，这导致他愤怒的妻子认为“克劳德失控了”。但是他更进一步，可以说，香农以自己建造的机器回应了马泽尔。这个机器在 1949 年完工，既被称作决战（Endgame），又被称作恺撒（Caissac，以虚构的“象棋守护女神恺撒”命名）。香农的机器只能处理 6 个棋子，聚焦于棋局中的最后一步。它使用了超过 150 个继电器计算走棋，它的处理能力使机器能够在 10~15 秒做出决定。

香农大部分的生活并没有这台机器的身影。它被保存在他的记忆里，以及一张颗粒状的黑白照片中，在这张照片中，香农正向象棋冠军爱德华·拉斯克展示他的机器。盒面刻有棋盘图案，一旦计算机确定了正确的走位，图案上就会有一系列灯亮起，告知用户机器的选择。

有人说，这是世界上第一台弈棋机。可能更重要的是，这是另一个佐证，香农渴望依靠自己的能力建造出他在论文里所设想的东西。

但是对于香农来说，象棋论文和弈棋机也引发了更多引人入胜的思考。我们应当如何看待“思维机器”？机器是否像我们一样思考？我们想要它们吗？人造大脑的优缺点各是什么？香农给出了经过反复斟酌的答案，这也反映出他并没有明确的结论：“从行为的角度来看，机器运转就好像它在思考。人们总是认为，熟练的行为需要合理的推测。倘若我们认定思考的属性为外部行为而非内在方法，机器当然是在思考。”

伴随着时间的推移，香农愈加肯定人造大脑将会超越人类大脑。直到数十年后，在香农的基础上，大师级的计算机象棋程序才被编写出来，但是香农确信这种结果是不可避免的，他认为机器永远无法超越其创造者的想法是“愚蠢的逻辑，错误且不恰当的逻辑”。他继续说：“你能够创造出比自己更聪明的东西。在象棋游戏中，这种更聪明的部分取决于时间和速度。我能够制造比我的神经元快得多的东西。”没有什么比这更神秘的了：

> 我认为人类是机器。不，我并不是在开玩笑。我认为人是一种

非常复杂的、与计算机不同的机器，例如，它们在组织上是不同的。但是它能够轻易地被复制，它有大约百亿个神经元，比方说 10^{10} 个。倘若你用电子设备模拟出每个神经元，它就会和人类大脑一样运行。倘若你复制博比·费希尔的大脑，那么它的行为就会和费希尔的一样。

第 25 章　建设性不满

香农几乎没有通过回忆录的形式留下任何关于自己的记录，但他曾于“忒修斯”公开亮相的那一年在贝尔实验室礼堂里发表了一次演讲，从中可一窥他的人生。准确地说，这场演讲并没有透露他的背景以及个人生活，但这是探知他如何思索的窗口。从表面上看，这是一场关于“创造性思维”的讲座，但实际上这是香农这一级别的天才如何看待世界的演说。

从某种意义上说，这个视角下的世界充满了赤裸裸的不平等。“少数人创造了绝大多数的伟大思想。”香农一边说一边指向一张天才分布比例示意图，“对于有些人来说，你向他输出一个想法，只能收获半个；而另一些人却能超越这个水平，由此衍生出两个想法，这些人一般位于波峰拐点的右侧。”他很快补充道，他这样说并非是要把自己归入这一小部分“智力贵族”的行列，而是指在历史上，像牛顿和爱因斯坦这样的天才是少之又少的。当然，他向会场上美国最具天赋的科学家们讲授成为天才的先决条件，这一行为本身在一定程度上说明了他骨子里的骄傲，他并不是一个十分谦逊的人。无论如何，即使能够满足天才和受训的先决条件，也仍然缺乏第三种品质，而缺少了这种品质，会导致这个世界产生一大批能干的工程师，却仍缺乏一名真正的创新者。

当然，关于这种品质，香农描述得很不明确。这是一种“动力……一种试图找出答案的欲望，弄清楚事物形成原因的欲望”。对于香农来说，这是一种必须：“如果你不具备这样的品质，那么哪怕你接受了所有的训练，有世界上最高等的智慧，（但）你没有问题意识，就不会去探寻答案。”不过，连他自己也无法确定这种品质的来源。正如他所说的：“这可能关乎性格，即很可能源于早期的训练、童年时的经历。”最终，他不知道如何称呼这种性格，并归结在好奇心上。“我就说这么多了。”

但是，伟大见解的产生并不仅源于好奇心，而且有对现状的不满。这种不满不是令人倍感压抑的不满（虽然他没有言明，但他的确体验了不少这种不满），而是一种“建设性的不满”，也就是说，“因为感觉事情不对劲儿而产生的些许恼怒”。这种说法虽不一定全面，但至少令人耳目一新，且实事求是地描述了天才：天才不过是被有效激怒了的人。

最后，天才必须乐于找寻问题的解决方法。香农似乎认为虽然他身边的很多人都一样聪慧，但不是每个人都能从运用智慧中获得同样的乐趣。就他自己而言：“证明定理让我快乐，倘若我连续一周试图证明一则数学定理，并最终找到了答案，我就十分快乐。看到一些工程问题颇为聪明的解决之道，或者只用很少设备但效果甚佳的精妙电路设计，我都会很开心。”对于香农来说，没有什么能够取代“得出最终结果所带来的喜悦”。

假设一个人具有某种恰当的天赋，并受过训练，有好奇心，容易被激怒，也会由解决问题而产生喜悦，那么这样的一个人怎样才能解决实际的数学问题或设计问题？关于这一点，香农描述得更详尽，他提出了6个策略，并通过走近听众而使他的表述更为流畅。为了进一步强调，他在身后的黑板上写下P，代表“难题”（problems）；写下S，代表“解决方法”（solutions），以表示这些都是他头脑中行之有效的思维路径。他说，你可以从简化开始：“几乎你所遇到的每道难题都混淆着各种无关数据，你可以抛开它们，将难题简化为主要问题，由此你才会更明白你到底在试图解决什么。”当然，简化本身也是一种艺术，其诀窍在于抽离一切因素，保留有趣的部分；并且简化需要具备一种嗅觉，以区分意外和值得经院哲学研究的本质之间的区别。例如，从香农信息论的角度来看，无线电和基因的区别是很次要的，但重量一致和不一致的硬币之间的差别却相当重要。

倘若不能完成简化这项困难的工作，或者对之进行补充，你就可能尝试第二步，利用类似问题的现成答案去套自己的问题，进而推断出它们的答案具有共同点。实际上，如果你是一名真正的专家，“你的脑海里将充满P和S”，充满了已被解决的问题。你可以将之称作巧妙的渐进主义，或者用香农的话来说，“在任何一种思维中，迈出两小步比迈出一大步都要容易得多”。

第三步，你如果不能用类似的方法简化或者解决问题，就试着重新提问——“改变用词，改变观点……从影响你看问题的方式带来的思维障碍中解脱出来”，避免“思维定式”。换句话说，不要被已经付出的沉没成本所困。毕竟“有些新手”在初次尝试解决某类问题时就一举成功是有道理的，他们不会被时间所积累的偏见束缚。

第四步，数学家们普遍认为，改变观点最有力的方法之一是对“难题进行结构分析”，即将压倒性的难题分解为若干小问题。“数学中的许多证明实际上是通过非常迂回的过程实现的，”香农指出，“在证明定理的时候，证明者发现自己在路线图中游走。他从头开始证明出了许多结果，而这些结果似乎并不能指向某种结论，但最终他会发现给定的难题被证明出来了。”

第五步，你遇到无法分析的难题，也可以反向推导。倘若你的前提不能佐证你的结论，你就不妨先认定结论为真，看看会发生什么，并反过来推导那些前提。你一旦找到了解决方法，就花点儿时间看看它的适用范围：通常适用于一小部分情况的数学规则，也能应用到绝大多数的情况中。“典型的数学理论是为了证明孤立的、特殊的结果，以及特别的定理。总会有人站出来，进行归纳。”那么，你为什么自己不去证明？

无论哪种方法，都带有香农的特质。他最大限度地将计算机继电器简化为逻辑语言的简略表达，或者从各种系统的通信中概括出相同的规则。将这些思维模式用语言表述出来是一回事，而真正去运用又是另一回事。香农似乎也意识到：“我认为优秀的研究员无意识地应用了这种方法，也就是说，他们在主动践行这些原则。”他继续表述这种理性的信念，他认为，任何研究员都会从命名工具以及将无意识转变为有意识中受益。但倘若这一切真像他说的那样简单，那么为什么“少数人产生了绝大多数的重要思想”？当他进行总结的时候，他也邀请了听众上前去检测他新发明的小玩意儿。如果说在演讲厅里有什么令人不安或紧张的话，它就存在于勉强作为公司一员的香农和不爱交往、特立独行的香农之间。

有一篇著名的哲学文章叫《做只蝙蝠的感受是怎样的？》，大致来说，我们并不知道答案。那么，成为克劳德·香农会有怎样的感受？

3

第 26 章　香农教授

1956 年，麻省理工学院率先抛出了橄榄枝，邀请香农到坎布里奇做一个学期的访问学者。重新回到研究生时的校园，对于香农和贝蒂来说都十分兴奋。一方面，相比于寂静的新泽西郊区，坎布里奇是一座充满各类活动的繁忙城市。贝蒂记得，这里与他们在曼哈顿的生活最接近，出去吃午餐，意味着要离开位于西街 423 号的实验室，步入令人眩晕的城市里。

在学术界工作，有着其自身的魅力。“大学的活动安排能够防止单调和无聊，”香农写道，“新的课程、假期、各种学术活动使这里的生活充满变化。”阅读这些文字你可能不会意识到，香农已在文中暗示，他开始厌倦原本的生活了。

教学工作对于香农来说是令人惊讶而愉快的变化。香农写给贝尔实验室同事的信，反映了他作为教授的新生活：

> 我在麻省理工学院度过了一段愉快的时光。研讨进展得非常顺利，但工作量也很大。起初，我只是希望控制在大约由 8~10 名高年级学生所组成的小规模的讨论，但第一天就来了 40 个人，包括许多麻省理工学院的教授、一些哈佛大学的教授、部

> 分博士候选人，以及不少林肯实验室的工程师……
>
> 我每周上两门一个半小时的课，课程反响出乎意料得好，他们几乎都可以百分之百地跟随我的思路。但我在刚来的时候，大方地同意进行一定数量的发言（包括座谈等形式），实际上它是一个错误；现在，每天都过得飞快，我发现自己的时间相当紧张。这里的人对信息论非常感兴趣，而且教授和研究生们在这一领域都有大量科研工作要做。

来听讲座的听众如他预想的一样尖锐。“根据讨论环节提出的问题，参与者给我留下了非常好的印象。”香农告诉另一名记者，“迄今为止，讲课还没有成为一门苦差事。实际上，我非常享受这一过程，但我想再过一两个月，这种新鲜感可能会逐渐消失。”至少在那个时候，这是一种精神上的鼓励，尤其是因为香农之前从未进行任何正式意义上的教学活动。

这也是一个尽情驰骋于数学世界的机会，而不用承担任何有意义的任务，香农能够利用每一次谈话深入地讨论他感兴趣的话题。1956 年春的“信息论专题研讨”激发了香农的热情，在一场主题为“基于不可靠部件的可靠机器”的研讨中，香农提出了以下挑战：“如果人类的生命取决于机器的成功运转，那么我们很难只将希望寄托在失败的低概率上，尤其是哪怕单个部件运行得再好，我们也不足以将人类的命运寄托于此。”他接下来分析了解决这种困境的错误修正和自动防故障装置机器。

在另一场主题为“投资组合问题”的研讨会中，香农思考了信息论对非法赌博的影响：

> 接下来的分析受到约翰·凯利对电视节目《64 000美元问题》新闻报道的启发，内容是打赌这档节目的参赛者能否赢得奖金。由于节目转播会被延迟3小时，一家在西海岸的赌博公司，似乎在本地电视转播前就通过电话接收押注。问题是，如果接收押注的信道十分嘈杂，那么赌博能够在多大程度上顺利进行？

这次研讨会也分析了其他许多类似的问题。他的讲授吸引了一屋子人，包括许多在各自领域忙于前沿研究的教授。似乎香农和他的思考的魅力，大到甚至能够吸引麻省理工学院的校园明星拨冗前来。

当麻省理工学院向香农提出一份正式教职，并期望他永久移居入马萨诸塞州时，这令人难以拒绝。如果香农接受了，那么他将被称作信息科学教授、数学教授，自1957年1月1日起拥有终身教职，年薪17 000美元（这相当于2017年的143 000美元）。高校生活的种种魅力吸引着香农，令他挣扎于自己的选择。贝尔实验室是他从事了超过15年的专业研究的地方。在那里，他作为研究员和思考者度过了最高产的时光。它给予他闻所未闻的研究自由，支持他从事最大胆的研究，但是香农是贝尔实验室文化中的局外人。他的古怪行为得到包容，但香农怀疑，随着时间的推移，他的受欢迎度逐渐会被消磨，这一切将发生变化。他写信给他的主管亨德里克·博德

时提出："我一直认为，我在实验室享有的自由是一种特殊优待。"

可以理解的是，贝尔实验室并不这么认为，他们通过大幅提升香农的薪水来挽留他。但最后，这还不足以令他动摇。他的辞职信体现出相比于工业，他更看中学术。香农写道："贝尔实验室当然有很多优势，可能其中最重要的是没有教学任务，因而人们有更多时间从事科学研究。"香农也承认，贝尔实验室提供的薪水要高于麻省理工学院："虽然在我看来，这差别不大，但无论如何，我认为一些其他的问题更加重要。"

在一定程度上，贝尔实验室位于新泽西州的郊区，这本身就是一个复杂的因素。"贝尔实验室的隐避、独立，既有优点也有缺点。他阻碍了很多浪费时间的访客，但这也导致许多有意思的会面不能进行。外国学者通常只会在贝尔实验室待一天，却能在麻省理工学院待半年。这对于交流思想而言，是非常好的机会。"香农承认，贝尔实验室的学术水平与麻省理工学院相当，甚至超过了麻省理工学院。但最后："在我看来，学术生活的自由性是其最重要的特征。长时间的假期十分诱人，这也是工作中的一种自由感。"这两个机构"大体相当"。这意味着并没有决定性因素导致香农选择了麻省理工学院，只是香农对在一家机构工作了超过15年，产生了某种不安全感。香农写道："我在贝尔实验室工作了15年，发现自己有点状态欠佳，不再能萌生新的思想，而换一个环境、换一帮同事对于我来说是一种刺激。"

不过，香农与贝尔实验室的联系实在太过紧密，直到最后，贝尔实验室也没能与他断绝所有联系，所以香农的名字一直在工资单上。贝尔实验室主席比尔·贝克之后对亨利·波拉克说："香农是贝尔实验室众所周知的伟大人物之一，我是不会让他陷入贫穷的。”波拉克后来开玩笑说，这符合贝尔实验室的精神：“贝尔实验室有两种研究员，有些人因为过去所为得到回报，而另一些人因为其将要做的事得到报酬，但没有人因为现在的所作所为得到收入。”可能出于对香农再回贝尔实验室的期望，他的办公室被保留了下来，名牌也一直镶嵌在紧闭的房门上。

在接受了麻省理工学院的教职之后，香农夫妇取道美国加利福尼亚州前往坎布里奇，他们先在斯坦福大学行为科学高级研究中心做了一年研究员。这一职位负有盛名，而香农夫妇主要将之当作游览美国的借口。他们悠闲地从西部国家公园驱车前往加利福尼亚州，再坐大众公交车（VW bus）回来。像许多东海岸的教授一样，香农对帕洛阿尔托感到惊叹。据说，他对这里的教授如何能在如此美妙的环境里完成研究而感到好奇。不久之后，他向同事推荐了同样的行程：“你将会前往上帝之城。你只需要白色大围裙、厨师帽以及烧烤，一切就准备就绪了。”

在前往西部之前，克劳德和贝蒂在马萨诸塞州温彻斯特坎布里奇街5号买了一幢房子，它位于麻省理工学院以北8公里的近郊住宅区。他们结束了在加利福尼亚州的研究员生活之后，回到了自己的新居。在温彻斯特，香农夫妇的新居到学校的距离，既能保持快速的通勤，也能保持基本的私密性。他们的新居是一幢历史悠久的建筑，考虑到香农的学术背景和爱好，它非常适合他们。

这幢房子建于 1858 年，是为天才发明家托马斯·杰斐逊的曾孙女艾伦·德怀特修建的。它占地 12 英亩，受蒙蒂塞洛启发而设计。这幢房子被“一条部分敞开、拥有倒棱柱子的三段式走廊”环绕，共有 3 层，“坐落于广袤的草地之上，可延伸至神秘的上湖区树木繁茂的岸边”。到香农离世的时候，它被列入国家历史遗迹名录——援引对它的评价“能够欣赏湖与远山的全景”，又兼具华丽的内部构造：

> 房子的焦点是一楼的八角形房间。镶嵌地板的形状与蒙蒂塞洛地板一致。精心制作的黄色大理石壁炉装饰着莨菪叶形、水叶形以及卵箭饰图案。一楼的天花板有 12 英尺高，天花板周围有华丽的石膏吊顶。下层窗户是六角形落地窗，抬起窗户，能够通往阳台。客厅兼图书馆建有绿色大理石壁炉。

这间房子对香农公共形象的树立，发挥了重要作用。自 1957 年起，几乎每一则关于他的故事都发生在湖边的老宅里，通常是在香农扩建的两层房间里，香农将之用作小发明储藏与展示的多功能室，媒体报道常称之为“玩具室”，而佩吉和她的两位哥哥则简单地称它为“爸爸的房间”。

在一些传略中，香农一家将自己的房子称作熵府。香农杰出数学家的身份使它成为学生和同事热衷前往的地方，尤其是在他渐渐退出校园事务之后。

即使在麻省理工学院，香农也围绕着自己的研究兴趣和热情来开展工作。他的一名同事写道：“虽然他一直担任学生导师，但在真正的意义上，他并不热衷协作，似乎总是与同事保持一定距离。”香农没有明确的学术目标，也几乎没有发表学术论文的压力。他留了胡子，每天跑步，加紧发明创造。

这样的生活使香农发明了一批最具创造力、最异想天开的小玩意儿：能够吹奏音乐，也能喷射火花的小号；各种经过改装的独轮车，包括没有座位的独轮车、没有踏板的独轮车、可以两个人一起骑的独轮车等。他发明了一种古怪的重心不平衡的独轮车，骑车者必须上下移动以保持平衡，这样他们便可以一边骑车一边表演杂耍。（虽然市场上可能没有这样的独轮车，但他开了先河。车子的设计非常巧妙，但是香农的助手很担心他的安全。）他还发明了一种升降椅，可以将客人直接由他家的走廊送到湖边；他发明了魔方机、弈棋机、大大小小的手工机器人等。似乎，香农终于可以自由自在地将他的奇思妙想付诸机械实践了。

回想起来，香农愉快地总结了自己这些没用的发明：“我总是想单纯地追寻我的兴趣，而不考虑经济价值或者对世界的贡献。我在毫无用途的事情上花费了很多时间。”很明显，在他看来，他对信息的兴趣和对独轮车的兴趣并没有差别，它们是同一游戏中不同的步法而已。

数十年后，罗伯特·加拉格尔评论了香农的古怪思想，这一评论也符合当时许多领军人物的观点：“这些都是正常、杰出的科学家不会去做的事情！”加拉格尔是香农的支持者，这一充满感情的评论也只是模拟了贬低者的态度，但不难想象，香农同时代充满怀疑精神的人，是如何猜想这位贝尔实验室的传奇人物的。毕竟，他来到麻省理工学院时被赋予了很高的期望，他被授予名誉主席，终身教职，以及数学和工程学两个系的教授职位。香农以前的学生特伦查德·莫尔说：“他非常受欢迎。他将成为带领电气工程系走向未来信息论的领军人物。”

起初，似乎只要香农是麻省理工学院的一员，学院就非常有影响力了。学院里有一名这样的人物起到了标杆的作用，他在吸引精力充沛的研究生，防止人才流失到别的专业上发挥了重要作用。在那个时代，香农的研究生莱恩·克兰罗克回忆了香农的到来对他个人选择的影响：“如果我要花三四年完成博士学位，我希望选择一名我所能想到的最杰出的教授，我想要去做一些有影响力的研究。而据我所知，最杰出的教授就是香农。”

克兰罗克并不是唯一这样想的人，从事信息论研究的学生们纷纷议论自己可能与这一领域的开创者共事。但实际情况可能并没有那么乐观，他所指导的少数学生也很少在麻省理工学院见到他。倘若让他指导更多学生，他会立刻回答：“我做不了导师，我不能给任何人提供建议，我也不认为我有权提出建议。”感到勉强的不只是香农，向香农这样的人寻求帮助，使得即便是最优秀的学生也感到焦虑。例如加拉格尔，他开始在麻省理工学院读博士的时候适逢香农加入学院的那一年，要求这样一位活生生的传奇人物将自己列入他的工作计划，也会产生一些小问题：

> 我太敬畏他了，以至不能在他面前开口说话……他的博士生很

少，我认为一部分原因是，倘若你在麻省理工学院，而你身边有一位像香农这样的大人物，那么你必须有足够的自信，才能请求像香农这样的人做你的导师。

克兰罗克的话可能更加简洁：“我总是既感到荣幸又感到不适应，他竟然愿意指导我！”

香农始终与常规的学术生活保持着距离，践行着自己的观点。他没有加入学术委员会，没有在自己的院所内争取职位，他甚至不常出现在办公室里，他与同事的互动通常是不提前告知就去听他们讲课。赫尔曼·豪斯教授在回忆香农旁听的一门课时说道：“我印象太深了，他非常和善，还提出了引导性问题。实际上，其中的一个问题成为我正在撰写的图书中的一章。”

香农也授课，穿大衣系领带，正如那个年代其他的麻省理工学院的教授一样；他偶尔会在回答学生问题时手里玩转着一支粉笔（令人惊奇的是，他从来不会弄掉粉笔）。在他正式开课以后，人们对他的课程评价各不相同。有些学生非常投入，认为香农的课和传说中的一样好。伦恩·克兰罗克说：“听他的课就像吃大餐。你去了那里，他便会讲给你听，讲得既清晰又直观。他讲的是超高水准的数学，能够对你产生影响。”对于另一些人而言，聆听香农在教室里将他的思维大声地说出来，意味着这是他们自己的学术生涯里决定性的时刻。

香农在课堂上彻底揭露了天才可能面临的种种挑战。这名教授自己很投入，但他的一些听众却很难跟上他的思路。戴夫·福尼曾是当时常常围绕在香农身边的学生，他认为香农的授课内容非常随机，几乎完全取决于他那天选择聚焦的难题的本质。“对一些问题，他能给出有用的答案；而对另一些，他只会列出方程式。”福尼补充道，“这非常适合研究生挑选论文选题。”

从某种程度上来说，即使那些喜欢听他讲课的学生也知道，他们对于香农来说除了聚集了一批麻省理工学院最优质的生源，并分享给他们个人研究兴趣的难点之外，香农并不能传递任何信息。克兰罗克回忆道：“他上课不多，我认为他不太喜欢上课。他教授得很好，但我想他只是想把这些内容教给优秀的博士生。一旦教会了他们，他就可以愉快地与他们共同做研究，而非继续向每一届学生授课。”加拉格尔这样回忆道：

> 他不是那种上课时会说“这就是什么什么的本质”的那种人。他会说：“昨天晚上，看到这个问题的时候，我想起了一种有趣的方法。”他会带着神秘的笑容，和大家分享这件十足美妙的事。

这便是“香农教授”，他太聪明而让人难以理解或者忽视。从这一点来看，与其说他是一名授课者，不如说他是一名启发者。或者，就像豪斯所说的那样：“我们敬香农如同神明。”

有少数幸运的学生能在“神明”的指引下找到一个领域，那些得到香农认可的人会被邀请到他在温彻斯特的家中，并被给予专门的时间讲述有趣的难题。克兰罗克介绍了他与香农的第一次互动：“他说：‘你为什么不下周六到我家来拜访我呢？’我回答：‘太棒了。’你知道吗，我是那种反应比较慢的研究生，我不敢相信他竟然邀请我去他家……我还记得我跟同学们说：‘我要去香农家了！’”

香农是其他人想法与直觉的磨刀石。相比于给出答案，他会提出探索性的问题；相比于解决方案，他会提供方法。正如那一时期的研究生拉里·罗伯茨所回忆的：“香农最喜欢的事情就是听你说必要的条件，然后接着提出‘……怎么样’，并给出一个你没想到的方法。这便是他提供建议的方式。”这是香农所倾向的授课方法，他就像是同道者或者问题解决者一样，和他的学生一样急迫地想要找出未解之谜的新路径或者新方法。

做客香农的办公室成为学生圈里的传说，他在那期间给他们的建议，甚至直到数十年后依旧影响着他的学生们。罗伯特·加拉格尔说了一则逸事，以表现香农式指导的力量与精妙之处。

> 我认为我想出了一个非常简洁的研究思路，比其他人构建的各种花哨的通信系统要好得多。我去找他，并向他解释我试图分析的难题。他有些困惑地看着它，说道：“那么，你真的需要这个假设吗？”我回复道：“我想我们可以忽略这个假设。”我们继续讨论了一会儿，他又说道：“你需要这一假设吗？”我立刻发现，这样难题会得到简化，虽然它看起来有点儿不实用，就好像游戏问题。他继续这样进行了五六次。我不认为他立刻就能发现问题的解决方法，我想他只是在探索自己的方法，只不过他有一种直觉，能够分辨出哪些是问题中根本性的部分，哪些只是细枝末节而已。
>
> 从某角度来看，我很沮丧，因为我发现我提出的简洁的研

> 究方法实际上也非常琐碎。但是从另一个角度来看，撇开了这一切，我们都找到了解决问题的方法。然后我们再逐步将这些假设加进去，并立刻发现了解决整个问题的路径。那就是他的研究方法，他会找出最简案例，然后寻找为什么它行之有效，以及为什么应当这样解决它。

不过，其他的来访者偶尔也会遭受打击，因为他们发现有些自己刚开始探索的问题，已经有了不少研究成果。欧文·雅各布斯是那个年代麻省理工学院的学生，后来创立了高通公司。他回忆道："大家会走进他的办公室，讨论一个新问题，以及他们是如何试图解决它的，然后他便会走向他的文件柜，从里面拿出一些尚未发表的文章，这些文章已经很好地涵盖了相关内容。"

与许多传统的20世纪中期的丈夫及父亲不同的是，香农花费了很多时光待在家里。香农的女儿佩吉对父亲的回忆验证了他的与众不同："他在家里做了大量工作，所以只有需要教学或者约谈学生的时候，他才会去办公室；若非必须，他在麻省理工学院待的时间并不长。所以我总觉得他就在身边，这与许多上班族并不相同。"熵府成了他的办公室，学生也会过来，寻求项目反馈；同时，他们也来看看温彻斯特的圣人又在家庭实验室里做出了什么。甚至消瘦憔悴的教授们和贝尔实验室的老专家们也会长途跋涉到温彻斯特，香农会带着他们参观每一个房间，全程炫耀他收藏的精巧的设计作

品与古怪的发明。访客们对他的藏书、他的两层发明室，连同机械作坊，以及房子里令人炫目的小玩意儿和小发明印象深刻。

香农与其他父亲的区别不仅是香农永远待在家里，或者家里放满了电动机械藏品，而且在于家中的一切是由两名数学家指导的。例如，要决定晚饭后由谁来洗盘子，香农夫妇会进行概率游戏，将一只机器老鼠放在餐桌的中间，等待老鼠倒向某边，由此决定洗碗的一方。

同时，任何时刻都可能成为数学即兴教学时间。在一场香农夫妇举办的派对上，佩吉·香农负责管理牙签。她捧着牙签盒子站在走廊上，一不小心把牙签盒掉在了地上，牙签撒了出来。她的父亲站在附近，停顿了一会，观察这些牙签，然后说："你知道吗？你可以通过它来计算圆周率。"他指的是蒲丰投针问题，一个非常著名的几何概率问题。倘若你在平行且等距的木板上投放一系列针（或者牙签），根据针与木板相交的概率能够预测出圆周率值，准确率高得惊人。最重要的是，佩吉仍然记得，她的父亲并没有因为她惹的乱子而冲她发火。

香农的孩子们也继承了父母的爱好，象棋和音乐成为家庭的休闲时光，而炒股和小发明更是日常生活的一部分。香农会带着孩子去看体操比赛和马戏表演。正值许多数学家最爱的《爱丽丝梦游仙境》热映，香农尤其喜欢引用其中"炸脖龙"的话。当遇到具有挑战性的数学作业时，佩吉通常都会找父亲帮忙，虽然她也承认，这有些大材小用了，家里的任何人，包括他的哥哥，都可以帮她解决这些问题。用她的话说，他是一名耐心的老师，虽然他常常离题太远，违背了自己的初衷。他抱怨"新数学"的教学潮流，容易跑题到类似虚拟数字这样的概念上，而这早已背离了帮助女儿完成作业的本意。

麻省理工学院对香农提出的要求很少，使他有机会暂时从日复一日的信息论研究中抽身，去观察仍待整合的数字世界。香农的学生托马斯·凯莱斯说道，那些年是“麻省理工学院信息论研究的黄金时代”，香农在其中扮演着“教父”和“网络节点”的角色，而不再是核心参与者。香农的工作激起了他们的好奇心，即使他们没有与香农产生直接联系，一群新人仍旧踏入了这一领域。正如后来的信息论专家安东尼·埃弗雷米兹所说的那样：“香农提出的独特方法的知识，吸引了如此多原本倾向于不同领域的人，他们说：‘哇，我喜欢这个！这种看待问题的方法太美了，而我却一无所知，那么让我来进一步探索吧。’”

这种更轻松的角色看似是对他的放纵，但他带着自己特有的幽默和漫不经心，在离开贝尔实验室前往麻省理工学院的这段时间里，他惊人地高产。尽管他讨厌写作，这栋著名的阁楼里却塞满了他的半成品研究论文，他的脑海里涌现出了无数假设。除了像《通信的数学理论》这种级别的、可以被当作终身成就的作品，香农还发表了其他数百页论文与备忘录，其中许多论述开辟了研究信息论的新领域。他也曾撰写其他领域的文章，有关开关、密码学、象棋程序设计等，他还差点儿成为一名开创性的遗传学家。凡是他关心的问题，他都能做出不俗的成果。

尽管如此，香农也承认他已经过了自己的全盛时期。香农说：“我相信科学家会在他们50岁，甚至更早之前，完成自己最出色的研究。我自己就是这样的，我在年轻的时候完成了绝大多数出色的研究。”这一信条暗含了数学天才是有年龄上限的，这对于香农来说也并不例外。数学家G. H. 哈代曾写下一句著名的话：“数学家们不该忘记，与其他艺术或者科学相比，数学永远是年轻人的游戏。”

虽然这一规则也存在明显的例外情况，但香农确信自己不在例外之列。他的贝尔实验室同事亨利·波拉克回忆了他前往温彻斯特拜访香农，与香农分享通信科学最新发展的情形，他说道：“我开始告诉他最新的发展，有那么一阵儿，他显得非常感兴趣。然后他说：‘呃，我不想再思考了，不想再考虑那么多了。’我认为，这预示着他不想再继续研究了，他只是失去了兴趣，不再思考了。”

如果香农放弃了继续思考，那么也可以说他解放了自我，得以鸟瞰正在出现的信息时代，而这一时代正是依赖于他的研究才实现的。他的研究影响了其他同事的努力方向，旧的时代已经结束，通信科学家不再受制于媒介，也不再受困于不同的专业领域。

加拉格尔回忆道：“对于每一个（在香农）之前建立通信系统的人来说，他们都在试图找寻发送语音、传递数据的方式，比如莫尔斯电码。克劳德却说你并不需要担忧通信内容的差别。”现在他们的忧虑有了更富成效的解决途径，即编码、存储与比特传输。“一旦所有的工程师都开始这么做，取得进步就变得异常迅速了，他们开始找到更好的数字化方法、存储方法以及传递这些被称作二进制数字的极简的对象，而不是像语音波形这样的复杂对象。如果从这一角度看问题，香农确实引发了数字革命。”

尽管这场革命已经超越了他，但是香农在麻省理工学院的授课以及他在全国的演讲，仍旧构成了对未来世界的审视。1959 年，他在宾夕法尼亚大学的一次演讲中说道：

> 我认为，这个世纪在某种意义上将会见证信息业务的大幅激增与发展……信息收集业务、点对点传输信息业务，也许最重要的是信息处理业务，即用它来代替人类在工厂中进行机械化操作……甚至在一些创造性的领域代替人类，比如数学或者语言翻译。

如果这些话对于当今的我们来说是不言而喻的，那么值得一提的是，香农是在距互联网出现 1/4 个世纪之前便预测到了这些，而那时候所有的计算机还如房间般大小。在那个年代讨论“信息业务”实际上是在谈论幻想中的世界。

所以，虽然“香农在 1948 年以后便不再产生最杰出的思想”的说法非常普遍，但这种批评可能导致我们忽视他的许多研究，那些本着游戏精神进行的研究成为香农终身的名片。如果你不希望这位业余爱好者将晚年的大量时间放在下象棋、研究股票以及玩杂耍上，你就无法认识这位充满好奇心的天才，而正是他发明了信息，这一切都源于同样的游戏精神。

第 27 章　股市“密码”

一则关于香农的传奇故事是这样的：在一系列凭直觉的数学运算中，香农破解了一种密码，以操纵股票市场。香农收集了一堆过期的《华尔街日报》(*Wall Street Journal*)，全力以赴地开发出一系列运算方法，以使混乱的股市变得井然有序，这也赋予他面对金融潮流的独特眼光。他变得富有起来。他如果公开宣传自己的策略，就很可能成为美国的投资大师。

正如香农生活中的大部分传说一样，这则故事也只有部分源于事实，在 20 世纪六七十年代，贝蒂和克劳德确实曾经一度沉迷于股市。佩吉·香农回忆道，这段往事是一件家务事：

> 家中的大部分对话都是围绕股市进行的，一旦从麻省理工学院回家，我父母的大部分焦点都是股市的变化。他们很早便教我读《华尔街日报》、看股市。坐下来、打开报纸，然后他们便让我将报纸念出来，因为我的视力比他们好。这也是一种让孩子们参与的方式……最终，他们组装了一台小型个人计算机以便在白天记录开价，并在一天结束时再次检查，所以家里到处都是记载股票报价的打印纸。

当时，香农一家并不需要通过炒股增加额外收入。这不仅因为麻省理工学院和贝尔实验室的工资，而且因为香农开始投资一些科技公司。香农的前同事比尔·哈里森鼓励他投资自己的公司——哈里森实验室，该公司后来被惠普收购。香农的一位大学朋友亨利·辛格尔顿将香农列入他创立的公司特利丹的董事会，该公司后来发展为价值数十亿美元的联合企业。香农回顾这件事，他说他之所以愿意投资，单纯是因为“我对他印象不错”。如果硅谷在最初的日子里是“老男孩俱乐部”，那么那时的克劳德·香农是正式会员，并且他得益于其中各种各样的特权。

当然，老男孩俱乐部也得益于香农，他在其中起到了网络节点作用，并担任非正式顾问。例如，当一家语音识别公司向特利丹公司发出收购邀请时，香农建议辛格尔顿将其拒之门外。因为根据他在实验室里的经验，他很怀疑语音识别在短时间内会有成果。该技术尚处在萌芽阶段，他在实验室的时候，看到了太多投入这一领域的时间与精力付诸东流。对于辛格尔顿和香农而言，他提供的意见发挥了作用，25 年来，他对特利丹的投资收获了年均 27% 的复合回报。

从某种意义上来说，股市是香农晚年最特别的爱好。他的家人和朋友经常提起的一个观点是香农似乎对钱并不感兴趣。有人说，香农只有在贝蒂坚持要求的时候，才会将毕生积蓄从支票账户中转移出来。一位同事回忆道，他在香农位于麻省理工的办公桌上看到了一张大数额的未兑现支票，这立刻引发了另一个传说：香农的办

公室里到处都是支票，他对此心不在焉，而且不去兑现。从某种程度上来说，香农对金钱的兴趣与他的其他爱好一致。他并非为了赚钱而赚钱，也并非渴望追求更好的物质生活。但是金钱创造了能够被分析、诠释以及起作用的市场和数学谜题。香农不太关心金钱可以买到些什么，却关心金钱能够使之实现的趣味游戏。

在这个故事里，贝蒂被遗漏了。股市吸引了她，第一个带领全家人进行投资的也是贝蒂，而非香农。佩吉·香农回忆道："他们在股市中的付出完全是团队合作。并不是我的父亲将数学思维运用到股市里，并研究如何赚钱……这始终是一个联合项目。"这也源于香农夫妇对风险的共同承担。正如佩吉所述的："他们是赌徒，并不回避有风险的财务决策。"

他们对市场的兴趣变为强烈的爱好。他们两人，尤其是贝蒂，开始阅读各种关于贸易的书，思考各种市场哲学，并绘制股票市场的可能情形。他们研究了许多历史上最成功的投资者，包括伯纳德·巴鲁克、海蒂·格林和本杰明·格雷厄姆。他们阅读了亚当·斯密的《国富论》，研究了冯·诺依曼和奥斯卡·莫根施特恩关于博弈论的成果。毫无意外的是，克劳德研究出了一种方式，据说它能够反映资金如何在市场中流入、流出。

当香农答应在麻省理工学院做一场关于股市的讲座时，讲座内容的火爆程度导致他被迫将讲座地点改到了学校最大的报告厅，他站在了著名的圆顶之下。即使这样，报告厅里仍旧只剩下站立的空间。香农提出了一种理论，它使投资者能够从正在下跌的股票中获利——通过不断交易，投资者可以在价格波动中受益。听众的第一个问题是："香农博士，你会利用这一理论进行投资吗？"他回答道："不会，手续费太高了。"

这场讲座的效果很可能比任何金融巫术都要显著，成为认定香农为选股天才的传闻的主要来源。之后，香农似乎被听众对他讲座的关注震惊到了，每当这一话题出现在采访中，他便忍不住乐不可支：

> 我甚至做了一些关于股票和股市的理论研究，记载在我没有发表的论文里。每个人都想知道上面写了些什么！（香农大笑）真的很有趣。大约20年前，我在麻省理工学院做了一次演讲，概述了其中的数学原理，但从未将它作为论文发表，直到今天，人们还在问我这一话题。就在去年，当我们要离开布莱顿的时候，不止一个人走过来对我说："你好，听说你在麻省理工学院讲过股市！"我很惊讶，竟然还有人记得！

但是对于那些寻求用统一的宏观理论来解释市场波动的人，香农很快搁置了这种投机。用他的话来说，他和他的妻子是"'激进主义者'，而非技术人员"。香农夫妇随意地尝试了技术分析，并发现这正是他们想要的。正如香农自己所说的："那些整天研究价格图表、'头肩公式'和'大V字形'的人，在我看来是在重现重要数据的干扰图像。"

香农争论道：复杂的公式远没有公司的"人和产品"重要。他继续说：

> 许多人在应当研究公司的基本情况和收益的时候只看股票价格。预测随机过程会伴随许多问题，例如公司的收益状

况……我的大体感受是，选择那些即将成功的公司比预测短期变化更容易，短期变化只会持续数周或数月，只有在《华尔街周刊》上才会有人担心。更多的随机性和预料不到的事情会导致人们大量买进、卖出股票。

从数学性较弱的角度来看，这看起来似乎是一个借口，但当香农使用“随机过程”这样的短语时，他是因为对基础数学深有体会才会这么说的。同时，他认为市场时机和数学诡计，并不如具有强劲增长势头和稳健领导力的坚实的公司更重要。

所以，只要有可能，香农夫妇就会考察公司的创始人，对产品和样品进行抽样。正如威廉·庞德斯通所述的，当他们考虑投资肯德基的时候，他们甚至买了几桶炸鸡与朋友一起来品尝。

除了进行研究之外，香农乐于承认还有一个确信无疑的因素是他成功的关键。在被问及他的一生是否幸运时，香农回答道：“远远超出任何合理的期望值。”香农自己承认，他在时机方面非常走运，同时有幸结识了一些公司的创始人并确保了早期投资。他的大部分财富集中在特利丹、摩托罗拉和惠普公司的股票上。在一开始参与其发展之后，香农所做的最聪明的事情是继续坚持。他的女儿佩吉总结（这种说法也可能来自她的父亲）道，她的父母“运用了常识，将它们关联起来，并且具有不错的运气”。

如果香农在金融领域的研究有什么值得长期关注的，那就是这些令人难忘的逸事，其中许多都是关于他的最著名的故事。香农曾对罗伯特·普赖斯说过一句名言：“我通过股市赚钱，而非论证定理。”当被问及哪种信息理论最适用于投资时，香农回答道：“内幕消息。”

第 28 章　发明家的天堂

很多香农夜以继日研究的发明都是异想天开的，例如，会制造讽刺评论的机器，或者罗马数字计算器。有些发明显露了戏剧性、炫目的特质，如能够喷射火焰的小号和玩转魔方的机器。他也制造了一些其他装置，它们切实预示了超越一代人的真正的科技创新。其中有一样十分特别，它不仅远远领先于时代，而且差点儿使香农陷入法律与黑手党的麻烦之中。

早在苹果手表和智能手环出现之前，世界上第一台可穿戴计算机是由爱德华·索普设想出来的，当时他还是加利福尼亚大学洛杉矶分校的一名鲜为人知的物理系研究生。索普是一名罕见的既喜欢与拉斯维加斯赌徒在一起，又喜欢与书生气的教授在一起的物理学家。他热爱数学、赌博与股市，大致是这样的顺序。他喜欢挑战赌桌和股市：你能够对看似随机的状况进行预测吗？什么能使人在机遇游戏中占据优势？索普不满足于仅仅思考这些问题，他和香农一样，开始着手找寻并得出答案。

1960 年，索普还只是麻省理工学院的一名青年教授。他一直在研究一则应对 21 点的定理，并希望将它的结果发表在《美国国家科学院院刊》（*Proceedings of the National Academy of Sciences*）上。

索普发现，香农是这本期刊编委会中唯一一位麻省理工学院数学系教授。一个寒冷的下午，他在香农办公室外面等候。索普回忆道："秘书提醒我，香农只会待在那里几分钟，不要有太多期望，而且他不会把时间花在他不感兴趣的事情（或人）上。我感到既惊讶又幸运，我在香农办公室里见到了一位中等身高、体型瘦弱，带着警觉的轮廓分明的人。"

索普关于21点的论文激起了香农的兴趣，香农只对他提了一个建议，即将题目由《21点取胜策略》改为《21点有利策略》，以便更好地通过稳重的编委们的评阅。他们两人都喜欢将数学运用在陌生的领域里，以寻求对机会的洞察力。在香农"盘问"索普关于21点论文的相关问题之后，他问道："你对赌博还有其他研究吗？"

索普坦诚道："我决定向他透露我的另一个关于轮盘赌的大秘密。关于这个计划的想法在我们两者之间穿梭，激动人心的几个小时之后，冬日的天空变得昏暗，我们终于中断了讨论，决定下次见面时再讨论关于轮盘赌的问题。"正如威廉·庞德斯通所说的："索普无意中将一名这位世纪最伟大的人物带到了另一个领域。"

索普立刻被邀请到香农家里。索普记得，房子的地下室是"发明家的天堂……那里有成百上千个机械、电气类部件，包括电机、晶体管、开关、皮带轮、齿轮、冷凝器、变压器，等等"。索普惊愕地说："现在，我见到了终极发明家。"

正是在这个发明者的实验室里，他们开始弄懂轮盘赌的原理。他们用1 500美元订购了"一台里诺监制的轮盘赌盘"，一台闪光灯以及一只每秒指针旋转一次的钟。由此，索普得以近距离接触香农的各种各样的发明：

到处都是小装置。他有一个机械投币器，可以通过设定翻转数，抛出头像或者反面。搞笑的是，他在厨房装了一个机械手指与地下实验室相连。叫他的时候可以拉一拉手指上的线。香农还在斜坡上的大树上搭建了一个35英尺长的秋千。从坡顶开始摇摆，下坡端的弧度可以达到距离地面15~20英尺……克劳德的邻居偶尔会惊讶地看到神秘湖上有人在“水面上行走”。这实际上是我穿着克劳德专门为此设计的巨大的泡沫聚苯乙烯“鞋子”。

索普写道，比这些发明更令他印象深刻的是这位主人“看出”难题解决方法的杰出能力，而非通过无休止的工作来强行试验。“香农似乎是用‘想法’而不是文字或者公式去思考。他遇到新难题时就像雕刻家摆弄石块，香农的想法将障碍物逐一凿去，直到呈现出近似解决方案的图像，然后他会继续用更多想法使之精细化。”

8个月来，他们共同挑战开发出一种能够预测轮盘赌球停止位置的装置。为了使这种装置征服赌场，索普和香农不需要每次都预测出精确的结果，他们只需要获得轻微的优势。庞德斯通写道：“将球的目的地缩小到转盘的一半将会带来巨大的优势。”随着时间的推移，只要赌资充沛，即使最小的优势，也会带来可观的、富有意义的回报。

想象轮盘被分为8个部分，到1961年，索普和香农已经制造出了可以决定球会落到哪一部分的实用版设备。实际上，他们刚总结出获得轻微优势的方法，索普就要求香农绝对保密。他们使用了社交网络理论家的研究，他们认为随机选择的两人至多能够保持三度分离。换句话说，香农、索普和愤怒的赌场老板之间的距离会非常小。

他们发明的设备“有一包香烟大小”，由索普和香农的大脚趾进行控制，“我们的鞋子里装有微型开关”，以音乐的形式传递赌博建议。索普解释道：

> 一个开关初始化电脑，另一个记录转子和球的时间。一旦转子时间被记录，计算机就会传递一个音阶，它的8个音阶会标记出转子八分仪通过了基准标记……我们每个人都可以通过耳道里的微型扬声器听到音乐。我们给连接电脑与扬声器的电线上色以配合皮肤和头发，并使用“化妆胶水”粘贴它们。电线的直径如头发丝般粗细，这使它们看起来并不显眼，但我们使用了头发丝般粗细的钢丝，它们十分脆弱。

他们把它带到赌场，索普、香农和他们的夫人轮流下注，“通常香农会站在轮盘边计时”。至少由一组人进行观望，“检查赌场是否发现了异常以及我们看起来是否显眼”。即便如此，他们也有十分惊险的时刻。索普回忆道：“有一次，我身边的一位女士一脸惊恐地看着我，我迅速离开了赌桌，并且发现我耳道中传出的声音很像奇特的昆虫。”

索普非常相信他们的二人组可以大获全胜。克劳德、贝蒂和索普的妻子薇薇安则没有那么有信心。索普后来承认他们的谨慎是正确的：内华达州的赌业与臭名昭著的黑手党勾结在一起。假如香农和索普因为在赌场中作弊而被抓，那么这两位麻省理工学院的教授全身而退的机会将微乎其微。进行尝试之后，这一试验就被取消了，第一台可穿戴的计算机完全出于香农日益增长的好奇心。

第 29 章　关于杂技的研究

“你介不介意我把你倒吊起来？”如果其他教授说了这句话，你可能会非常奇怪，但如果是出自克劳德·香农之口，那就再正常不过了。香农在脑海里构思了一个精心设计的试验：将杂耍者倒吊起来，使得反弹球和抛接球两种形式的杂技得以结合。

抛接球是我们最熟悉的杂技类型，物体在空中连续打转，伴随其数量的增加，难度也越来越大。反弹球则与之相反，通过持续将物体击向地面使之连续运转，其动作很像敲击手鼓。一代又一代的杂耍者在掌握技能的初始阶段就发现，反弹球比抛接球所耗费的力气要小得多；反弹球时，球体在反弹的最高点到达表演者手中，这时它们在整场表演中速度最慢。但即使反弹球杂耍者善于在低速时接球，抛接球的常规杂技也更流畅，看起来也更自然，与反弹球的冲击力相比，杂耍者更容易掌握抛接球。

香农很好奇，有没有可能将这两种杂技的物理原理结合在一起。我们能够用一种方式既实现抛接球的流畅性，又实现反弹球的高效性吗？在实践中，我们能够在倒吊的状态下抛接球，利用重力使球下落然后接住它们吗？这些问题和方法都体现了典型的香农特征：异想天开，不在乎他们对现实的价值。可能其他教授认为它们并不重要，但是作为麻省理工学院终身教授的香农却认为它们非常有趣，值得耗费学术时间与精力。

于是，麻省理工学院的学生亚瑟·莱贝尔被倒吊在香农的起居室里。球被抛起来了，然后狠狠砸向地面。莱贝尔回忆道："作为一个物理实验，它彻头彻尾地失败了。"一些物理限制，甚至完美的数学都不能破解这一难题；在这种情况下，即使是伟大的克劳德·香农，也不能通过试验设计出克服其中最明显的问题的方法。其他人在头脚颠倒的状况下又能做得多好呢？

莱贝尔已经习惯于各种类似"我能把你倒吊起来吗"的问题。他是麻省理工学院杂技俱乐部的创始人，初识香农源于这位著名的信息论专家没有事先告知，便顺道参加了俱乐部的活动。香农去俱乐部的原因和全世界的父母一样，不一定是出于他们自己的选择，而是因为他的女儿佩吉希望他去。她在学生报纸上读到了俱乐部的消息，很可能并没有花多少工夫便说服她爱骑独轮车、搞小发明的父亲前往参加活动，所以最先对杂技俱乐部感兴趣的是佩吉。

莱贝尔还记得："他出现在那里，并没有告诉任何人他是谁。有一群玩杂技的人站在外面练习，他走过去，然后说：'我能测评你们的杂技技能吗？'这是他对我们说的第一句话，而这个问题之前从未有人问过我们。"莱贝尔和其他杂耍者欣然同意，由此香农和莱贝尔迅速建立了友谊。

像香农这种身份的人前来参加活动并不罕见。正如莱贝尔所说的："在麻省理工学院玩杂技的一件妙事在于你永远不知道谁会光临。例如，有一天电子闪光灯的发明者埃杰顿博士驻足于杂技俱乐部，询问能不能在电子闪光灯下给他们拍表演杂技的照片。"但罕见的是会再来参加活动的人。香农就曾不断再度光临，甚至有天晚上，当他们的比萨电影之夜需要场地时，香农邀请他们到他在温彻斯特的家举办活动。佩吉·香农回忆道："杂技俱乐部和杂耍者令我们着迷。"

数十年来，香农一直热衷于杂技。当他还是个小男孩的时候，他就会想象自己是一名集市杂技表演者。在贝尔实验室，人们在说到他因为信息论而获得的成就时，往往会提到他在实验室狭窄的大厅里骑独轮车的故事。在温彻斯特的家里，他的游戏室里备有充足的抛接球道具。这样看来，他充分发挥了业余杂耍者的天赋，而不仅满足于单纯的娱乐。据说，他能够同时抛接4个球，任何尝试过杂技的人都知道，这是非常了不起的。他的数学家兼杂技伙伴罗纳德·格雷厄姆，将他的成功部分归于从伽利略处学到的把戏。格雷厄姆说道："当伽利略试图减缓重力的时候，他只是倾斜了桌子，就使球从一端滚向另一端，想象一张大桌子，当你倾斜桌子的时候，你离1g[①]便又近了一分。"通过在倾斜的气垫球台上滑动冰球，香农得以通过慢动作研究这些模式，提升他的杂技技能。冰球的轨迹"并不呈抛物线状，只是尖形，你可以持续练习"。

有一些杂技对于香农来说并不容易。乔·格特尼写道：纵使他有数学和机械天赋，"但有些事情他就是无法掌握，这使他更入迷。

① g为重力加速度。——译者注

香农总是感慨自己的手太小，很难实现由 4 个球到 5 个球的突破。这在一些人看来，是优秀的杂耍者和卓越的杂耍者之间的区别”。至少对于香农来说，他注定只能成为优秀的杂耍者。

杂技这种消遣缺乏如象棋和音乐这类爱好一样的高雅性，但数学家杂耍者由来已久。尽我们所知，这一传统始于公元 10 世纪巴格达的一个露天市场。在那里，伟大的伊斯兰教天文学家阿布·萨赫尔·奥胡希开始表演杂技。几年之后，奥胡希成为当地埃米尔的一名宫廷数学家，埃米尔被行星运行吸引，在他宫殿的花园里建造了一座天文台，并交给奥胡希管理。这次任命产生了一些难得的数学成果：奥胡希发明了一种可调节几何罗盘，这很可能是世界上首个这样的罗盘，并引领伊斯兰教天文学家复兴了对希腊思想家阿基米德和阿波罗尼奥的研究。

从在集市上表演杂技到测量行星轨迹，其中有什么共同之处吗？是什么吸引了奥胡希和之后数不清的杂耍者？答案在于抛物线和弧线的模式，这是方程式在开放的空间中发挥了作用。正如格雷厄姆所说的：“数学常被描述为科学模式，而杂技可以被看作在时间和空间中控制模式的艺术。”所以毫不奇怪，一代又一代的数学家在大学的角落里抛接物品。《杂耍中的数学》的作者伯卡德·波尔斯特写道：“下次你要是在公园里看到一群人练习杂技，问问他们是不是喜欢数学。很有可能，他们都喜欢……大多数年轻的数学家、物理学家、计算机科学家、工程师等在他们人生的某阶段，可能都会尝试同时抛接 3 个球。”

所以是什么吸引了香农研究杂技？莱贝尔说：“他喜欢独特的运动……我认为他之所以喜欢杂技，是因为这是一项独特的物理运动。” 20 世纪 70 年代初期，杂技的独特性终于激发香农写了一篇关于这一主题的数学论文。

莱贝尔观察到，杂技“非常复杂，有许多有趣的特性；它又非常简单，能够对这些特性建模”。虽然它在数学层面非常值得研究，但是当香农开始探索这一领域时，他完全是从零开始的，在此之前从来没有人对这一领域进行过研究，或者建立任何理论。这是一个无人尝试的领域。

关于杂技的第一篇重要科学研究出现在心理学领域。1903 年，埃德加 · 詹姆斯 · 斯威夫特在《美国心理学期刊》上发表了一篇研究学会杂技需要多长时间的文章，以此作为教授感觉神经技能最有效的方法的试验。杂技的本质似乎是一种后天习得的技能。斯威夫特所探索的观点并不是“杂耍者如何学会他们的技能”，而是“人类如何习得某种技能”。在他之后，20 世纪中期的心理学家持续将杂技作为一种研究工具。虽然心理学家发现杂技在他们的研究中具有价值，但数学家并不愿意将这项人人喜爱的消遣运动作为数据和试验的来源。在香农涉足这一领域之前，并没有论文探讨杂技中的数学。

这怎么可能呢？一直以来，为什么数学家试图表演杂技，却没有写出关于这一主题的文章？从某方面来看，这并不难理解。数学一直是一门竞争激烈的学科，虽然这些游戏的概率和技能所揭示出的可能性与模式值得研究，但它们本身并不是严肃的研究。纸牌游戏、谜题、杂耍以及其他这类娱乐活动，可能是令人愉悦的数学爱好，但没有严肃、有雄心的数学家，会误将马戏团的日常活动当作值得研究或发表的合适主题。也就是说，在克劳德·香农以前还没有人这么尝试过。他对物质需求无动于衷，不吝于以自己的名誉为代价，受到好奇心的驱动，一头扎进对杂技的研究之中，丝毫不顾虑他的同事是否也会这么做。

在香农的各类研究中，关于杂技的论文并不起眼儿。它并未开创一个全新领域，也并未为他带来任何国际声誉。虽然他的杂技论文的手稿广为传播，但香农既没有发表它，也没有完全把它写完。尽管香农很可能是第一个用严密的数学规则来研究杂技的人，但论文的突出特点不在于它的原创性或数学质量，而是揭示了作者广泛的阅读与研究水平。如果说信息论、遗传学和开关研究验证了香农思想的深度，那么杂技则展现了他的机敏。这验证了香农的观点，即任何事物都可以成为严谨的数学分析的对象。

香农看到了《圣瓦伦丁城堡》上一篇文章中的对话，这是一篇罗伯特·西尔弗柏格所著的短篇科幻小说，故事发生在遥远的马吉坡星球。这是关于一位名叫瓦伦丁的流浪杂技艺人的冒险故事，他实际上是一名国王，但是他的皇冠和头衔都被夺走了：

小个子男人听起来很受伤，问道："你认为杂技只是变戏法吗？是令人目瞪口呆的娱乐吗？是在地方嘉年华中夺得一两顶皇冠的手段吗？是的，它都是，但首先它是一种生活方式、一位朋友、一个信条和一份崇拜。"

卡拉贝拉问道："它也是一类诗歌，对吗？"

斯力特点头说："是的，也是。它还是数学。它教会我们冷静、控制、平衡、摆放物品的感觉，以及运动的根本结构。其中蕴藏着无声的音乐。最重要的是，它是一门科学。我听起来是不是很自以为是？"

对于香农而言，阅读这篇文章的人应当"尽量不要忘记卡拉贝拉和斯力特的杂技中关于未来与现在的诗歌、喜剧与音乐"。我们可以从下一句中感受到香农的自我意识，他打断了这一思路，借用斯力特的话询问读者："我听起来是不是很自以为是？"

如果确实是这样的话，香农就是知道的。这似乎可以解释为什么后面几段试图通过将观众置于杂技的历史之中，以缓和文章开篇的高傲感。在大约 2 页的篇幅里，他纵览 4 000 年历史，谈论了大量赞赏杂技的流行观点与文化观点。这篇文章的历史之旅始于公元前 1900 年的古埃及，墓地墙上刻着表演杂技的场景，其中有 4 个女人，每个人都在抛接 3 个球。在此之后，他又让读者与航海冒险家詹姆斯·库克船长和科学家格奥尔格·福尔斯特一同前往汤加王国的波利尼西亚岛。那一年是 1774 年，福尔斯特在一次环球旅行中注意到，汤加人有一种天赋，能够让多种物体依次飘浮在空中。香农引用了福尔斯特对一个女孩的观察："她生动活泼、轻而易举地抛接了5个小苹果般大小的葫芦，形成一个完美的圆形。她连续不断地将它们抛到空中，极为灵巧地接住它们，从未失败，而且至少持续了15分钟。”

从那里回到公元前400年的陆地，来到色诺芬的夜宴，与苏格拉底一起做一名观众，在那里他因为看到一名年轻的女性在空中抛接12个铁环而感动地说道：“先生们，这名年轻女子的壮举是证明女性除了缺乏判断力，力气不足，本身并不逊于男性的证据之一。所以，你们如果有妻子，就自信地教会她任何你想让她知道的事情吧。”对于香农而言，苏格拉底的评论在两个层面上都很有意思。一方面，如果这个女孩真的能同时抛接12个圆环，那么她便会打破世界纪录，成为世界上能够一次抛接最多物品的人。对这一点，香农宁愿放弃对色诺芬和苏格拉底的怀疑：“谁能比伟大的哲学家苏格拉底和著名的历史学家色诺芬更能作为有说服力的目击者呢？无疑，他们都能数到12，而且都是认真的观察者。”

但那是香农唯一的让步，苏格拉底盲目的大男子主义并不适宜。我们能够想象香农的振奋与敌意，他否定了苏格拉底对女性能力的盲目看法。“有趣的是，苏格拉底背离了自己的问答教学法，下了绝对的判断，并随即患上了“口不择言症”。他如果没有做出关于女性判断力和力气的定论，就本可以成为女性平等运动的先知倡导者。”在后面的文章中，香农描述了关于女性杂耍者更详细的例子。他特别提到了两个人：洛蒂·布鲁恩，被称作“世界上速度最快的女杂技家”，也是20世纪20年代欧洲剧院巡回演出的固定成员；特里克茜·菲尔舒克，被称作“首位女杂技家”，一位出生于布达佩斯马戏团家庭的德国童星。

所以，从古埃及谈起，到中世纪游吟诗人混合了“杂技、魔术与喜剧”的表演，直到最后，香农以20世纪各种各样的表演结尾。他们的光辉，包括W.C.菲尔兹在内，激励了一代又一代的女孩男孩，也包括克劳德·香农，儿时他曾威胁自己的父母要跑去参加马戏团。

历史的经验总结出，如何理解杂耍者及其练习杂技的心理，是更严肃的研究。具体而言，如何理解杂技训练既需要精确性又需要喜剧精神？体操运动员的失误会带来表演者与观众的失望、遗憾，而没能接住球的杂耍者只可能迎来观众的大笑。杂耍者如何处理这一情况？

香农以颇似写自传的口吻写道：“杂耍者是各类演艺人士中最脆弱的一群人。”实际上，大部分严肃的杂耍者都被迫养成一套思维计谋与面对公众的伪装，以应对“没接住或掉落俱乐部”的苦恼。他们的应对策略各有不同：水平较低的杂耍者利用喜剧效果与道具进行演示，而专业人士会让他们的失败看起来和成功一样，让人以为他们是蓄意为之的。

香农指出，但正是这种脆弱性导致杂耍者大致分为两类：杂技表演者与杂技竞技者。杂技竞技者关注数字游戏，相互竞争能够控制的物体数量。能够同时抛接的东西越多，便越有炫耀的资本。香农提及一名世界上最伟大的杂耍家恩里科·拉斯泰利，《名利场》对他的颂词是：“这名意大利之子20年来一直致力于技艺的提升，很可能他是第一个使这一项目成为一种艺术的人。”香农指出，拉斯泰利能够同时在空中抛接 10 个球。香农也表示，拉斯泰利“能够在单臂倒立的同时，另一只手抛接 3 个球，并且脚顶旋转的圆柱”。

拉斯泰利与他的竞技杂技，引发了香农和其他数学家的兴趣。他的杂技可以被称作目标的严肃性，或者控制球的数量与隐含数学原理的可能性，用来追求不断控制越来越多的目标物数量。对于数学家而言，表演杂技虽然有趣，但数学家在观看时可能并不关注这一品质。人群的愉悦、运动的快感以及努力的喜剧效果，都令人愉悦，但它们最终对于经过数学训练的头脑而言毫无乐趣。这篇文章的旅程由此开启：在挑战不断增加抛物数量的同时，保持动作的精准，这是数学与这项运动的交会点。

香农对音乐的热爱超过了他对杂技的热爱，但这并没有什么特别值得惊讶的，论文的数学部分提及爵士乐，尤其是鼓手吉恩·克鲁帕，他曾经说“3/2 拍的交叉节奏是最有魅力的发现”。对于香农而言，3/2 拍模式是介绍杂技中的数学时最有效的参照物。这是许多人初次学习杂技的模式，2 只手抛接 3 个球。

对杂耍者的每一步动作进行拆解，我们会发现一系列可预测的抛物线。一个抛向空中的球会产生一道弧线，多个球产生多道弧线，其余需要做的就是将它们组合成一致的模式，确定节奏。这就是香农研究杂耍问题的方法，它不仅是对协调性的练习，而且从中可以得出一个代数公式。他的杂技定理如下：

$$(F+D)H=(V+D)N$$

F = 球在空中停留的时间；

D = 球在手中停留的时间；

H = 手的数量；

V = 手中无球的时间；

N = 抛接球的数量。

香农的定理持续追踪时间。正如莱贝尔所述的："香农定理中杂耍者找到节奏的方式是持续争取时间；球在空中的时间取决于它在你手中的时间，球在空中停留的时间越长，你需要应对其他球的时间也就越长，于是你可以抛接更多的球。香农的定理使争取时间的行为变得精确。"（他也指出，讽刺的是，考虑到香农的其他数字发明，杂技定理所测量的持续时间却是模拟的。）方程式的每一边都追踪了不同的杂技动作：左侧追踪了球的模式，右侧追踪了手的模式。正如莱贝尔所说的，因为"球被抛接的时间与手抛接球的时间是一致的"，方程式由此保持平衡。

香农的杂技研究本可以到此为止。他已经赋予杂技研究足够的合法性，并使得一代数学家杂耍者将这两种爱好结合在一起，而不用担心出现尴尬的局面。但是在这种情况下，一篇论文是不够的。1983 年，香农像往常一样，将这一研究由理论世界带入机械领域，他开始着手制作自己的杂耍机器人。

香农写道："这一切都始于贝蒂从蛋糕装裱店带回了一个4英寸高的小丑（价值1.98美元），小丑在表演五球抛接杂耍。我既开心又困惑：开心的是我是一名资深业余杂耍者，甚至在我还是小男孩的时候就想逃出家门，加入马戏团；困惑的是球与球之间不可思议的表演模式与塑料连接。"

蛋糕店小丑只是看似在表演杂技，而香农的机器人却能真的做到。他用他的建造者套件进行组装，做出的成品能够操纵三球抛接。球从钢鼓上弹起，机器人以摇摆的动作挥舞桨臂，"每次手臂摆下来它都能接住球，而当手臂摆上去，它又会抛出球"。虽然香农从未做出反弹–抛接球机器人，即真正能进行抛接杂技的机器人，但他还是设计出令人信赖的仿制小丑。他自豪地指出，在某方面它们超过了人类："一直以来，能抛接最多球的杂技大师也不过只能保持几分钟，但是我的小丑却可以夜以继日地表演杂技，而且不会掉落任何一件道具！"

第 30 章　京都奖

几十年来，香农收获了来自全世界的荣誉与认可，世界顶尖的大学授予他荣誉学位，各种规模的社团授予他奖章和证书。这些奖项覆盖的范围非常广泛，以至一些奖项看起来似乎很滑稽。例如，1985 年，音频工程协会（Audio Engineering Society）授予香农它的最高荣誉—— 一块证明他做出了“使得数字音频成为可能的贡献”的金牌。

这个来自盖洛德的男孩多半是被各方的关注逗乐了。正如贝蒂·香农后来所说的：“他是一名非常谦虚的人。他获得了很多奖项，但是他从来没放在心上，也从来不去谈论它们。”香农是这样说的：

> 虽然我的房间里摆了很多奖，但我并不认为我受到了争取奖项这种想法的激励。我的动力源自好奇心。我从未受过经济收益的驱动。我只是好奇事物是如何组合到一起的，或者何种规则体系控制了某种情形，有没有哪种定理能够决定可能或不可能。最主要的是我想了解自己。

可能这种谦虚使他显得虚伪，但是香农无所谓的态度，人人都能看得出来：他得到了如此多的荣誉学位，并把这些博士帽挂在类似旋转领带架的装置上（自然，这也是他自己打造的）。无论颁奖机构觉得他的处理方式是否合适，这都可以说明香农对接受赞誉的事情并没有看得很重。

佩吉对那些年的描述给人留下的印象是，她的父母在面对克劳德在数学世界中的名誉时，一直在试图保持普通的家庭生活。佩吉记得："很多打来的电话都是有关授予他名誉学位的。"它们打破了他是普通人的这种表象。

虽然他们可能对他所获得的成就不予重视、一笑了之，但是这些荣誉使小孩子都知道克劳德是一个伟大的人。他是一个谦逊的人，而他的研究却促成了世界上了不起的事情。1966 年圣诞节前的一天，林登·约翰逊宣布要向克劳德·香农颁发美国国家科学奖章（National Medal of Science），以表彰他"对于通信和信息处理的数学理论的杰出贡献"。

1967 年 2 月 6 日，香农一家与其他宾客一起参加了在美国白宫东厅举办的宴会，约翰逊总统致辞说："11 位终身追求探索伟大的真理海洋的人。他们以及其他科学家的成就和研究延长了人类的生命，便捷了人们的生活，丰富了我们知识的宝库。"这对于香农一家来说是值得骄傲的一天，所有人都出席了宴会。佩吉记得她和妈妈对应该穿哪条裙子进行了争辩，也记得，和许多其他白宫访客一样，她在踏入那栋建筑的一刻就感受到意义重大。佩吉的话透露出他父亲的谦逊，她说："我那时候 7 岁，在 7 岁孩子的眼里这真是一件非常酷的事情。"

林登·贝恩斯·约翰逊在颁奖之后给予这一家人完美的礼遇，而副总统休伯特·汉弗莱的大笑则吓得小佩吉躲到了妈妈的身后。

但是在香农所有的奖项与荣誉之中，他最珍视的是引他发笑的“杂技博士”奖。这一奖项是他在斯坦福大学访学末期获得的非常正式的、受大学认可的荣誉，证书的底部签署了其他人的签名，它们大而醒目，占据了所有剩余的空间。香农甚至从获奖中获得了一种喜剧感。在美国哲学会（American Philosophical Society）邀请他入会时，他收到了一份明显是书法复印件的证书。香农觉得它很有趣，就聘请了一名真正的书法家写了一封长长的回信，表示他同意入会。

甚至“牛津风”的高等学术礼仪也不能削弱他的戏谑感。1978年，他被牛津大学万灵学院邀请做访问学者，得到了与约翰·皮尔斯和巴尼·奥利弗于大学夏季学期重聚的机会。他们三人与贝尔实验室的老友、重聚的组织者鲁迪·康夫纳被期待做一系列关于研究与兴趣的讲座，主题包括人工智能、信息论，等等。康夫纳和皮尔斯之间的信件，表明他们担心香农不愿意发表演讲。康夫纳给皮尔斯写道：“从克劳德那里挖点儿东西可能是一个问题。”

克劳德正在思考一个重要的问题，或者，至少对于他来说这是重要的问题。香农在牛津大学时，写了一篇在他学术生涯中颇为古怪的文章。香农因为英国必须在左侧驾驶而非常沮丧，他设计出一种定制解决方案。他在《援助美国司机在英国驾驶的第四维扭转或中肯的建议》的开头，引用了美国司机在国外遇到的苦恼故事：

> 在英国驾车的美国人面临狂野而危险的世界……基于我们根深蒂固的驾驶习惯，世界似乎彻底疯了。汽车、自行车和行人会突然冒出来，而我们总是看错方向。当我们在一次又一次千钧一发的状况中疾驰时，总是伴随男人的诅咒以及女人的尖叫与狂笑。乘客总会不由自主地捂住脸或者试图去拉并不存在的刹车。转弯指示灯和挡风玻璃雨刷也与美国的习惯相反，我们想打转向灯的时候实际打开了雨刷，右转太快，左转反而是慢的。英国的街道太窄、司机开得太快，我们的驾驶状况难以得到改善。我们的内心安全感，也没有因为英国人喜欢将石墙挨着马路建造而有所提升。

香农提出了一种想法，甚至连他自己也承认它听起来“宏伟而完全不切实际，是一个数学家的空想”。他的解决方法是创造第四维空间，以扭转左右的感觉：

> 如何做到这一点？简言之，利用镜子。如果你在镜子前伸出右手，镜中的影像则会显示左手。如果你在第二面镜子中再看它，经过两次反射，它仍会显示右手，而经过三次反射又是左手了，依此类推。我的大体计划是使用镜面系统包围美国司机，使他们视角中的英国呈现出奇数次反射的效果。因而他眼中的世界不再是真实的世界，而是经过 180° 第四维度旋转后的效果。

最后，对转向系统的一系列调整将会使美国司机的动作转化为英国人的动作：左转车轮会使得车向右行，反之亦然。

论文附有图纸、数字和图标，写作口吻当然是一本正经的，但它还是成为香农在牛津大学的时光中最难忘的记录。全文 2 100 余字，它并不仅仅是随口一说的想法。它显示出香农愿意花时间使玩笑具体化，也显示出他对自己的荣誉泰然自若，并不在意。这可能还显示出一位世界旅行者的小小焦虑，虽然他认为旅行是一件可以忍受的事，但他还是想尽快回家，至少在视错觉上做到这一点。

当与获奖相关的出访成为一件正儿八经的事情的时候，香农已经有了 3 个孩子，所以每次旅行都成为全家人环游世界的机会。他的女儿佩吉回忆道："他得到了一个以色列颁发的奖项，于是全家人在学期中花了六七周去旅行。我们到了以色列，然后又去了埃及、土耳其、英国……为了做到这些，我不得不旷课 6 个星期左右。"

香农对每次旅行的感受都很复杂。他是一位喜欢待在家里的内向的人，更重要的是，他既不爱冒险又挑食。他喜欢家庭烹制的肉和土豆，而在外国想要找到最类似的替代物的难题却为他带来了不小的焦虑。佩吉记得，即使是在美国马萨诸塞州，香农也很少外出吃饭，所以以色列的蒸粗麦粉和日本的生鱼片，对于她父亲来说尤其可怕。

面对公众演讲也令他越来越害怕，尤其是，他距离使他成名的研究越来越远。这位自信的麻省理工学院教授已经变得严重怯场，似乎这主要不是因为害怕公众的关注，而是担心说不出有意思的、精确严谨的话题。香农身上并没有那些上了年纪的名人的武断与陈词滥调，他为自己定的标准是要么讲硬数学，要么什么也不讲。

甚至意气相投的听众与以他命名的场合也令他恐惧。例如，1973 年，香农被邀请在以色列阿什克伦为电气与电子工程师信息论学会，做第一场名为“克劳德·香农讲座”的演讲。数学家埃尔温·伯利坎普回忆道：“我从来没见过这么怯场的人，我从来没想到一个人在朋友们面前还能如此害怕。”香农需要在台下充分放松神经、保持平静，而且只有在朋友的陪同下才愿意走上讲台。“他觉得人们对他的演讲有太多期待，他很担心自己说不出重要的观点。毋庸置疑，他的演讲非常精彩，但在我看来，这显示出他是一位非常谦虚的人。”

为了回应另一个朋友的邀请，香农觉得他会被要求说点儿什么，所以他先发制人地说道：“自从我们退休以后，贝蒂再也不擦窗户了，我也不再发表演讲了。”虽然香农对出现在公众场合很焦虑，但他仍然沉湎于各种旅行、接受各种荣誉，这一切仅是因为贝蒂太喜欢周游世界了。

各种邀请和认同不断涌现的原因，部分在于 20 世纪 70 年代的科技发展唤醒了世界对信息论重要性的认识。在香农的《通信的数学理论》发表之后，该领域的一名麻省理工学院的学生汤姆·凯

拉斯说道："我们总认为信息论不会有实际应用的那一天。就好像在古时候，人们学习拉丁语和希腊语只是为了训练思维。"同样，20 世纪五六十年代的年轻工程师主要把香农的理论当作"良好的训练"。

然而，迅速发展的数字世界使人们开始掌握代码，它们的存在最初得益于香农的发现。1977 年 9 月 5 日，"旅行者 1 号"探测器出发前往木星和土星，它通过这些代码防止自身出现故障，并将这些气态巨星的图像通过 74 600 万公里的真空传回地球。同年，两位以色列研究员雅各布 · 齐夫和亚伯拉罕 · 兰佩尔，基于香农的代码研究设计了数据压缩算法，这个算法后来成为互联网和蜂窝通信系统的重要支柱之一。齐夫曾是麻省理工学院的研究生，在校时香农是那里的一名老师，他后来承认，这对点燃他对这一领域的兴趣至关重要。

亚瑟 · 莱贝尔记得，虽然香农的成就越来越显著，但是"他并不喜欢自吹自擂"。

> 但时不时地……我记得有一次我在他家，他向我展示他为一次信息论会议准备的项目。他把它拿起来，指着议程给我看。会议环节被命名为香农理论 1，另一个他所指的议程被命名为香农理论 2，一直到香农理论 5。

自然而然地，人们会提到香农的职业生涯与诺贝尔奖的关联。1959 年，他和诺伯特 · 维纳一起被提名为诺贝尔物理学奖候选人。然而，物理学家埃米利奥 · 吉诺 · 塞格雷和欧文 · 张伯伦因为发现了反质子而获得了当年的诺贝尔物理学奖。香农和维纳被当作不可能获奖的竞争者，实际上这一提名反映了同时代人对他的看法。一定程度上，授予香农这一奖项的难度是结构性的：诺贝尔奖的种类中缺乏数学的专属领域，这一直以来都是数学世界的一个缺口。克劳德·香农也这么说："你知道吗，数学领域没有诺贝尔奖，虽然我认为这是不应该的。"包括约翰·纳什和马克斯·玻恩在内的获得过诺贝尔奖的数学家，都是在经济或物理学这样的领域赢得了此奖项；而伯特兰·罗素获得的是诺贝尔文学奖。香农的研究跨越了数个学科，却难匹配诺贝尔奖的任何领域，所以他在之后也没能拿到这个奖项。

然而1985年，香农接到了一个电话，这个电话不是来自斯德哥尔摩，而是来自京都。香农被选作第一位京都基础科学奖得主，这是由亿万富翁稻盛和夫赞助的奖项。稻盛和夫是一名日本应用化学家，他成立了京瓷跨国公司，后来还拯救了濒临破产的日本航空公司。他是一名训练有素的工程师，一名出于自愿的禅宗佛教徒，以及一名由商人转变为艺术家的名人。他学习管理哲学、信仰佛教，这可能能够解释，为什么京都奖的创始书信读起来好像精神文本与股东情报的结合：

> 经过1/4个世纪的不懈努力，感谢神的恩惠，京瓷年销售额已经达到了2 300亿日元，税前利润为530亿日元。我决定，在这样的情况下设立京都奖。
>
> 那些值得被授予京都奖的人都和京瓷人一样，谦逊而忠诚地工作，在他们所选择的专业领域不遗余力地追求完美。他们

对自身的易错性非常敏感，因而对卓越深深敬仰。他们的成就为人类的文化、科学、精神进步，做出了重大贡献。

我相信只有通过科学进步和精神深度的平衡，才能保证人类的未来。虽然，当今科技文明迅速发展，但我们对精神本质的探寻仍然令人遗憾地滞后。我相信世界是由相互的二元对立组成的，利弊共生，正如阴和阳、光明与黑暗。只有通过对这种二元论两方面的理解与滋养，我们才能实现完全、稳定的均衡。任何单一方面的发展或开拓都会不可避免地破坏宇宙的平衡，导致人类的苦难。我诚挚地希望京都奖能够鼓励科学与精神两方面的酝酿。同时，没有什么能够比为建立一种新的哲学范式提供小小的推动力，更令人欣慰的了。

后来，京都奖积累了一定的声望，部分因为它将自己标榜为诺贝尔奖的竞争对手。宣布获奖者的新闻发布会是这样开头的："京都奖与诺贝尔奖一样，是世界上文化与科学领域最杰出的人士终身成就的最高荣誉之一，今年的京都奖将授予……"它甚至在一些时候能够预见诺贝尔奖的得主，这避免了这些令人尊敬的科学家数年后在斯德哥尔摩发表获奖感言的时候，紧张地不断重复自己的话。

京都奖的颁奖仪式也和诺贝尔奖一样盛大而颇具特色，日本皇室会参与这一过程。可能有悖于它的创始者对未开发的商业机会的理解，京都奖的范围被特意扩展到诺贝尔奖所不涵盖的领域，包括数学与工程学。诺贝尔奖可能已经领先了84年，但是京都奖旨在利用源源不断的奖金与之比肩。

对于香农而言，京都奖是重要的成就，它在许多方面代表了他职业生涯的最高荣誉。和往常一样，香农也对这次旅行感到紧张，尤其对日本料理感到忧虑。但是贝蒂和他的姐姐凯瑟琳陪同他一起前往，凯瑟琳秉承了全家人对数学的热爱，成为肯塔基莫瑞州立大学的一名数学教授。用佩吉的话来说，有“这两位坚强的女性”的陪同，他同意前往日本领取这一奖项。

香农获得京都奖的一大更有意义的好处（远胜过获奖过程），是他被要求发表获奖感言，这一感言成为他最后一次，也是最长的一次公开声明。他在演讲开始时讨论了历史本身，或者说他的祖国在教授历史时存在的问题：

> 我不知道日本如何教授历史，但是我在美国读大学的时候，大部分时间被花在学习政治领袖和战争上，包括恺撒、拿破仑和希特勒。我认为这是非常错误的。历史上重要的人物与事件应当是思想家与发明家，像达尔文、牛顿、贝多芬这样的人，他们的成就持续产生着积极的影响。

他特别提到了一类创新：科学探索“本身就是奇妙的成就，但是倘若没有工程师与发明家，即像爱迪生、贝尔、马可尼这群人，从中努力，它们并不会对普通人的生活带来影响”。香农对20世纪的进步感到惊叹，在这之前，“人们与几世纪之前的人一样，主要过着农耕生活，很少迁移，也没有远距离的通信”。并没有经过很多年，这种人类生活方式就经历了彻底的变革。他认为，这都要归功于工程师的工作。

虽然香农很少在公众场合自我反思，但他还是回忆起当年仍是一名年轻的工程学学生的时候，被要求购买计算尺——重对数双工图尺，“是售卖的最大尺寸”。他谈道，现在回想起来这个设备是多么精巧。他站在台上，拿着日本制造的手持晶体计算机，它能够完成“我的计算尺所能完成的一切，甚至远不止这些，能够精确到小数点后 10 位而非 3 位。”

从计算尺到手持计算机，从房间大小的微分分析仪到香农家书桌上放置的苹果二代电脑，香农的事业跨越了计算革命。在这点上，“计算机的智能进步实在太快了，以至新的产品还未推出便已过时”。

在满是日本皇室和尊贵宾客的室内，香农对计算机应用史进行了十分简要的回顾，直至讲述到他自己在这段历史中的部分。这是一次关于他毕生研究的总结，研究内容包括能够交流、思考、推理和行动的机器，以及使这一切成为可能的理论架构。但计算并不仅仅是他一生研究的中心；正如演讲标题所指的，这也始终是他的兴趣爱好，他向他的听众们翻译，这是他的 shumi（日语中兴趣爱好的发音）。香农坦言，“虽然是兴趣爱好，但制造会下棋的机器和杂耍机器人这类设备，可能会被认为是在荒唐地浪费时间和金钱。但我认为科学史已经表明，有价值的成果往往始于单纯的好奇心。”那么这类对“决战”和“忒修斯”的好奇心能够催生出怎样的成果？

> 我对这一方向寄予了厚望，即机器能够与人脑抗衡，甚至超越人脑。这一领域被称作人工智能，且已经发展了三四十年。现在它的商业重要性越发显著。例如，在距离麻省理工学院 1 英

里的范围内，有7家不同的公司专门研究这一领域，有些在研究并进行处理。未来很难预测，但是我的感觉是，到2001年，我们将会拥有和我们一样能够走路、能够观看，并且能够思考的机器。

但是在人类与机器智能的这种趋同发生之前，机器仍然是理解我们思想微妙之处的有效参照：

顺便说一句，通信系统与当前的一切并没有什么不同。我是信源，你是信宿，翻译是发射器，能够通过复杂的操作将我的英语消息转换为日语消息。这种转换将实际材料有逻辑地翻译过来，这非常困难，而且它转换笑话和双关语的难度会更大。我无法抗拒这样的诱惑，即组织一些话语来鼓舞翻译者。实际上，我打算将他的翻译录下来，交给另一位译者，再将它译回英语。

这样，我们通信理论家便会得到更多乐趣。

第 31 章　阿尔茨海默病

> 她正在离开他，不是在一瞬之间，那样太痛苦了，而是一点一点地分离。这一刻她还在，下一刻她便走了，每一次这样的过程都让她离他更远。他无法追寻她，他想知道，她离开的时候是去了哪里。
>
> ——黛布拉·米德

对于他的朋友而言，香农的病情初现征兆是在 20 世纪 80 年代初期。起初，他们发现他在回答熟悉的问题时表现出困难。然后便是他记忆中出现了短暂的错误。在最初阶段，一些朋友并不将它当作一回事。毕竟，香农的成就在于直觉和分析的成果，而不在于记忆力。正如罗伯特·加拉格尔所说的那样：“克劳德从来不是一个主要依赖记忆的人，因为使他杰出的一种品质，是他能够从非常简单的模型中得出非凡的结论。这意味着，如果他在哪里出现了一点失误，你是不会注意到的。”对于许多与他亲近的人来说，开始忘记事情只是他上了年纪的正常的迹象。

但是，很快他便开始忘记从杂货店回家的路，无法记住电话号码、别人的姓名和长相。在写信的时候，他的手开始颤抖。佩吉·香农记得有一天，家里正在举办杂技俱乐部的活动。她坐在地板上，她的父亲坐在附近。他看向她，顿了一会，然后问："你会杂技吗？"

她回忆道："我非常惊讶。这是不是意味着他不知道我是谁，或者他忘记了我会不会杂技？任何一种情况都糟糕透了。"

自此之后，不可否认的是香农发生了显著的变化。贝蒂说："1983年，他去看病了，检查结果是他很可能患上了阿尔茨海默病，但尚处于初期阶段。"

香农一家开始更加仔细地考虑他们接受哪些旅行邀请，又拒绝哪些。在1986年密歇根大学的一次活动中，组织者戴维·诺伊霍夫注意到，香农"非常安静。当时我感觉他已经患上了阿尔茨海默病。贝蒂替他完成了大部分交谈"。贝蒂开始决定参加多少次旅行、向外透露多少有关香农得病的消息，她希望把一定程度的隐私保留在家里。佩吉·香农回忆道："他们觉得自己有权保留隐私。"

虽然全家人努力让他的思维活跃起来，但是疾病还是对他造成了伤害。香农很快便丧失了大部分认知能力，而照顾阿尔茨海默病患者的压力绝大部分落在了贝蒂肩上。佩吉回忆道："她是主要看护人，他会四处游走。我们住在一条繁忙的街上。看着你的伴侣得了这样的病十分可怕。"

在贝蒂的安排下，香农在当地医院接受了阿尔茨海默病的治疗。在关于香农是否知道自己得了这个病的问题上，佩吉说："有时候他知道，有时候他不知道……我只记得，当我看望他的时候，他有时仍是那个老爷子，有时却不再是了，"她坦白地说，看着他离开，“真令人心碎”。

极偶然的时候，全家人也会感觉克劳德还是他们认识的那个人。佩吉记得她“在1992年曾和他讨论研究生学校的项目，以及她可能遇到的问题。我记得我非常惊讶，他能够切入我所思考的问题的核心，我那时觉得，‘哇，即使是在这样的状态下，他仍然具备那样的能力。’”

但是迷雾之中只闪烁瞬间的光芒。几年之内，香农的病情越来越明显，他清醒的时刻变得越来越少。1993年，罗伯特·费诺记得：“我问了他一些关于过去的事情，并不是技术上的或者关于数学的，克劳德只是回答：‘我不记得了。’”香农生命中残酷的一点是，大脑的疾病导致了他的衰弱。朋友和亲人哀叹这一事实就如同哀叹他很快就要离世一样。

实际上，非常不幸的是，在他被诊断出阿尔茨海默病之后，他帮助建立的数字世界就进入了全面发展时期。贝蒂说：“奇怪的是，我并不认为他意识到这一切发展成了什么样子……他一定会非常震惊。”同时，他一定会对1993年发布的代码感到满意，它们的速度终于接近香农极限，虽然并没有突破这一极限（倘若新闻报道还提到了他的价值的话）。

1983—1993年，香农一直住在熵府并尽量保持较好的状态。可能这也表明了他性格的原始状态，即使是在他生命的最后阶段，他很大部分的天性仍旧得以保留。佩吉说：“他性格中亲切、孩子气、贪玩的成分越来越明显……这对于我们来说是很幸运的。”他加快了玩游戏、搞发明的节奏。亚瑟·莱贝尔回忆起他与香农最后的接触：

> 我最后一次见到克劳德时，他的阿尔茨海默病已经非常严重了。他的光辉逐渐黯淡，这十分令人痛心，尤其是对于一名天才来说，命运太残酷了。他隐约记得我会杂技，高兴地向我展示他的游戏室里的杂技道具，就好像是第一次这样做一样。除了丧失了记忆与理性，他仍旧像我初次遇到他时一样，热情、友善、愉悦。

1993 年，每个人都明显察觉到疾病对香农生活的影响。那一年，他跌倒并摔伤了臀部，不得不住院治疗。康复和紧急护理的周期很长，这段时期非常艰苦，全家人脑海中最先想到的是接下来还会发生什么。对于贝蒂来说，克劳德应该待在家里，因为“家对于他来说才是真正的港湾”。佩吉说，她开始在熵府里收拾出一间房间，配备医院病床和其他必需品。但是贝蒂自己也越来越衰老了，佩吉觉得，照顾父亲的挑战对于她来说也难以驾驭。她敦促母亲考虑辅助生活设施，虽然她将最终决定权留给了母亲，但是当她母亲同意将克劳德送去离温彻斯特 3 公里远的庭院护理中心时，她还是如释重负。

对于贝蒂来说，她的丈夫搬出了家并没有改变任何事情，她仍旧全心全意地照顾他，每天去探望他两次。她的女儿佩吉感动地说：“她非常爱他。她要确保他得到了适当的照顾。她也非常想念他。他一直是她生活的中心，甚至在他搬到护理中心去之后也还是如此。”对于克劳德来说，这些探视尤为珍贵。贝蒂说：“我中午的时候会过去，护士们会在长椅边列队等候我，因为我一去，他的脸就会亮起来，开心地笑。我想，这真好啊。”

其他的家人也时不时地去探望他，护理中心的工作人员给了他一些简单的数学问题，以供他打发时间。甚至在他生命的最后阶段，他还想着发明创造。他开始拆卸他的步行器，一直在设想更好的设计。贝蒂说："他还是喜欢将东西拆开，并弄清楚它们的工作原理。"他仍旧亲自动手，也用手指敲击出音乐。"他还可以走动……我的意思是，他并没有卧床不起，他还可以走来走去，看看其他地方，看看发生了什么。当然，他并不知道自己在干什么。"但是他最小范围的移动与活动也会为自己带来危险。"他们必须非常小心，因为他会去尝试顺着护理中心的楼梯走下去，虽然他使用了步行器。他还是会走出去，以至他们不得不去四处寻找他。"

最终，他不能动弹，曾经简单的事情，比如走路、自己吃饭，也变得十分困难。克劳德·香农于2001年2月24日逝世。他的大脑捐献给了阿尔茨海默病研究中心。他的葬礼是在温彻斯特的莱恩殡仪馆举行的，规模很小。香农被安葬在坎布里奇沿着海棠路的奥本山公墓里。

第 32 章　余震

“真实的喜悦的精神，精神上的亢奋，超越人类的意识——这些是至善至美的标准，能够在诗里得到，也能够在数学里得到。”

——伯特兰·罗素

我的工作是一场游戏，一场非常认真的游戏。

——M. C. 埃舍尔

《纽约时报》刊登了他的讣告。他的半身像和雕像被委托雕刻。贝尔实验室的一座大楼重新以他的名字命名。然后，克劳德·香农便渐渐从公众的记忆中消失了。

从某种程度上来说，他最深远的遗产不是他所拥有的，而是交织进其他人的研究中的那部分，这里所说的其他人，包括他的学生、崇拜者、后来的信息理论专家、工程师以及数学家。他们以此怀念香农，并在专业期刊上发表文章使他闻名。他的工程师和信息论专家朋友们写下了很多诚挚的追忆文章，甚至一直持续到今天。一位评论家写道“一位独特幽默且温和的美国天才”；另一位写道

“香农释放出光芒……强大的与生俱来的智慧之光”。还有一名从未见过香农的撰稿人承认，在他 9 岁的时候，碰巧读了香农的硕士论文，这使得他立刻决定选择以数学为业。

在一定程度上，这些看法是可能的，因为许多作者在科学世界体验了难得的经历，他们希望与开创了他们研究领域的人共度这一生。但还不止如此：香农的研究为美国的工程师和数学家带来了深远的影响，部分原因在于，这些研究与他们的基本价值观产生了共鸣。

这个价值观是什么？非常重要的一点是简单朴实。优雅的数学是有力的数学。不必要的成分、冗余的写作、额外的研究，这一切都应当被抛弃。香农解决数学问题的方法是练习直接深入问题的本质，香农的研究成果被看作是自成体系的、精湛的、直观且绝妙的作品，能够媲美 $f=ma$ 或者 $E=mc^2$。一群俄罗斯数学家写道：在香农的作品中，“每部分之间的逻辑和自然发展给人一种问题在自己产生的印象”。他们将这种印象称作具有“整体性”的数学优点，让人感觉香农的论文是浑然一体的。另一位香农同时代的人表述得更有诗意：“（他的）想法形成了优美的交响乐，不断重复的主题与不断增长的力量激发了我们每个人的灵感。这就是最好的数学。”

1948 年，香农的理论作品提出了许多问题，也回答了许多问题。但是其中所包含的一些颇具挑战性的价值不容低估。香农极限的应用前景仍遥遥无期，但数十年后它被证明越来越有用；即使是

在现在，这一极限仍然是通信可望而不可即的外延，是工程师持续追寻的目标。但是这些都是精密、实用的成分。他论文引人注目的特点是产生的反响引领了整个领域的研究方向，产生了大量对话与思考，其影响超越了作者本人。后来的信息论专家安东尼·埃弗雷米兹说道：“他的作品好像地震，而余震还未消散。”很少有文章能够产生如此持久的影响力（引用量超过 91 000 次，并在持续增长），不夸张地说，虽然在香农之前，信息论领域也存在重要的学者，但针对信息的正式研究是由他开始的。正如一名作者所说的，许多年后，“对于大部分科学家来说，香农的发现相当于人们醒来后发现家门口铺着大理石，他已经为大家奠定了基础”。

他发掘出来的大理石将被其他人雕刻，香农的工作使得他在某种程度上成为提供遗产的先驱。他是约束这个世界的信息架构的创始者之一，但是他永远不会获得和史蒂夫·乔布斯或者比尔·盖茨一样的知名度。除了他自身并不喜欢这种知名度外，他的隐匿性也可以归因于他的研究与我们日常使用的科技之间的距离。当一位世界顶尖的工程师说：“所有能够使我们快速发送数据的先进信号处理，都基于克劳德·香农对信息论研究的成果。”这个说法对于知情者而言再正确不过，但是在外行看来却所知甚少。

重新思考克劳德·香农是有价值的，但这与我们所想象的方式并不太一样。不是将他当作数字时代的遥远鼻祖，而是当作 20 世纪伟大而富有创造性的多面手；不是将他当作信息时代的奠基人，而是基于超越短期实用性的视角，不断培养出一大批兴趣浓厚的具有非凡领悟力的人才的人。

我们能从克劳德·香农身上学到什么？

首先，克劳德的主要研究对我们当今前所未有的专业化是一种有益的矫正。他的研究范围非常广泛，很可能比20世纪的任何具有相似地位的学者都要广泛，他拒绝被轻易归类。他是数学家吗？是的。他是工程师吗？是的。他是杂耍者、骑独轮车的人、机械师、未来主义者和赌徒吗？是的，但不仅如此。香农从来不承认他的研究兴趣中存在矛盾之处，他只是单纯地遵循范围广泛的好奇心。所以他从信息论，跃至人工智能，再跃至象棋、杂耍和赌博，这是完全相容、毫无矛盾的，对于他来说，将他的天赋投入某单一领域根本没有任何意义。

当然，这些领域之间都存在联系。不言而喻的是，香农非常理解他对信息论的研究和他对机器人、投资或者计算机象棋的研究之间的联系。很少有人具有像他这样的直觉，能够预测信息革命将如何在各领域彻底改变我们的世界。但是这种直觉引领香农选择探索而非专注于某领域。他本可以继续利用信息论的成果数十年。但是，当他赴麻省理工学院任教的时候，他的注意力已经转移了。那个年代的学生回忆起香农，认为他并没有特别地投入信息论的问题与难点。反而，如果你咨询他机器人或者人工智能的问题，那么他的耳朵会竖起来，给予你十足的关注。

伟大的俄罗斯数学家安德雷·柯尔莫哥洛夫在1963年这样说道：

> 在我们的时代，当人类的知识变得越来越专业化，克劳德·香农却是一个例外，他是一名能够将深刻抽象的数学思想与对关键技术问题广泛而具体的理解结合在一起的科学家。他能够被

称作过去几十年来最伟大的一位数学家与最伟大的工程师。

这种看似矛盾的中庸也延伸至他的生活方式。他本可以选择闻名全球，但他宁愿保持默默无闻的状态。他写出了开创性的论文，但之后又不满足于它们的现状，无限期地搁浅了这些论文以迎合自己更急切的好奇心。虽然他通过研究市场的动向和创业的潜力来充实自己，但他过着非常低调的生活。他到达了象牙塔的顶端，所有荣誉和专业地位都证明了这一点，而他仍可以毫不羞怯地玩孩子们玩的游戏，写关于杂技的短文。他有强烈的好奇心，但有时又不带歉意地懒惰。他是自己所在领域最高产、最受尊重的思想者，但他又表现出随时可以放弃全身心的投入，转而在他的发明室里敲敲打打、摆弄小发明的姿态。

他的作品风格敏锐而多变，实际上，我们有时候甚至会忘记他所研究的问题是多么艰深和困难。除了他所享受到的全部乐趣，香农解决了他那个时代最重要的科学问题，研究的领域跨越数学、计算机科学、物理学和工程学，在一些情况下他还帮助确立了它们之间的界限！正如人工智能的先驱马文·明斯基在听闻香农逝世的消息时所说的：“对于他来说，问题看起来越困难，就越容易找到新的发现。”

香农在贝尔实验室的同事理查德·海明在说起他的品质时谈道，这种方法需要勇气。在现在非常有名的访谈节目《你和你的研究》中，海明曾向一群学生说明在数学和其他学科中一流研究的特点。他特别提到了香农，并指出香农研究的精神力量源于他的勇气：

> 勇敢是香农的一大特点。你只需想一想他的主要定理。他想创造一种编码的方式，但他不知道应该如何做，所以他做出了随机代码。然后，他卡住了，难以继续下去。随后，他问了一个不可能存在的问题："平均随机码会做什么？"之后，他证明了平均随机码绝对是有用的，至少有一个代码是有用的。除了拥有无限勇气的人，谁敢这样去想呢？这就是伟大科学家的特点，他们都很勇敢。他们在不可思议的状况下继续前行，他们思考，并继续思考。

我们通常不会把数学或工程领域与勇气这一古老的美德联系在一起。但香农的勇气对这些领域做出了非常同寻常的贡献，虽然他可能不愿意承认，但是像香农这样思考和生活需要极大胆识。这些对他周围的人也产生了影响，包括他的学生。伦恩·克兰罗克说道："当你与香农这样的人一起工作时，你的眼界得到了拓展，你会试图到达更远的地方。"

重要的是，除了勇气，他非常独立，甚至从某种角度来看，他缺乏自我。这便是香农的基本原则，是一切其他品质的基础。香农

几乎放弃了每一次自抬身价的机会。数学家们担心把时间花在了没有足够难度的问题上，他们嘲弄地将之称作“游戏问题”。然而，克劳德·香农却在公众场合研究真实的玩具！他一次又一次地研究了其他人可能会觉得尴尬的项目，从事看起来微不足道的问题的研究，并成功地从这些问题中取得突破。他试图建造出能够超越自身的大脑，这需要非常强大的自信。就此而言，他曾试图建造一种机器，它唯一的功能就是会自我终止运行。

我们认为，这与香农生活中的另一伟大品质紧密相连，即在工作中寻找快乐的价值。我们都希望伟大的人物承载最深的痛苦，我们宁愿天才遭受折磨。但香农除了在二十几岁的时候有那么几年时光似乎经历了喜怒无常，甚至很可能抑郁的阶段，他的生活和工作都像是一场持续的游戏。很快，他变得聪明异常，又生活得如同常人一样。

他并没有刻意去做这一切，也没有竭尽全力地使工作显得有趣。他只是因为不同类型的好奇心吸引了他的注意力而感到高兴。根据周围人的回忆，这种高兴就像他的思维一样，是多种形态的。他会发现自己迷失在一个复杂的工程学难题之中，很快，他又被象棋问题吸引了注意力。他富有喜剧和艺术天赋，我们能够在会喷火的小号、忒修斯老鼠、他亲手雕刻出大树花纹的旗杆，以及按精密规格建造的小玩意儿中洞悉这一点。香农的崇拜者会立即将他比作M. C. 埃舍尔或者路易斯·卡罗尔，他们也会将他列入阿尔伯特·爱因斯坦或艾萨克·牛顿之列。他将枯燥的技术性科学转变为大量富有魅力的谜题，而解决谜题的方法便是成年人的游戏之道。他的作品既出现在学术期刊上，又被陈列在艺术馆的大厅里，这能够显示出克劳德·香农和他的游戏天赋。

在某种意义上，这可能使我们无法得出任何结论。香农的自得其乐是特有的。但他的例子可能仍可以提醒我们，我们往往在以严肃的态度讨论各领域中轻松愉快的部分。现在，很少有人会陶醉于数学和科学的发现之中。相反，我们会讨论它们对社会，对经济，对就业前景的实际好处。STEM 课程只是保障工作的手段，而不是乐趣所在。学习它们在学术上等同于吃蔬菜，它们是有价值的、国家认可的，却不那么可口。

至少对于我来说，这似乎并不是香农所乐见的。香农是一名工程师，他比大部分人都更习惯于实用性，但是他被“知识本身是宝贵的”和“探索它们蕴含着的无限乐趣”的想法所深深吸引。正如他自己所说的：“我更感兴趣的是，一个问题是否令人兴奋，而非它能够做些什么。”关于如何正确看待香农对这些奇怪机器的热爱以及他广泛的喜好，一名和他同时代的人，对这位世界顶尖的数学家热爱骑独轮车的癖好这样评论道：“他的兴趣不在于成立一家公司生产独轮车，而在于找出是什么使独轮车如此有趣，并对此进行更深入的研究。”

他的方式激励了一代人创造出非同寻常的发明。想象鲍勃·加拉格尔的话，他描述了和香农同时代的、信息论研究者的心态：

> 当我还是一名麻省理工学院研究生的时候，香农解谜式的研究风格风头正盛。到处都是追求知识的人。每个人都想理解数学、物理学和通信科学。开公司、成为百万富翁、开发真正的

应用都是次要的。大家确实有将这一理论拉近现实的兴趣，但这仍是基于理论的。我们的榜样都是放松的、好奇的、有时间进行反思的人。

今天，我们可能很难找到一个适用于这种描述的学术机构，但可以肯定的是，这样的雄心壮志非常有价值。

在他生命的末期，香农仍然保持了他的厚脸皮和无所谓的态度，哪怕是在面对高级知识分子的时候也是如此。在许诺《科学美国人》（*Scientific American*）发表他关于杂技物理学的文章之后，他的注意力再度转移了。他偶然发现了一个与杂技完全无关的领域，于是在1981年他给他的编辑写了这样一封信：

亲爱的丹尼斯：

你可能认为我在浪费时间，我说的浪费是因为我的杂技论文正停滞在书架上。这只说对了一半，我最近得出了两个结论：

1）相比于科学家，我更是一位好诗人。

2）《科学美国人》应该有诗歌专栏。

关于这两点，你可能都不同意，但我随信附上了我写的《魔方上的红字》。

祝好。

克劳德·E. 香农

附：我还在写杂技论文。

接下来是一首近 90 行的关于魔方的诗歌，“需要‘Ta-Ra-Ra-Ra! Boom-De-Ay!’八小节合唱”，他还配备了注脚。从一个个韵脚中能够清楚地看出，作者花了很多时间研究文字，不断在脑海中重新排列它们的位置，并亲自地将它们大声吟唱出来。关于这个领域，他在认真、严肃地做着不认真、不严肃的事情。

那篇杂技论文呢？正如香农脑海里的其他许多研究一样，它落满了尘埃。香农的注意力已经转移了，他想说的关于杂技的内容都已经说过了，至少他自己已经满意了。然而，关于这个小插曲，他确实尚有遗憾。他很失望，因为自己的诗歌没能被发表在《科学美国人》上。

他大笑着说：“那是我最得意的作品之一！”

致谢

本书本可以有两种撰写方法，抽丝剥茧式（自上而下）或者层层递进式（自下而上）。倘若书的内容是专家向普通读者做介绍，一般采取抽丝剥茧的方法，在避免文章显得肤浅的情况下，向读者传递易于理解的信息，努力回忆作者作为新手时的感受。倘若书的内容是关于学习者学习的过程，作者试图向读者表明他们在学什么，介绍学习的进程，则一般采取层层递进的方式。第一种类型的书源于对已知内容的满足。第二种类型的书源于物理学家和享乐主义者理查德·费曼所称的探索与发现的乐趣。

每种模式都有自身的优缺点，但是本书采取了第二种方法，层层推进、渐进展开。我们是传记作家，不是数学家，也不是物理学家或者工程师。对于我们来说，处理这本非专业书的最好的方法，就是设想我们自己经历了这样的生活。也就是说，倘若我们在运用的过程中不求甚解，甚至不去尝试理解，这样做是没有益处的，会产生令人不安之感。倘若我们只享受信息的恩惠却懒得弄清信息的由来，那么我们便丧失了感恩之心，变得贪得无厌。

我们并不是第一群产生这种感受的人，也不是第一群试图纠正这一点的人。以下是亚瑟·凯斯特勒的话，他原来是一名物理系学生，后来成为小说家：

> 当代人孤立地生活在人造的环境里，并不是说人造注定邪恶，而是因为人们缺乏对人造环境背后工作原理的理解，也不了解生活中各种设备，与使它运作的自然力量以及宇宙秩序之间的关联。并非中央供暖系统使人们处于“违背自然规律”的状态，而是使人们拒绝去探索其背后的规律。倘若完全依赖科学成果，封闭自己的思想，那么人们的生活就好像是城市里的野蛮人。

我们还想补充一句：互联网或者信息不是违背自然规律的，而是会让人拒绝思索它们的起源——它们如何出现、为什么会出现，它们在历史潮流中扮演了什么角色，以及究竟是怎样的男男女女造就了信息时代。这样的行为才是违背自然规律的。我们认为当代人有义务从头了解这些事情。我们还认为，对我们所关心的主题（倘若当代人也关心的话）多一些理解而非赞美的话，将是一种荣耀。

我们在履行这项义务时得到了极大的帮助。我们要感谢我们的代理人劳拉·约克，她从一开始，在萌生想法的阶段，就信任我们，发现了这一项目的价值。她是图书行业当之无愧的传奇人物！

没有人能够比西蒙与舒斯特出版公司的爱丽丝·梅林，更具备对图书潜力的敏锐触觉了。她也是一位传奇人物，现在我们终于知道了原因。她成为本书的编辑，是我们在过去几年受到的眷顾中最重要的一个。甚至在我们信念动摇的时候，她仍对本书充满无限信心。正如她为一代传记作家所做的一样，她也引导我们写出了最佳作品。对此以及对她出类拔萃的编辑工作，我们永远感激。我们还感谢她团队中的斯图亚特·罗伯茨以及他为本书的成功所做的一切。斯图亚特有着与生俱来的聪明、耐心和善良，正因如此，他是爱丽丝·梅林的得力助手。

《创意工厂》的作者乔·格特尼在不知不觉中启发了我们的写作，并不吝与我们协作。他不时地回应我们的咨询，给了我们联系方式，协助我们做相应的研究，并与我们分享了桑顿·弗赖伊和贝尔实验室数学组尚未被发表的口述史，这些为我们撰写本书带来了极大的帮助。他是口述历史作家的优秀导师，他也曾有同样的经历，知道怎样继续推进。他非常慷慨地提醒了我们，我们对他的善良深表感谢。（倘若还没读过《创意工厂》，我们就要向你们强烈推荐它。很难有其他书能够超越这本书对贝尔实验室历史的描述，也很少有人能将这个创新组织的成立过程描述得更贴切了。）詹姆斯·格雷克的《信息时代》与埃里克·玛瑞·古佐的硕士论文《基础消息》，对我们理解香农的生活与工作提供了同样宝贵的指导。

约翰娜-金·斯拉茨基是一名一流的研究助理。对于科学与工程学世界之外的人来说，找到那些认识香农的人并不容易，但是约翰娜在参与本书之前便已经写过了关于香农的文章，有她的加入对于我们来说实在太幸运了。她非常勤奋、体贴周到，与我们一样对研究充满激情。我们非常感谢她为这个项目所做出的努力。

普林斯顿大学的塞尔吉奥·贝尔杜教授是信息论世界不可或缺的向导，他将精神与想法融入了我们每一次的互动。他对香农生活奥秘的热忱，调动了我们在完成本书全过程中的积极性，他专心地阅读了每页内容，并修正了许多错误。在我们撰写本书的时候，他与代表作为《粒子热》的电影制片人马克·莱文森正在筹备一部关于香农的纪录片。我们毫不怀疑，它将引起轰动。

在这个项目的后期，我们试图与亚利克斯·马古恩博士取得联系，我们非常高兴我们成功了！他帮助审校了本书，并修改了草稿中的许多错误。他以对这一主题充满热情的视角阅读了本书，同时从受过训练的历史学家的角度，在我们可能犯错的地方为我们提供了极大的帮助。我们非常感激他所付出的时间，以及他为我们指出的错误。

马库斯·韦尔登和包括彼得·文策尔及埃德·埃克特在内的整个诺基亚贝尔实验室团队，都向我们敞开了大门。我们非常感谢他们为我们花费了时间，并和我们分享了资源。了解贝尔实验室对于理解香农的生活来说至关重要，没有他们的帮助我们将不能完成这项工作。

非比寻常的网络侦探威尔·古德曼，帮助我们找到了大量香农家庭成员及其同时代人的联系方式。倘若香农还在世的话，他可能也会对威尔不断变化的好奇心印象深刻。如果有发明家侦探这种职业的话，他就是 21 世纪的发明家侦探。

对香农全家人，我们非常感谢他们愿意花费时间与两个完全陌生的人分享他们的家庭故事。贝蒂·香农同意与我们交谈，这次对话让我们充分了解了她和她已故丈夫之间的关系。克劳德的儿子安德鲁·香农和女儿佩吉·香农也与我们聊了很久。他们非常慷慨地阅读了关于这位他们无比熟悉的伟人的家庭故事，并纠正了文中的错误（甚至错别字）。如果没有他们的帮助，我们不可能完成本书，我们感激他们的恩惠。

和香农的家人一样，许多人回复了我们冷不防的邮件和电话，花时间坐下来与我们聊天。罗伯特·加拉格尔接受了我们的采访，并仔细阅读了初稿的每一页内容，纠正了许多错误。他无私地与两位非科技作家分享了他的时间和耐心。亚瑟·莱贝尔也读了初稿，提出了明智的建议，从杂耍者的世界为我们提供了了解香农生活的窗口，不然我们便无迹可寻。汤姆·凯拉斯帮助我们了解了香农和维纳对信息论的贡献，同时阅读了本书的早期文本。戴夫·福尼为本书撰写了颇有助益的长篇备忘录，帮助我们这两位不懂数学的作家最大限度地还原了数学。我们对他们付出的时间与做出的贡献深表感激。

我们还要感谢洛科威·麦克米伦、欧文·雅各布斯、罗纳德·格雷厄姆、金芳蓉、玛利亚·莫尔顿－巴雷特、伦恩·克兰罗克、亨利·波拉克、诺玛·罗巴兹曼、鲍勃·费诺、爱德华·索普和马丁·格林伯格。在某种程度上，他们付出了大量时间，为我们提供了帮助，这本书因为他们的支持而更加丰富完整。

最后，感谢我们自己的家人，我们本应在分享无尽的香农琐事上告一段落。认真地说，我们确实已经达到极限，即将停止这一工作。但是对于威尼斯和阿比盖尔这两个在本书完稿前一年内相继出生的婴儿来说——他们的生日仅相差一周，未来可能还有更多的信息在等待他们去发现。

参考文献

图书与文章

Aftab, Omar, et al. "Information Theory and the Digital Age." web.mit.edu/6.933/www/Fall2001/Shannon2.pdf.

Allen, Garland E. "The Eugenics Record Office at Cold Spring Harbor: An Essay in Institutional History." *Osiris* 2, no. 2 (1986): 225–64.

Anderson, Benedict. *Imagined Communities: Reflections on the Origin and Spread of Nationalism*. Rev. ed. New York: Verso, 2006.

Aspray, William. "The Scientific Conceptualization of Information: A Survey." *IEEE Annals of the History of Computing* 7, no. 2 (1985): 117–40.

"The Atlantic Telegraph Expedition." *Times* (London), July 15, 1858.

Auden, W. H. "Foreword." In Dag Hammarskjöld, *Markings*. New York: Knopf, 1964.

Bandara, Lashi. "Explainer: The Point of Pure Mathematics." *The Conversation,* August 1, 2011. theconversation.com/explainer-the-point-of-pure-mathematics-2385.

Barzman, Norma. *The Red and the Blacklist: The Intimate Memoir of a Hollywood Expatriate*. New York: Nation Books, 2003.

Beauzamy, Bernard. "Real Life Mathematics." Lecture, Dublin Mathematical Society, February 2001. scmsa.eu/archives/BB_real_life_maths_2001.htm.

Beek, Peter J., and Arthur Lewbel. "The Science of Juggling." *Scientific American* 273, no. 5 (November 1995): 92–97.

Bello, Francis. "The Information Theory." *Fortune,* December 1953, 136–158.

"The Young Scientists." *Fortune,* June 1954, 142–48.

Blackman, R. B., H. W. Bode, and C. E. Shannon. "Data Smoothing and Prediction in Fire-Control Systems." Summary Technical Report of Division 7, NDRC, Volume I: Gunfire Control, ed. Harold Hazen. Washington, DC: Office of Scientific Research and Development, National Defense Research Committee, 1946.

Branford, Benchara. *A Study of Mathematical Education*. Oxford: Clarendon, 1908.

Brewer, Brock. "The Man-Machines May Talk First to Dr. Shannon." *Vogue,* April 15, 1963, 139.

"A Brief History of Gaylord Community Schools—1920 to 1944." *Otsego County Herald Times*, May 2, 1957. goo.gl/oVb0pT.

Brown, Anne S. "Historical Study: The National Security Agency Scientific Advisory Board, 1952–1963." Washington, DC: NSA Historian, Office of Central Reference, 1965.

Brueggeman, Brenda Jo. *Deaf Subjects: Between Identities and Places*. New York: New York University Press, 2009.

Burke, Colin B. *It Wasn't All Magic: The Early Struggle to Automate Cryptanalysis, 1930s–1960s*. United States Cryptologic History, Special Series, Volume 6. Center for Cryptologic History. Washington, DC: National Security Agency, 2002.

Burks, Frances Williston. *Barbara's Philippine Journey*. Yonkers-on-Hudson, NY: World Book, 1921.

Bush, Vannevar. "As We May Think." *Atlantic*, July 1945.

Pieces of the Action. New York: Morrow, 1970.

Carter, Samuel. *Cyrus Field: Man of Two Worlds*. New York: Putnam, 1968.

Cerny, Melinda. "Engineering Industry Honors Shannon, His Hometown." *Otsego Herald Times*, September 3, 1998.

Chiu, Eugene, et al. "Mathematical Theory of Claude Shannon." December 2001. web.mit.edu / 6.933 / www / Fall2001 / Shannon1.pdf.

Clarke, Arthur C. *Voice Across the Sea: The Story of Deep Sea Cable-Laying, 1858–1958*. London: Muller, 1958.

"Claude Shannon Demonstrates Machine Learning." Bell Laboratories, 2014. www.youtube.com / watch?v=vPKkXibQXGA.

"Claude Shannon: Father of the Information Age." University of California Television, 2002. www.youtube.com / watch?v=z2Whj_nL-x8.

Clymer, A. Ben. "The Mechanical Analog Computers of Hannibal Ford and William Newell." *IEEE Annals of the History of Computing* 15, no. 2 (1993): 19–34.

Cocks, James Fraser, and Cathy Abernathy. *Pictorial History of Ann Arbor, 1824–1974*. Ann Arbor: Michigan Historical Collections / Bentley Historical Library Ann Arbor Sesquicentennial Committee, 1974.

Conway, Flo, and Jim Siegelman. *Dark Hero of the Information Age: In Search of Norbert Wiener, The Father of Cybernetics*. New York: Basic, 2005.

Cook, Gareth. "The Singular Mind of Terry Tao." *New York Times*, July 24, 2015.

Coughlin, Kevin. "Claude Shannon: The Genius of the Digital Age." *Star-Ledger* (New Jersey), February 28, 2001.

Crawford, Matthew. *Shop Class as Soulcraft: An Inquiry into the Value of Work*. New York: Penguin, 2010.

Crow, James F. "Shannon's Brief Foray Into Genetics." *Genetics* 159, no. 3 (2001): 915–17.

Davenport, C. B. *Naval Officers: Their Heredity and Development*. Washington, DC: Carnegie Institution of Washington, 1919.

Dean, Debra. *The Madonnas of Leningrad*. New York: Harper Perennial, 2007.

De Cogan, Donard. "Dr. E.O.W. Whitehouse and the 1858 Trans-Atlantic Cable." *History of Technology* 10 (1985): 1–15.

De Rosa, L. A. "In Which Fields Do We Graze?" *IRE Transactions on Information Theory* 1, no. 3 (1955): 2.

Dembart, Lee. "Book Review: Putting on Thinking Caps Over Artificial Intelligence." *Los Angeles Times*, August 15, 1989.

Diaconis, Persi, and Ron Graham. *Magical Mathematics*. Princeton, NJ: Princeton University Press, 2012.

Doob, J. L. "Review of *A Mathematical Theory of Communication*." *Mathematical Review* 10 (1949): 133.

Dunkel, Otto, H. L. Olson, and W. F. Cheney, Jr. "Problems and Solutions." *American Mathematical Monthly* 41, no. 3 (March 1934): 188–89.

"Enrico Rastelli." *Vanity Fair*, February 1932, 49.

Ephremides, Anthony. "Claude E. Shannon 1916–2001." *IEEE Information Theory Society Newsletter*, March 2001.

Feynman, Richard P. *Surely You're Joking, Mr. Feynman*. Reprint ed. New York: Norton, 1997.

Fisher, Lawrence. "Bernard M. Oliver Is Dead at 79; Led Hewlett-Packard Research." *New York Times,* November 28, 1995.

Freeman, John Ripley. "Study No. 7 for New Buildings for the Massachusetts Institute of Technology." MIT Libraries, Institute Archives and Special Collections. libraries.mit.edu / archives / exhibits / freeman.

Freudenthal, Hans. "Norbert Wiener." In *Complete Dictionary of Scientific Biography*. www.encyclopedia.com / people / science-and-technology / mathematics-biographies / norbert-wiener

Friedman, Norman. *Naval Firepower: Battleship Guns and Gunnery in the Dreadnought Era*. Barnsley, England: Seaforth, 2008.

Frize, Monique, Peter Frize, and Nadine Faulkner. *The Bold and the Brave*. Ottawa, Canada: University of Ottawa Press, 2009.

Fry, Thornton C. "Industrial Mathematics." *Bell Systems Technical Journal* 20, no. 3 (July 1941): 255–92.

Fussell, Paul. *Class: A Guide Through the American Status System*. Reissue ed. New York: Touchstone, 1992.

Gallager, Robert G. "Claude E. Shannon: A Retrospective on His Life, Work, and Impact." *IEEE Transactions on Information Theory* 47, no. 7 (2001): 2681–95.

The Impact of Information Theory on Information Technology." Lecture slides. February 28, 2006.

"Gaylord Locals." *Otsego County Herald Times*, November 15, 1934.

"Gaylord's Claude Shannon: 'Einstein of Mathematical Theory.' " *Gaylord Herald Times*, October 11, 2000.

Gertner, Jon. *The Idea Factory: Bell Labs and the Great Age of American Innovation*. New York: Penguin, 2012.

Gifford, Walter. "The Prime Incentive." *Bell Laboratories Records.* Vols. 1 and 2. September 1925–September 1926.

Gleick, James. *The Information: A History, a Theory, a Flood*. New York: Pantheon, 2011.

Golomb, Solomon W. "Claude Elwood Shannon." *Notices of the AMS* 49, no. 1 (2001): 8–10.

"Retrospective: Claude E. Shannon (1916–2001)."*Science, April* 20, 2001.

Graham, C. Wallace, et al., eds. *1934 Michiganensian*. Ann Arbor, Michigan, 1934.

Guizzo, Erico Marui. "The Essential Message: Claude Shannon and the Making of Information Theory." MS diss., Massachusetts Institute of Technology, 2003.

Hamming, Richard. "You and Your Research." Lecture, Bell Communications Research Colloquium Seminar, March 7, 1986. www.cs.virginia.edu/~robins/YouAndYourResearch.html.

Hapgood, Fred. *Up the Infinite Corridor: MIT and the Technical Imagination*. New York: Basic Books, 1994.

Hardesty, Larry. "Explained: Gallager Codes." *MIT News,* January 21, 2010. news.mit.edu/2010/gallager-codes-0121.

Hardy, G. H. *A Mathematician's Apology.* Cambridge: Cambridge University Press, 2013.

Harpster, Jack. *John Ogden, The Pilgrim (1609–1682): A Man of More than Ordinary Mark*. Cranbury, NJ: Associated University Presses, 2006.

Hartley, Ralph. "Transmission of Information," *Bell System Technical Journal* 7, no. 3 (July 1928): 535–63.

Hartree, D. R. "The Bush Differential Analyzer and Its Applications." *Nature* 146 (September 7, 1940): 319–23.

Hatch, David A., and Robert Louis Benson. "The Korean War: The SIGINT Background." National Security Agency. www.nsa.gov/public_info/declass/korean_war/sigint_bg.shtml.

Hodges, Andrew. *Alan Turing: The Enigma*. Princeton, NJ: Princeton University Press, 1983.

"Alan Turing as UK-USA Link, 1942 Onwards." Alan Turing Internet Scrapbook. www.turing.org.uk/scrapbook/ukusa.html.

Horgan, John. "Claude E. Shannon: Unicyclist, Juggler, and Father of Information Theory." *Scientific American,* January 1990.

"Poetic Masterpiece of Claude Shannon, Father of Information Theory, Published for the First Time." *Scientific American*, March 28, 2011. blogs.scientificamerican.com/cross-check/poetic-masterpiece-of-claude-shannon-father-of-information-theory-published-for-the-first-time/.

Hunt, Bruce J. "Scientists, Engineers, and Wildman Whitehouse: Measurement and Credibility in Early Cable Telegraphy." *British Journal for the History of Science* 29, no. 2 (1996): 155–69.

Inamori, Kazuo. "Philosophy." Inamori Foundation, April 12, 1984. www.inamori-f.or.jp/en/kyoto_prize/.

"Institute Reports on Claude Shannon." *Otsego County Herald Times,* February 8, 1940.

INTOSAI Standing Committee on IT Audit. "1 + 1 = 1: A Tale of Genius." *IntoIT* 18 (2003): 52–57.

Isaacson, Walter. *The Innovators: How a Group of Inventors, Hackers, Geniuses, and Geeks Created the Digital Revolution*. New York: Simon & Schuster, 2014.

Jain, Naresh. "Record of the Celebration of the Life of Joseph Leo Doob." www.math.uiuc.edu/People/doob_record.html.

Jerison, David, I. M. Singer, and Daniel W. Stroock, eds. *The Legacy of Norbert Wiener: A Centennial Symposium in Honor of the 100th Anniversary of Norbert Wiener's Birth, October 8–14, 1994, Massachusetts Institute of Technology, Cambridge, Massachusetts*. Providence, RI: American Mathematical Society, 1997.

Johnson, George. "Claude Shannon, Mathematician, Dies at 84." *New York Times*, February 27, 2001.

Fire in the Mind. New York: Vintage, 1995.

Johnson, W. E. "The Logical Calculus." *Mind: A Quarterly Review of Psychology and Philosophy* 1 (1892): 3–30, 235–50, 340–57.

Kahn, David. *The Codebreakers: The Story of Secret Writing*. New York: Macmillan, 1953.

How I Discovered World War II's Greatest Spy and Other Stories of Intelligence and Code. Boca Raton, FL: Auerbach, 2014.Kahn, Robert E. "A Tribute to Claude E. Shannon." *IEEE Communications Magazine*, July 2001, 18–22.

Kaplan, Fred. "Scientists at War." *American Heritage* 34, no. 4 (June 1983): 49–64.

Kettlewell, Julie. "Gaylord Honors 'Father to the Information Theory.'" *Otsego Herald Times*, September 3, 1998.

Kimball, Warren F., ed. *Churchill and Roosevelt: The Complete Correspondence*. Vol. 3. Princeton, NJ: Princeton University Press, 1984.

Kipling, Rudyard. "The Deep Sea Cables." In *Rudyard Kipling's Verse*. Garden City, NY: Doubleday, Page, 1922.

Kline, Ronald R. *The Cybernetics Moment: Or Why We Call Our Age the Information Age*. Baltimore: Johns Hopkins University Press, 2015.

Koestler, Arthur. *The Act of Creation*. London: Hutchinson, 1976.

Lewbel, Arthur. "A Personal Tribute to Claude Shannon." www2.bc.edu/~lewbel/Shannon.html.

Lewes, George Henry. *The Principles of Success in Literature*. Berkeley: University of California Press, 1901.

Livingston, G. R. "Problems for Solution." *American Mathematical Monthly* 41, no. 6 (June 1934): 390.

Lucky, Robert W. *Silicon Dreams: Information, Man, and Machine*. New York: St. Martin's, 1991.

MacKay, David J. C. *Information Theory, Inference, and Learning Algorithms* Cambridge: Cambridge University Press, 2003.

Massey, James L. "Information Theory: The Copernican System of Communications." *IEEE Communications Magazine* 22, no. 12 (1984): 26–28.

McEliece, R. J. *The Theory of Information and Coding: Student Edition*. New York: Cambridge University Press, 2004.

Merzbach, Uta C., and Carl B. Boyer. *A History of Mathematics*. 3rd ed. Hoboken, NJ: John Wiley & Sons, 2011.

Minck, John. "Inside HP: A Narrative History of Hewlett-Packard from 1939–1990." www.hpmemoryproject.org/timeline/john_minck/inside_hp_03.htm.

Mindell, David A. "Automation's Finest Hour: Bell Labs and Automatic Control in WWII." *IEEE Control Systems* 15 (1995): 72–80.

Between Human and Machine: Feedback, Control, and Computing before Cybernetics. Baltimore: Johns Hopkins University Press, 2002.

"MIT Professor Claude Shannon dies; Was Founder of Digital Communications." *MIT News,* February 27, 2001. newsoffice.mit.edu/2001/shannon.

Mitchell, Silas Weir. "The Last of a Veteran Chess Player." *Chess Monthly,* 1857.

Morse, Philip McCord. *In at the Beginnings: A Physicist's Life*. Cambridge, MA: MIT Press, 1977.

Moulton-Barrett, Maria. *Graphotherapy*. New York: Trafford, 2005.

"Mouse with a Memory." *Time,* May 19, 1952, 59–60.

"Mrs. Mabel Shannon Dies in Chicago," *Otsego County Herald Times*, December 27, 1945.

Nahin, Paul J. *The Logician and the Engineer: How George Boole and Claude Shannon Created the Information Age*. Princeton, NJ: Princeton University Press, 2013.

Nasar, Sylvia. *A Beautiful Mind: The Life of Mathematical Genius and Nobel Laureate John Nash*. New York: Simon & Schuster, 1998.

National Register of Historic Places application. Edmund Dwight House. Massachusetts Cultural Resource Information System. mhc-macris.net/Details.aspx?MhcId=WNT.19.

Norberg, Arthur L. "An Interview with Bernard More Oliver." Charles Babbage Institute for the History of Information Processing, August 9, 1985.

"NSA Regulation Number 11-3." National Security Agency, January 22, 1953. ia601409.us.archive.org/16/items/41788579082758/41788579082758.pdf.

Nyquist, Harry. "Certain Factors Affecting Telegraph Speed." *Bell System Technical Journal* (April 1924): 324–46.

"Certain Topics in Telegraph Transmission Theory." *Transactions of the AIEE 47* (April 1928): 617–44.

"Obituary: Thornton Carl Fry." American Astronomical Society, January 1, 1991.

Oliver, B., J. Pierce, and C. Shannon. "The Philosophy of PCM." *Proceedings of the IRE* 36, no. 11 (November 1948): 1324–31.

O'Neill, Bradley. "Dead Medium: The Comparator; the Rapid Selector." www.deadmedia.org/notes/1/017.html.

Owens, F. W., and Helen B. Owens. "Mathematics Clubs—Junior Mathematics Club, University of Michigan." *American Mathematical Monthly* 43, no. 10 (December 1936): 636.

Owens, Larry. "Vannevar Bush and the Differential Analyzer: The Text and Context of an Early Computer." *Technology and Culture* 27, no. 1 (1986): 63–95.

Perkins, Thomas. *Valley Boy: The Education of Tom Perkins*. New York: Gotham, 2007.

Perry, John. *The Calculus for Engineers.* London: Edward Arnold, 1897.

Pierce, John. "Creative Thinking." Lecture. 1951.

"The Early Days of Information Theory." *IEE Transactions on nformation Theory* 19, no. 1 (1973): 3–8.

An Introduction to Information Theory: Symbols, Signals, and Noise. 2nd ed. New York: Dover, 1980.

Pinsker, Mark Semenovich. "Reflections of Some Shannon Lecturers." *IEEE Information Theory Society Newsletter* (Summer 1998): 22–23.

Platt, John. "Books That Make a Year's Reading and a Lifetime's Enrichment." *New York Times,* February 2, 1964.

Poe, Edgar Allan. "The Gold-Bug." In *The Gold-Bug and Other Tales*. Ed. Stanley Appelbaum. Mineola, NY: Dover, 1991.

"Maelzel's Chess Player." In *The Complete Tales of Edgar Allan Poe*. New York: Vintage Books, 1975.

Polster, Burkard. "The Mathematics of Juggling." qedcat.com/articles/juggling_survey.pdf.

Poundstone, William. *Fortune's Formula: The Untold Story of the Scientific Betting System That Beat the Casinos and Wall Street*. New York: Hill & Wang, 2005.

How to Predict the Unpredictable: The Art of Outsmarting Almost Anyone. New York: Oneworld, 2014.

Powers, Perry Francis, and H. G. Cutler. *A History of Northern Michigan and Its People*. Chicago: Lewis, 1912.

Price, Robert. "A Conversation with Claude Shannon: One Man's Approach to Problem Solving." *IEEE Communications Magazine* 22, no. 6 (May 1984): 123–26.

"Oral History: Claude E. Shannon." IEEE Global History Network, July 28, 1982. www.ieeeghn.org/wiki/index.php/Oral-History: Claude_E._Shannon.

Ratcliff, J. D. "Brains." *Collier's,* January 17, 1942.

Rees, Mina. "Warren Weaver." In National Academy of Sciences, *Biographical Memoirs,* vol. 57. Washington, DC: National Academy Press, 1987.

"Remembering Claude Shannon." Roy Rosenzweig Center for History and New Media, George Mason University, March–August 2001. chnm.gmu.edu/digitalhistory/links/cached/chapter6/6_19b_surveyresponse.htm.

Report of the Joint Committee to Inquire into the Construction of Submarine Telegraph Cables. London: Eyre & Spottiswoode, 1861.

Rheingold, Howard. *Tools for Thought*. Cambridge, MA: MIT Press, 2000.

Rosser, J. Barkley. "Mathematics and Mathematicians in World War II." In *A Century of Mathematics in America, Part 1*. Ed. Peter Duren. Providence, RI: American Mathematical Society, 1988.

Russell, Bertrand. "The Study of Mathematics." In *Mysticism and Logic and Other Essays*. London: Longman, 1919.

Sagan, Carl. *Pale Blue Dot: A Vision of the Human Future in Space*. New York: Random House, 1994.

Saxon, Wolfgang. "Albert G. Hill, 86, Who Helped Develop Radar in World War II." *New York Times,* October 29, 1996.

Schement, Jorge Reina, and Brent D. Ruben. *Between Communication and Information* 4. New Brunswick, NJ: Transaction, 1993.

Shannon, Claude Elwood. "The Bandwagon." *IRE Transactions—* Information *Theory* 2, no. 1 (1956): 3.

Claude Elwood Shannon: Collected Papers. Ed. N. J. A. Sloane and Aaron D. Wyner. New York: IEEE Press, 1992.

Claude Shannon's Miscellaneous Writings. Ed. N. J. A. Sloane and Aaron D. Wyner. Murray Hill, NJ: Mathematical Sciences Research Center, AT&T Bell Laboratories, 1993.

"Development of Communication and Computing, and My Hobby." Lecture, Inamori Foundation, Kyoto, Japan, November 1985. www.kyotoprize.org/wp/wp-content/uploads/2016/02/1kB_lct_EN.pdf.

"A Mathematical Theory of Communication." *Bell System Technical Journal* 27 (July, October 1948): 379–423, 623–56.

"Problems and Solutions—E58." *American Mathematical Monthly* 41, no. 3 (March 1934): 191–92.———. "A Symbolic Analysis of Relay and

Switching Circuits." *Transactions of the American Institute of Electrical Engineers* 57 (1938): 471–95.

"A Theorem on Color Coding." Bell Laboratories. Memorandum 40-130-153. July 8, 1940.

"The Use of the Lakatos-Hickman Relay in a Subscriber Sender." Bell Laboratories. Memorandum 40-130-179. August 3, 1940.

Sicilia, David B. "How the West Was Wired." *Inc.*, June 1997.

Snell, J. Laurie. "A Conversation with Joe Doob." 1997. www.dartmouth.edu/~chance/Doob/conversation.html.

Standage, Tom. *The Turk: The Life and Times of the Famous Eighteenth-Century Chess-Playing Machine*. New York: Walker, 2002.

"Step Back in Time: A New County Seat and the First Newspaper." *Gaylord Herald Times*, reprinted January 6, 2016.

Sterling, Christopher H. "Churchill and Intelligence—Sigsaly: Beginning the Digital Revolution." *Finest Hour 149* (Winter 2010–11): 31.

Sutin, Hillard A. "A Tribute to Mortimer E. Cooley." *Michigan Technic*, March 1935.

Sutton, R. M. "Problems for Solution." *American Mathematical Monthly* 40, no. 8 (October 1933): 491.

Thomson, Silvanus P. *The Life of William Thomson, Baron Kelvin of Largs*. London: Macmillan, 1910.

Thomson, William. "The Tides: Evening Lecture to the British Association at the Southampton Meeting, August 25, 1882." In Thomson, *Scientific Papers*, vol. 30. Ed. Charles W. Eliot. New York: Collier & Son, 1910.

Thorp, Edward O. "The Invention of the First Wearable Computer." *Proceedings of the 2nd IEEE International Symposium on Wearable Computers*, October 1998, 4–8.

Tompkins, Dave. *How to Wreck a Nice Beach: The Vocoder from World War II to Hip-Hop: The Machine Speaks.* Chicago: Stop Smiling Books, 2011.

Trew, Delbert. "Barbed Wire Telegraph Lines Brought Gossip and News to Farm and Ranch." *Farm Collector,* September 2003.

Tribus, Myron, and Edward C. McIrving. "Energy and Information." *Scientific American* 225 (1971): 179–88.

Turing, Alan. "Alan Turing's Report from Washington DC, November 1942."

Van den Herik, H. J. "An Interview with Claude Shannon (September 25, 1980 in Linz, Austria)." *ICCA Journal* 12, no. 4 (1989): 221–26.

"Vannevar Bush: General of Physics." *Time,* April 3, 1944.

Von Foerster, Heinz, Margaret Mead, and Hans Lukas Teuber, eds. *Cybernetics: Transactions of the Eighth Conference March 15–16, 1951.* New York: Josiah Macy, Jr. Foundation, 1952.

Von Neumann, John. "First Draft of a Report on the EDVAC." In *The Origins of Digital Computers: Selected Papers*. Ed. Brian Randell. New York: Springer-Verlag, 1973.

Waldrop, W. Mitchell. "Claude Shannon: Reluctant Father of the Digital Age." *MIT Technology Review*, July 1, 2001. www.technologyreview.com/s/401112/claude-shannon-reluctant-father-of-the-digital-age.

Weaver, Warren. "Careers in Science." In *Listen to Leaders in Science*. Ed. Albert Love and James Saxon Childers. Atlanta: Tupper & Love/David McKay, 1965.

"Four Pieces of Advice to Young People." In *The Project Physics Course Reader: Concepts of Motion*. Ed. Gerald Holton et al. New York: Holt, Rinehart & Winston, 1970.

Science and Imagination: Selected Papers. New York: Basic Books, 1967.

Weyl, Hermann. *Space—Time—Matter*. 4th ed. Trans. Henry L. Brose. New York: Dover, 1950.

Whaland, Norman. "A Computer Chess Tutorial." *Byte,* October 1978, 168–81.

Whitehouse, E. O. Wildman. "The Law of Squares—Is It Applicable or Not to the Transmission of Signals in Submarine Circuits?" *Athenaeum*, August 30, 1856, 1092–93.

"Report on a Series of Experimental Observations on Two Lengths of Submarine Electric Cable, Containing, in the Aggregate, 1,125 Miles of Wire, Being the Substance of a Paper Read Before the British Association for the Advancement of Science, at Glasgow, Sept. 14th, 1855." Brighton, England, 1855.

"Who We Are." Douglass Residential College, Rutgers University. douglass.rutgers.edu/history.

Wiener, Norbert. *Cybernetics, or Control and Communication in the Animal and the Machine*. 2nd ed. Cambridge, MA: MIT Press, 1961.

Ex-Prodigy: My Childhood and Youth. Cambridge, MA: MIT Press, 1964.

Wildes, Karl L., and Nilo A. Lindgren. *A Century of Electrical Engineering and Computer Science at MIT, 1882–1982*. Cambridge, MA: MIT Press, 1986.

Wilson, Philip K. "Harry Laughlin's Eugenic Crusade to Control the 'Socially Inadequate' in Progressive Era America." *Patterns of Prejudice* 36, no. 1 (2002): 49–67.

Wittgenstein, Ludwig. *Philosophical Investigations*. Trans. G. E. M. Anscombe et al. Ed. P. M. S. Hacker and Joachim Schulte. 4th ed. Malden, MA: Blackwell, 2009.

"Youthful Instructor Wins Noble Award." *New York Times,* January 24, 1940.

Ytrehus, Øyvind. "An Introduction to Turbo Codes and Iterative Decoding." *Telektronikk* 98, no. 1 (2002): 65–78.

Zachary, G. Pascal. *Endless Frontier: Vannevar Bush, Engineer of the American Century*. Cambridge, MA: MIT Press, 1999.

Zorpette, Glenn. "Parkinson's Gun Director." *IEEE Spectrum* 26, no. 4 (1989): 43.

档案资料

Claude Elwood Shannon Papers. Library of Congress. Washington, DC.

Claude Shannon Alumnus File. Bentley Historical Library. University of Michigan. Ann Arbor, MI.

Claude Shannon Alumnus File. Seeley Mudd Library. Princeton University. Princeton, NJ.

Institute of Communications Research Records. University of Illinois Archives. Urbana, IL.

Kelvin Collection. University of Glasgow. Glasgow, Scotland.

Office of the President Records. MIT Archive. Cambridge, MA.

Vannevar Bush Papers. Library of Congress. Washington, DC.

Warren S. McCulloch Papers. American Philosophical Society. Philadelphia, PA.

访谈

Barzman, Norma. Interviewed by the authors, December 21, 2014.

Ephremides, Anthony. Interviewed by the authors, May 31, 2016.

Fano, Robert. Interviewed by the authors, October 23, 2015.

Fry, Thornton C. Interviewed by Deirdre M. La Porte, Henry O. Pollak, and G. Baley Price, January 3–4, 1981.

Gallager, Robert. Interviewed by the authors, August 8, 2014.

Graham, Ronald. Interviewed by the authors, August, 23, 2014.

Greenberger, Martin. Interviewed by the authors, May 5, 2016.

Jacobs, Irwin. Interviewed by the authors, January 1, 2015.

Kailath, Thomas. Interviewed by the authors, June 2, 2016.

Kleinrock, Leonard. Interviewed by the authors, September 16, 2016.

Lewbel, Arthur. Interviewed by the authors, August 8, 2014.

McMillan, Brockway. Interviewed by the authors, January 4, 2016.

Moulton-Barrett, Maria. Interviewed by the authors, January 2, 2015, and January 21, 2016.

Pollak, Henry. Interviewed by the authors, August 7, 2014.

Roberts, Larry. Interviewed by the authors, September 26, 2016.

Shannon, Betty. Interviewed by the authors, November 12, 2015.

Shannon, Claude. Interviewed by Friedrich-Wilhelm Hagemeyer, February 28, 1977.

Shannon, Claude, and Betty Shannon. Interviewed by Donald J. Albers, 1990.

Shannon, Peggy. Interviewed by the authors, December 9, 2015.

Thorp, Edward. Interviewed by the authors, March 21, 2016.

Verdú, Sergio. Interviewed by the authors, September 6, 2015.